中国名村志文化工程
Culture Project of Local Records of China's Famous Villages

扬美村志

LOCAL RECORDS OF YANGMEI

广西壮族自治区南宁市江南区江西镇扬美村志编纂委员会　编

方志出版社
Publishing House of Local Records

图书在版编目（CIP）数据

扬美村志 / 广西壮族自治区南宁市江南区江西镇扬美村志编纂委员会编 . -- 北京：方志出版社，2017.12

（中国名村志丛书）

ISBN 978-7-5144-2778-3

Ⅰ . ①扬… Ⅱ . ①广… Ⅲ . ①村史—南宁 Ⅳ . ① K296.75

中国版本图书馆 CIP 数据核字（2017）第 305772 号

· 中国名村志丛书 ·

扬美村志

编　　者：广西壮族自治区南宁市江南区江西镇扬美村志编纂委员会
责任编辑：李志瑜

出 版 人：冀祥德
出 版 者：方志出版社
地址　北京市朝阳区潘家园东里 9 号（国家方志馆 4 层）
邮编　100021
网址　http://www.fzph.org
发　　行：方志出版社图书经销中心
电话　（010）67110500
经　　销：各地新华书店
排　　版：北京纺印图文设计制作有限公司
印　　刷：北京中科印刷有限公司

开　　本：787 × 1092　　1/16
印　　张：17.25
字　　数：318 千字
版　　次：2017 年 12 月第 1 版　　2017 年 12 月第 1 次印刷

ISBN 978-7-5144-2778-3　　定价：139.00 元

◉ 序一

连绵不断地编修地方志是中国独有的优秀文化传统，承担着赓续文明、传承文化的重任。保存至今的 8000 余种、10 万余卷历代方志，蕴含着传统文化基因和海量文化信息，既是中华优秀传统文化的重要组成部分，又是传承、彰显中华优秀传统文化的重要载体。

在各种类型的地方志编纂中，村志编纂古已有之，但从未进入国家层面的地方志编纂序列。新中国成立以来，党中央、国务院高度重视包括村志编纂在内的地方志工作，出台了重要文件。中央领导发表了重要讲话、作出了重要批示。习近平总书记高度重视包括村志编纂在内的地方志工作。2004 年 10 月，他在担任浙江省委书记时到江山市凤林镇白沙村考察，看到村民编纂的《白沙村志》，鼓励村民把村志继续编纂下去。2014 年 4 月，刘延东副总理在与第五次全国地方志工作会议部分会议代表座谈时指出："要结合发展的新形势，加强对地方志包括部门志、行业志、专题志、乡镇村志编纂的业务指导和服务。"2015 年 8 月，国务院办公厅印发的《全国地方志事业发展规划纲要（2015—2020 年）》，正式将中国名村志文化工程列为主要任务之一。2017 年 5 月，中共中央办公厅、国务院办公厅印发的《国家"十三五"时期文化发展改革规划纲要》指出："完成省、市、县三级地方志书出版工作。开展旧志整理和部分有条件的镇志、村志编纂。"可以说，村志编纂迎来了历史上的最好时期。

农业、农村、农民"三农"问题，是数千年来影响中国社会发展最核心的问题。中共中央高度重视"三农"工作，从 2004 年起，连续 13 年，每年的中央 1 号文件都聚焦"三农"。中共十九大报告更是提出"农业农村农民问题是关系国计民生的根本性问题，必须始终把解决好'三农'问题作为全党工作重中之重"，特别是提出了"乡村振兴战略"，这是中国共产党在中国特色社会主义进入新时代后，对农村发展问题所做出的准确把握和与时俱进的战略应对，是建设中国特色社会主义强国战略的重要组成部分。改革开放近40年来，在党中央、国务院高度重视社会主义新农村建设的新形势下，各地涌现出一大批历史文化名村、经济强村、新农村建设示范（试点）村、美丽乡村和特色村，成为先进生产力和先进文化的代表。客观记录中国农村全面建成小康社会的进程，向后人展示在中国共产党领导下农村千年未有的巨变，是地方志工作者肩负的光荣而重大的历史使命。编纂中国名村志丛书，是记载当代中国农村发展变革的重要途径。

文化寻根，寻的是其发展的源头和根基。村落是中国传统文化的根基所在。农村的生产生活方式、社会规范、宗族文化、宗教文化、民风习俗、传统节日、民间艺术等，无不镌刻着中国人独特的民族性格，这就是家国情怀、文脉绵延、精神归属。在快速城镇化进程的冲击和开发性破坏下，大量传统村落面临消亡的危机，村落蕴含的历史文化信息也流失殆尽，抢救性保护刻不容缓。编纂中国名村志丛书，是保存村落历史文化信息，抢救、保护村落文化最好的方式。

一方水土养一方人。家乡的山水草木、村间小巷、乡俗民情会在每个人心头留下深刻的烙印，这就是故土情结。而村落的形成与发展离不开人的活动。编纂中国名村志丛书，通过记述村落建筑、名门望族来追溯村落的历史；通过记述村落规模、布局、人口、物产等反映人口来源、宗族兴衰、生活习惯、文化背景、宗教信仰、经济发展等，体现环境与人相互影响、相互作用、相互发展的既矛盾又统一的关系；通过记述戏剧、音乐、舞蹈、美术、文学、手工技艺等文化形式，展示百姓在长期的生产生活实践中摸索和总结出的智慧结晶，强化人们沟通感情的纽带。编纂中国名村志丛书，是传承乡俗、诉说乡音、记住乡愁、纾解乡思，激活历史传统、唤起共同文化记忆、塑造共同心灵认同的重要文化工程。

中国名村志文化工程以践行文化自信、传承中华文脉、彰显时代发展为己任，以打造全国地方志系统的重要品牌为目标，在体裁运用、篇目设置、资料选择等方面进行大量的创新，突出“名”和“特”，拣选各个名村中最值得记述、最具有代表性的人、事、物，予以浓墨重彩的描画，从而形成系列的、高质量的、可读性强、雅俗共赏的地方志读本，让地方志紧接地气、贴近百姓，让地方志成果进入寻常百姓家，让人民群众共享地方志成果，让越来越多的人从地方志中感知传统、历史和记忆，成为传统村落和传统文化的守护者，成为中华优秀文化的传承者。

是为序。

中国社会科学院院长
中国地方志指导小组组长
2017年11月

◉ 序二

习近平总书记指出：“让居民望得见山，看得见水，记得住乡愁。”这句富有诗意的重要论述不仅唤醒了中国人城镇化建设过程中对于人和自然关系、人和历史关系的思考，同时也引发了学界对“乡愁”进一步进行文化意义解读的兴趣。从本质上看，乡愁是一种源自主体体验的情感，隐含了一种人们带着乡愁追寻自我生存与生命意义、追寻诗意栖居的精神家园的美学思辨。同时，这种追寻自我生存的主体逐渐转向大众群体，乡愁也由传统单一的“文化乡愁”“爱国情怀”演变为对于“理想家园”的精神追求。

中国有近 60 万个村庄，约有 5000 个古村落，被住房城乡建设部和国家文物局界定的传统村落就有 1561 个。随着中国城镇化步伐的加快，乡村的版图日渐凋敝，大批农村青壮年劳动力走进城镇，融入了新的生活。然而，每逢传统佳节，那种挥之不去的离愁别绪挟裹着亿万农民工，又融入了返乡的滚滚洪流。这是乡愁的情愫牵动着他们，是故乡的山、故乡的水、故乡的老屋、故乡的小吃在牵动着他们，是故乡家家户户的楹联和口口相传的故事，以及只有在隆重的传统佳节才有的古老的民风习俗在牵动着他们。

文化可以体现一个民族、一个国家、一个社会的重量与体温，这是文化的力量之所在，而村落是传统中国的根脉所系，乡土社会是最能够体现中国传统文化特征的地方。梁漱溟曾指出：“中国文化是以乡村为本，以乡村为重，所以中国文化的根就是乡村。”我曾在《建设社会主义新农村的理论与实践》一书中指出，在新农村建设的过程中，必须“保护和发展有地方和民族特色的优秀传统文化，创新农村文化生活的载体和手段，满足农民群众多层次、多方面的精神文化需求”，而编纂村志尤其是实施中国名村志文化工程就是一个重要举措。实施中国名村志文化工程，编纂中国名村志丛书，以最基层的村落为研究对象，寻根传统村落的历史，梳理村落的发展脉络，以唤起人们的归属感和认同感，探索新型城镇化和社会主义新农村建设过程中，如何留住乡音、乡风、乡思，继承传统文化精华，挖掘丰富历史智慧，是贯彻落实中央城镇化工作会议精神和中共十九大提出的“乡村振兴战略”的重要举措，是当前和今后一个时期全国地方志工作者的重要工作。

虽然村落文化正在日益远离当下生活，但我们可以抓住诸如基本村情、文物胜迹、古村保护、特色文化、旅游名胜、村域经济、风土民情、村民生活、新农村建设、艺文杂记、名人与名村等关键内容，通过志书的手法来诠释乡村文化的精华。我们如实记录着村落里的人和事，以及青山绿水、小河大树、袅袅炊烟，力争以最完整、最原真的方式呈现村落的前世今生。我们要为“迷失”的人留住乡村文化的根脉，让人们难以割舍的乡愁得以慰藉和释放。

中国名村志文化工程将触角伸向那些极具代表性的村落，它们有的历史悠久、名人辈出，有的经济腾飞、重获新生，有的风景秀丽、景观独特，有的地处边陲、神秘莫测……我们挖掘中国不同类型村落的发展之路，为探索新型城镇化和社会主义新农村建设的发展经验、发展模式、前进道路提供历史智慧和现实借鉴。因此，打造以重在表现乡村嬗变为主旨的中国名村志丛书十分必要和迫切，这是一项功在当代、利在千秋的文化工程。

近年来，随着中国经济社会的发展和国际地位的提高，越来越多的人想要认识中国、了解中国、研究中国。在这样的形势下，乡村是不可或缺的一环，我们要集中讲好发生在乡村的故事，向世界呈现一个多元的、立体的中国。乡村历经岁月变迁的风雨，见证着改革开放的步伐，寄托着数代中国人的情感。发生在乡村的故事无疑是血肉丰满的、震撼人心的、引起共鸣的。我们应该有这个自信能够讲好乡村故事，讲好中国故事，描绘出中国的底色，“让每一个中国人都能在地方志中找到自己的位置”。

可喜的是，越来越多的有识之士认识到了这一点，加入到保护、传承、发展村落文化的队伍中来。仅就编纂中国名村志丛书来看，第一批的申报范围就涵盖包括香港特别行政区在内的32个地区，申报数量高达70余部。“直笔著信史，彰善引风气，为当代提供资政辅治之参考，为后世留下堪存堪鉴之记述”，这是我们的初心和使命。希望中国名村志文化工程的实施，能够带动更多的人关注中国乡村文化，为社会主义文化强国建设作出更大的贡献。也希望越来越多的名村都来融入继承中华文化传统、颂扬中华传统文化的活动中，让正能量更多地润泽温暖人们的心灵，让更多的人“记得住乡愁”！

是为序。

中国社会科学院副院长
中国地方志指导小组常务副组长　李培林
2017年11月

◉ 中国名村志文化工程专家委员会

名誉主任　徐匡迪

主　　任　王伟光

常务副主任　李培林

委　　员（按姓氏笔画排序）

毛其智　叶裕民　李　铁　李善同　杨保军　柳　拯

倪鹏飞　魏后凯

◉ 中国名村志文化工程学术委员会

主　　任　李培林

常务副主任　冀祥德

副 主 任　刘玉宏　邱新立

委　　员（按姓氏笔画排序）

于伟平　王　晖　王铁鹏　巴兆祥　田　嘉　苏炎灶

李　江　李孝聪　张大伟　张英聘　陈泽泓　陈　强

◉ 南宁市江南区江西镇扬美村志编纂委员会

主　　编：王德宾

副 主 编：许杨群　陆玉金　孙贵寿　王中平

编　　辑：李志楠　周　红　覃庆梅　陆　靖　黄　莺

文字提供：丘祖卫　陈　忠　王宗骏

图照提供：尹庆南　陈　忠　梁尚家

平凤渡口风光（2016年）　尹庆南　摄

◉ 中国名村志丛书凡例

一、以马克思列宁主义、毛泽东思想、邓小平理论、“三个代表”重要思想、科学发展观、习近平新时代中国特色社会主义思想为指导，坚持辩证唯物主义和历史唯物主义的立场、观点和方法，存真求实，全面、客观、系统记述我国村落发展变化进程和改革开放成果，传承和抢救乡土历史文化，激发爱国爱乡情怀，为探索中国特色新型城镇化建设、社会主义新农村建设的发展经验、发展模式、前进道路提供历史智慧和现实借鉴。

二、为全面反映入志事物发展脉络，各志上限尽量追溯至事物发端；下限一般断至各村志启动编修年份，个别重大事项可延至搁笔。

三、记述地域范围以下限年份的行政辖区为主。为体现名村在更大区域内的意义，可以从更开阔的区域视野记述与该村相关的内容。

四、统一采用纲目体，设类目、分目、条目三个层次。横排门类，纵述史实。除《中国名村志丛书基本篇目》要求的必设类目外，其余类目根据各村实际，依照突出时代特色、地方特色的原则自行安排。

五、综合运用述、记、志、传、图、表、录等各种体裁，以志体为主。

六、除引用文字和附录文献资料外，统一使用规范汉字及现代语体文记述体。记事坚持秉笔直书、述而不作，只记事实，不作评论，寓观点于材料之中。行文力求朴实、严谨、简洁、流畅、优美，具有较强可读性。

七、人物部类遵循“生不立传”原则，人物传主按生年排序，只选录对本村发展有重大影响的人物，不面面俱到。

八、所需数据一般采用政府统计部门数据，无政府统计部门数据时选用主管部门正式提供的数据。

九、数字用法、标点符号、计量单位分别执行国家标准《出版物上数字用法》（GB/T15835—2011）、《标点符号用法》（GB/T15834—2011）、《国际单位制及其应用》（GB3100—1993）和《有关量、单位、符号的一般原则》（GB3101—1993）。历史上使用的计量单位，如斗、石、里、尺、磅、华氏度等，在引文时可照录。考虑到社会使用习惯，全书中亩不统一换算，1 公顷＝ 15 亩。

十、自中华民国成立后的纪年，均使用公元纪年。志中所称“解放前（后）”，以当地解放日为界；“新中国成立前（后）”，以中华人民共和国成立日 1949 年 10 月 1 日为界；“改革开放前（后）”，以中共十一届三中全会召开的 1978 年 12 月为界。本志“××年代”，凡未加世纪者，均指 20 世纪的年代。

十一、为节省篇幅，避免重复，本志采用条目互见法。参见条目的表示形式为：参见本志“××类目·××分目·××条目”。

十二、对旧志、古籍中的繁体字、冷僻字一般用简化字或通用字替换，易引起误解的则保留。

十三、记述各个历史时期的党派、机构、职务、地名等，均以当时的名称为准。对频繁使用的名称，首次用全称，其后用简称。

十四、各村志需要单独说明的事项，均在各自编纂始末中记述。

扬美村在中国的位置

乌鲁木齐
新疆维吾尔自治区
西藏自治区
拉萨
青海省
西宁
甘肃省
兰州
内蒙古自治区
呼和浩特
黑龙江省
哈尔滨
吉林省
长春
辽宁省
沈阳
北京
北京市
天津市
天津
河北省
石家庄
山西省
太原
宁夏回族自治区
银川
陕西省
西安
山东省
济南
河南省
郑州
江苏省
南京
上海
上海市
安徽省
合肥
湖北省
武汉
四川省
成都
重庆市
重庆
浙江省
杭州
江西省
南昌
湖南省
长沙
福建省
福州
贵州省
贵阳
云南省
昆明
广西壮族自治区
扬美村
南宁
江南区
广东省
广州
香港
香港
澳门
澳门
海南省
海口
海南岛
台湾省
台北
台湾岛
钓鱼岛
赤尾屿
东沙群岛
西沙群岛
永兴岛
中沙群岛
黄岩岛
南沙群岛
曾母暗沙
黄河
长江
渤海
黄海
东海
南海
图例
北京 首都
天津 省级行政中心
未定 国界
省、自治区、直辖市界
特别行政区界
名村所在县级区域
名村
1：32 000 000
审图号：GS（2017）3697 号

扬美村在广西壮族自治区的位置

1：4 100 000

审图号：GS（2017）3697 号

扬美村平面示意图

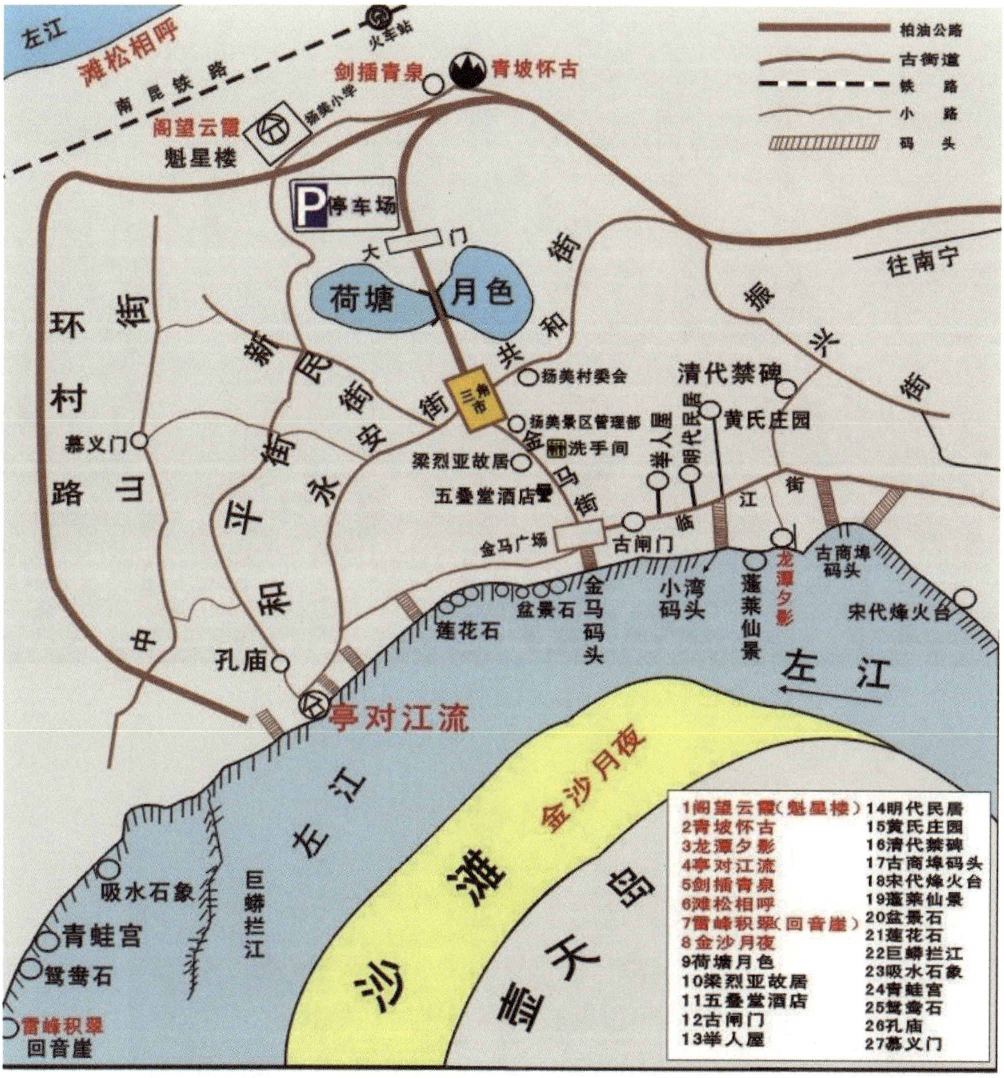

左江
滩松相呼
南昆铁路
火车站
剑插青泉
青坡怀古
阁望云霞
魁星楼
扬美小学
停车场
大门
荷塘
月色
环村街
新民街
共和街
振兴街
往南宁
三角市
扬美村委会
扬美景区管理部
洗手间
梁烈亚故居
五叠堂酒店
清代禁碑
明代民居
举人屋
黄氏庄园
慕义门
路山
平街
永安街
和平
中
孔庙
亭对江流
金马广场
古闸门
金马码头
临江街
盆景石
莲花石
小湾码头
蓬莱仙景
龙潭夕影
古商埠码头
宋代烽火台
左江
金沙月夜
沙滩
壶天岛
巨蟒拦江
吸水石象
青蛙宫
鸳鸯石
雷峰积翠
回音崖
柏油公路
古街道
铁路
小路
码头
1阁望云霞(魁星楼)
2青坡怀古
3龙潭夕影
4亭对江流
5剑插青泉
6滩松相呼
7雷峰积翠(回音崖)
8金沙月夜
9荷塘月色
10梁烈亚故居
11五叠堂酒店
12古闸门
13举人屋
14明代民居
15黄氏庄园
16清代禁碑
17古商埠码头
18宋代烽火台
19蓬莱仙景
20盆景石
21莲花石
22巨蟒拦江
23吸水石象
24青蛙宫
25鸳鸯石
26孔庙
27慕义门

扬美村环抱左江太极湾（2017 年）

扬美下游左右江汇合处三江口（中间岛右侧民居群为扬美平凤坡）（2017 年）　　尹庆南　摄

尹庆南　摄

魁星楼（2016 年）　　尹庆南　摄

扬美老牌坊（2015 年）　　尹庆南　摄

美丽乡村（2016 年）

江南区志办　提供

扬美龙舟赛（2017 年） 尹庆南　摄

扬美江景（2016 年） 陈忠　摄

古建筑精美屋檐（2017 年）　　江南区志办　提供

江边奇石景观（2008 年）　　江南区志办　提供

◉ 目录

千年香火　八街一坡

既入选第五批中国历史文化名村，又入选第一批中国传统村落，广西唯有扬美村。这是保持了千年之久的扬美之美，奇迹般延续到当代，仍然得到广泛认可的最佳证明。

江畔白花积福地，郭外扬美有情天。

扬美之美，美在其“古”。

自古以来，这里就是海上丝绸之路——西江古道和陆上丝绸之路——茶马古道有机衔接的重要门户之一。饱经岁月风雨冲洗的古楼、古钟、古宅、古碑、古亭、古码头、古石板路，徐霞客流连过的江畔古石，侬智高、狄青各率大军呼啸而过的古河口，似乎都在默默诉说着薪火相传的古老传奇。古镇八景，美不胜收。坡岭俊秀，江水清幽，古树参天，青砖石墙，坡顶瓦房，木门石阶，越老越有味道。

走进扬美，明清古宅鳞次栉比，名胜古迹星罗棋布。村中现存古街 8 条、古码头 9 处，明清古建筑和民国建筑 260 处、390 幢，其中自治区级文物保护单位 2 处，未定级文物保护点 13 处。这是一座千年古村落，中原文化与岭南文化在这里交集，蕴含着厚重的历史人文积淀。这是一方旅游胜地，水光山色与亭台楼阁在这里展示，描绘着久远的江畔乡村情思。从宋代开始兴建的扬美村，因紧靠左江、临近三江口，具有便利的水运条件而逐渐开展了商品贸易活动，明清时期达到繁荣，民国初年更达到顶峰。后因左江水运的衰落，使得商贸活动不断萎缩，经历了一个起源、发展、兴盛、衰落的漫长历史过程。扬美村的先民们根据依山面水的自然地理条件，建造许多匠心独具的建筑，构成了一个完整的地理空间，

扬美村门楼牌坊（2012 年）　陈忠　摄

至今犹存，传承着丰富的民俗风情、悠远的传统文化。

扬美之美，美在其“新”。

扬美村是南宁市江南区江西镇的一个行政村，位于南宁市城区的西部。三面环江，形如半岛，负阴抱阳，颇像一张太极图。风光秀丽，沿河有大湾、细湾、土湾、北风湾、南风湾、大鼓湾，是藏风聚气、纳财蓄宝之地。2016 年统计，扬美村辖八街一坡（振兴街、临江街、解放街、永安街、和平街、中山街、新民街、共和街，平风坡）。全村民风朴实、人情味浓、生态环境良好，历史上八九十岁的“寿星”层出不穷，目前在世的 90 岁以上老人有近 50 位。不管是过去还是现在，家家户户都保持着“日不关门，夜不闭户”的生活习惯。

扬美村是南宁旅游的热点之一，自 1999 年对外开放旅游以来，每年接待中外游客量均在 20 万人次以上，旅游综合收入每年超过 3000 万元。这里的节庆文化丰富多彩，从农历正月至十二月，均有丰富多彩的节庆文娱活动。扬美人勇于接受新事物，并将古老民俗加上符合现代审美心理的新包装，展示了古文化的新魅力：唱春牛、师公戏、升花、古乐、粤剧、抢花炮、伐龙船、龙舟上水节、做“香包”、乞巧节、明清婚礼展示等“穿越游览”文化活动，贯通古今，使人乐而忘返。

八街一坡，各有其美。新开的土特产商铺一间连着一间，全新制作、全新包装、全新收

秀丽村貌（2017 年） 尹庆南 摄

付手段（均可手机扫码支付），到扬美旅游的人们，不会空手而返。这里的土特产豆豉、梅菜、沙糕，被誉为“扬美三宝”，远销东南亚。这里的美食别具一格，烹调精巧，扬美梅菜扣肉、左江野生河鲜、阳桃叉烧、扬美豆腐、豆豉辣椒、黄皮辣酱、蒸粉糕色香味俱全，让人垂涎三尺。

扬美的自然风光、人文景观还吸引了大批文化工作者到该地采风创作。《邓小平在广西》《百色起义》《红七军》《太平天国》《石达开》《我的父亲》《耳光响亮》《国医》等电影、电视剧都曾以扬美作为拍摄外景地；由中央电视台导演马翔宇团队历时一年拍摄、中共南宁市委宣传部制作的 6 集专题纪录片《水问邕江》，曾在 2014 年 4 月深入扬美村进行历史文化专题摄制工作。该摄制组拍摄了魁星楼、五叠堂、清代一条街、金马码头等扬美具有代表性的景点以及扬美的民俗活动，充分展现了扬美村独特的古代建筑风格及当地风土民情和民俗文化，通过银幕、荧屏，把扬美之美传播得更广、更远。

经过多年的保护开发，扬美有了较高的知名度、美誉度，先后获得多项荣誉。2003 年，“扬美古风”被评为南宁市“十大景观”之首。2004 年，荣获南宁市“十佳旅游风景区”称号。2006 年至 2008 年，扬美古镇旅游景区被南宁市人民政府授予“南宁市优秀旅游景区”称号。2010 年，荣获住房城乡建设部、国家文物局颁发的“中国历史文化名村”称号。2012 年，被住房城乡建设部、文化部、财政部列入首批中国传统村落名录。2016 年，被广西壮族自治区政府命名为广西特色名镇名村；在第六届全国生态旅游文化

古楼飞檐（2008 年）　　江南区志办　提供

产业发展高峰论坛上，入选 2016 年度“全国最美古村落”榜单。

难怪，这里被南宁市民昵称为“小南宁”；难怪，这里被游客赞为“北有阳朔，南有扬美”；难怪，这里被文化学者评价为“西江水道上活态的‘清明上河图’”！

美哉，扬美！

江景奇石（2006 年）　　陈忠　摄

古烽火台近景（2017 年）　　江南区志办　提供

基本村情

扬美村始建于宋代，鼎盛于明、清，是百里邕江上的秀美乡村，码头林立，钱粮大渡，水路畅通，自古是繁华商埠。民风自然淳朴，文化源远流长。

◉ 建置沿革

南宁，古为百越地。南宁市原邕宁县有建置之始，今扬美村所在地便已在其辖区之内。近1700年来，无论行政区名称如何变化，南宁市与今扬美村所在地的地缘归属关系从无更易。

据今扬美村杜、梁、杨、黄等家族的宗谱记载，他们的祖先为宋代军人，宋皇祐四年（1052）随名将狄青（时任宣徽南院使，荆湖北路宣抚使，提举广南东、西路经制贼盗事）南下，至邕镇压侬智高反宋武装后，皇祐六年（1054）留戍于此。最先到达的是刘、罗、陆、李四姓人的祖先，其他姓氏的军人则是陆续增援而至。此地原为军事据点，驻守的宋代军人解甲归田后（据称是山东青州白马苑）落户于此，才使此地逐渐演变成村落。据扬美村文人杨翰燃的手抄本《扬美古镇历史》记载：扬美始建于宋朝，初来乍到的先民，因见此地依山傍水，灌木丛生，小金樱（即白花七叶树）盛开而白花飞扬，乃以“白花村”命名之。时光流转，演变成“原乡人”的军人后代，见此处清溪环绕，扬波逐流，景色宜人，又将其改名为“扬溪村”。

“扬美”之名的来历，多数村民的说法是“取美名传扬之意”。当年合江镇一带驻军多有保家卫国之功，屡受朝廷褒赏，美名传扬四方；后人为纪念祖宗崇德嘉功，将村名由“扬溪”改为“扬美”（又作“杨美”）。

新中国成立前　扬美村建村时，属邕州武缘县下南乡辖区，又在合江镇防卫区内。宋治平四年（1067），宋神宗诏划宣化县永宁乡武颙里，以及宾州上林县止戈乡，并入武缘县；又析武缘县的上东乡、下南乡，划归宣化县管辖。今扬美村所在地，当时随之改属邕州宣化县下南乡辖区。至南宋，宣化县又增至9个乡，南宋时期修纂的《邕州志》（残本，见于《永乐大典》）记载：“下南乡，在县西，管一十三村。西乡，在县西，管一十九村。”南宋统治期间，扬美村仍属邕州宣化县下南乡辖区，又在合江镇防卫区内。

元朝统治期间，扬美村仍属宣化县下南乡辖区，又在合江镇防卫区内。

明代，明太祖改广西行中书省为广西承宣布政使司。南宁路改南宁府，撤销合江镇编制。兵防戍卫事，改由南宁卫管辖。明朝廷重新划分上南乡、下南乡、西乡。《南宁市志·综合卷》① “建置政区志·第二章：行政区划·第一节：明清时期宣化县行政区”中记载：“原下南乡已析为上南乡、下南乡，西乡则‘领一、二、三、四、五、七图’，位于今郊区那龙、金陵、坛洛和杨美（扬美）一带。”然而根据民国邕宁县政府1937年铅印本《（民国）邕宁县志》② 记载，今扬美村在明代应属宣化县上南乡辖区。

明广西提学副使周孟中原纂，广西提学佥事唐胄、兵部武选司郎中郑琬等续修，广西提学佥事黄佐、梧州府同知舒栢增修《（嘉靖）广西通志》“卷第三十七·关梁·南宁府”载有“杨美渡”。该书刊行于明嘉靖十一年（1532），这是“杨美（扬美）”一地第一次见载于官书史籍。随后，明南宁府知府郭楠纂修《（嘉靖十七年）南宁府志》“卷三·桥梁附津渡陂塘·宣化县”载有“杨美渡”，同书“卷四·邮传·宣化县·西路十铺”载有“合江铺”，即被废的合江镇遗址，地近杨美渡。明代陆驿、水驿发达，铺即驿站，各配船只、兵夫，专司递送公文书信，沿线传递。杨美渡与合江铺形成互补，有利于经济、交通等方面发展。

明南宁府知府方瑜纂辑《（嘉靖四十三年）南宁府志》“卷二·地里志·市圩·宣化县”载有“杨美圩”，可见“杨美（扬美）”一地借着“渡口经济”发展商贸，愈来愈繁荣。就在这一时期，众多广东商户为了方便贸易往来，涌入广西各地定居，其中包括扬美村。广西流行的民谚“无东不成市”，就是从这个时期开始的。

---

① 南宁市地方志编纂委员会编：《南宁市志·综合卷》，广西人民出版社，1998年。

② 周培懋、莫炳奎总纂：《（民国）邕宁县志》，民国邕宁县政府，1937年铅印本。

扬美古商埠码头（摄于 2014 年） 陈忠 摄

2011 年，扬美古商埠码头被南宁市公布为不可移动文物 陈忠 摄

今存于扬美村魁星楼的《崇祯九年宣化县掌县事毛懿告示碑》①，载有“上南六图杨美乡”。由此可知，在明崇祯九年（1636）之前，扬美之地升格为乡镇建制。另据明地理学家徐霞客著《徐霞客游记》记载，扬美村当时又名“大湾”。今扬美村下辖的平凤坡，当时亦已有建制，初名“平凤渡”，在崇祯年间（1628—1644）为“平凤村”（当时所在地尚与扬美无涉），隶属于西乡二图。

清代，南宁建置基本沿袭明制，杨美乡降格为杨美村。清政府在全国推行保甲制。宣化县舆地划分有六厢九图、三十二乡图，扬美村当时属上南六图辖区。清南宁府知府苏士俊等纂修《（乾隆）南宁府志》“卷十・舆地志・图里村圩附・宣化县附郭・乡图・上南六图（凡二十八村）”，以及清左江道纪堪谨等续纂《（宣统）南宁府志》“卷十・舆地志・图里村圩附・宣化县附郭・乡图・上南六图（凡二十八村）”，均载有“杨美村”（扬美村）。平凤村仍隶属于西乡二图（当时与扬美无涉）。

清宣统元年（1909）闰二月，广西巡抚张鸣岐为培养自治人才，分别在桂林、梧州、南宁设立自治研究所，令各州、县士绅入所学习。毕业后，各回原地成立筹办自治公所。根据清政府颁布的《城镇地方自治章程》《自治研究所章程》，南宁成立城区自治会，将宣化县除城区外，划为十五个自治乡（筹）。其中，扬美村再次升级为乡——扬美乡。其筹建自治乡期间，下辖三段：振安段、安平段、本良段，三圩：扬美圩、那廊圩、安平圩，三十个村：扬美村、那廊村、胡村、那卧村、那佐村、新村、龙窍村、鸡笼山村、安平村、陵村、坛波村、上那马村、下那马村、上彭村、下彭村、牛冈村、刘

① 此碑原无名，碑名为本书编者根据碑文所取名。

村、滕村、坛瓦村、坛廪村、坛拉村、驮这村、旧独山村、新独山村、那坛村、渌购村、绽髻村、韦罗村、罗赖村、岜粒村（原本分别属于上南乡六图、西乡一图、下东二图辖区）。扬美村为扬美乡治所，共有三十三巷。辖区广阔，已达极盛。平凤村隶属于坛洛乡知方段，尚与扬美无涉。

清宣统二年（1910），扬美乡自治会成立，会址在扬美圩，辖三团：振安团、安平团、本良团，辖村未有更易。户籍统计为 11629 丁口。平凤村隶属于坛洛区知方团，尚与扬美无涉。

中华民国时期，南宁建置多有变化，扬美亦随之更易。1912 年 1 月，宣化县自治会成立。7 月，废宣化县，并入南宁府。1913 年 6 月，裁撤南宁府，改为南宁县。1914 年 1 月，改南宁县为邕宁县；是年，扬美乡自治会解散，改为保卫团分所筹备处，旋改保卫团分所。1921 年，扬美乡自治会恢复，内分议事会、董事会。

1926 年 10 月，废南宁道，邕宁县改广西省直隶县。扬美乡隶属于邕宁县。1928 年，扬美乡自治会再次撤销。1930 年，邕宁县隶属于邕宁民团区。扬美乡隶属于邕宁县。

1932 年 2 月，广西军政当局下令重新划分乡区。4 月，邕宁县改属南宁民团区。邕宁全县分城区、杨美区、坛洛区等 16 个区。区下的行政区名称不统一，有的设团，有的设乡，较为混乱。扬美村为杨美团，乃杨美区治所。

1933 年，广西军政当局推行 10 甲为一村街、10 村街为一乡镇、10 乡镇为一个区的行政区划分方法。邕宁县随之进行区划调整，把全县划分为 7 个区、69 个乡镇。扬美乡隶属于坛洛区，有 8 村街，79 甲，男 1854 人，女 2109 人。平凤村亦隶属于坛洛区。

1934 年，邕宁县隶属于南宁行政监督区。10 月，扬美镇公所成立，所址在扬美圩三角市（实为圩场，位于今金马街、永安街、共和街交汇处），为两层楼房（今已不存）。扬美镇原隶属于坛洛二区，后改县直属镇，属第一级。平凤村、宋村合并为三民村，隶属于坛洛四区金陵乡。1943 年，邕宁县重新调整行政区，扬美镇隶属于坛洛区。1948 年 12 月，邕宁县设置 7 区 69 乡（镇），扬美镇改扬美乡，隶属坛洛区。

新中国成立后　新中国时期，扬美旧貌换新颜。据广西人民出版社 2001 年 5 月出版的《广西通志 · 行政区划志》“大事纪略 · 新中国”，广西人民出版社 1998 年出版的《南宁市志 · 综合卷》“大事记 · 新中国”，方志出版社 2004 年 12 月出版的《南宁市郊区志》“第一章：建置、政区 · 第三节：行政区划 · 新中国时期”记载：1949 年 12 月 4 日，邕宁县署驻地南宁城解放。28 日，中共广西省委批准，将原属邕宁县的

16个自然村和城区内的8个镇划出，单独成立南宁市，实行县、市分治。扬美属邕宁县辖区。

1950年2月8日，广西省人民政府在南宁市正式宣告成立，广西省省会定在南宁市。

1950年6月，邕宁县行政区划设6个区53个乡。其中，第六区政府驻坛洛，扬美乡隶属第六区。下半年，将6个区划为14个区，其中，第十三区政府驻老口，扬美隶属第十三区。

1951年至1957年，邕宁的行政隶属关系多有变更，扬美为邕宁辖区则无所更易。

1958年3月5日，广西僮族自治区宣告成立（1965年10月12日，经国务院批准，广西僮族自治区更名为广西壮族自治区），南宁市成为自治区首府。11月14日，邕宁专区更名为南宁专区。是年2月至5月，邕宁县实行撤区并乡，成立蒲庙等6个办事处。5月，改为5个办事处，并将邕宁全县244个小乡合并为59个大乡。扬美乡隶属于老口办事处，下辖14个高级社。8月，实现人民公社化，撤销办事处，全县成立24个人民公社，实行“政社合一”体制。9月，南宁专区和南宁市实行地市统一领导；将24个人民公社合并为14个。其中，群英人民公社下辖原老口、扬美、江西3个乡。

1959年1月1日，扬美随群英人民公社划归南宁市郊区管辖。2月6日，自治区人民委员会决定，南宁专区、南宁市实行统一领导，将南宁市人民委员会划归南宁专署统一领导。11月，南宁市委建立农村工作委员会，市郊区分为西明区（远郊）、秀田区（近郊），扬美隶属于西明区老口（原群英）人民公社。

1960年7月，中共南宁市委经自治区党委批准，撤销郊区建制（1961年恢复南宁市郊区建制，1978年又撤销南宁市郊区革委会）。扬美随老口人民公社划归邕宁县管辖。随后改为扬美人民公社。1962年，扬美人民公社改为扬美大队。

1981年11月25日，自治区人民政府将江西、坛洛、那龙3个人民公社划归南宁市管辖。扬美大队随江西人民公社更易到南宁市辖区。

1984年8月，南宁市恢复郊区建制，扬美大队及其所在的江西人民公社划归南宁市郊区管辖。12月，恢复乡镇建置，扬美大队隶属于江西乡人民政府。

1987年，扬美大队改称扬美村，由扬美村公所实施行政管理。

1996年8月，扬美村民委员会成立。

1996年至2000年，郊区的石埠、江西、坛洛等10个乡陆续改为镇。扬美村随之更易为江西镇辖区。

2001 年 12 月 4 日，撤销南宁市郊区建制。12 月 5 日，扬美村随其所属的江西镇并入南宁市永新区。

2005 年 3 月，南宁市行政区划重新划分，扬美村随其所属的江西镇划归江南区管辖。2016 年，扬美村仍辖八街一坡，即振兴街、临江街、共和街、解放街、永安街、和平街、新民街、中山街，以及左江对岸的平凤坡（原名平凤村）。

◉ 区位　交通

区位　扬美村隶属广西壮族自治区首府南宁市辖区，位于南宁市西南部的江南区江西镇。北纬 22° 51′ 50″，东经 108° 04′ 00″。村委会距江西镇人民政府 16 千米，距江南区人民政府 36 千米，距南宁市人民政府 49 千米。东部与同江村相邻，西北部隔左江与马伦村相望，西南部隔左江与下楞村相望，南部与智信村相邻，北部隔左江与大滩新村相望。

交通　从扬美村沿左江水道，上可达扶绥、崇左、龙州，下经三江口（左江、右江、邕江交汇处）转入右江河道可到隆安、田东、田阳、百色等地。而沿邕江顺流而下，则可至珠江流域中下游地区的南宁、梧州、广州、香港等地。其依托南宁市——这个中国—东盟博览会长期举办地、区域性国际城市，拥有旅游市场和客源方面的巨大优势，成为南宁市城乡休闲周末游的首选。

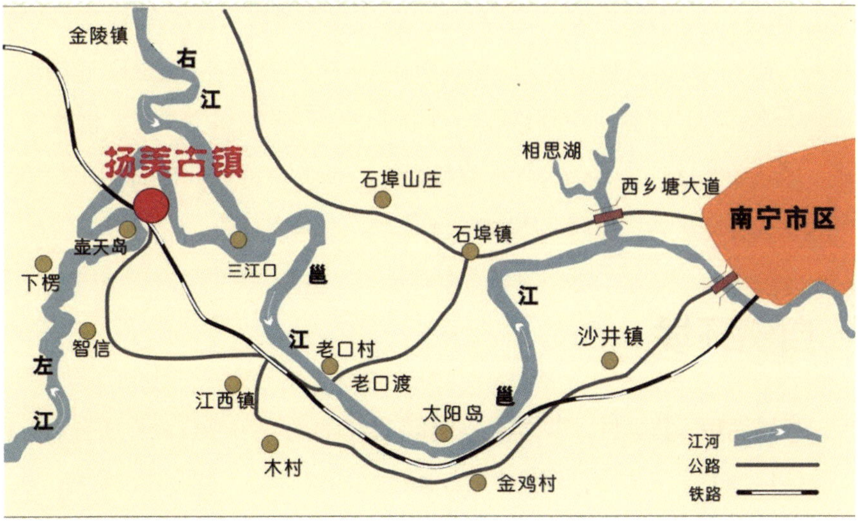

扬美村区位交通示意图　　江南区志办　提供

扬美村始建于宋代，属于邕州辖地，是宋中原王朝势力与安南、大理等地方势力的接壤地带，军事地位十分重要，为兵家必争之地。扬美村处在南宁周边壮族人聚居区的腹地，又在合江镇（今三江口）附近，向南可钳制整个左江地区乃至安南，向西可牵制右江河谷地区，是中原王朝外拒安南、大理，内镇少数民族的重要军事防卫区。依山傍水的扬美村，三面环江，且附近河段江面宽阔，湾多水深，非舟楫无以渡人。村中通往外界的陆路，有青坡岭、雷吞岭、雷石岭、雷椎岭（又名雷随岭）等山岭扼守，山岭虽山势不高，但其四周地势较为平坦，是一个易守难攻的地方。

扬美村独特的地理位置、便利的水路运输条件和特殊的居住人群，为其后商业的发展、古镇的繁荣打下了良好基础。明嘉靖年间（1522—1566），扬美渡已成为南宁有名的渡口之一。嘉靖四十三年（1564），扬美逐渐发展成著名的圩市。至明末清初，由于水路交通便利，扬美圩已成为左江、右江下游地区土特产品的主要集散地之一，是远近闻名的繁华商埠。

改革开放以来，扬美的交通条件更加便利。20 世纪 90 年代，扬美村已经有旅游专线车及路线；如今公路、水路皆通，交通发达。其中公路两条，一条是自南宁市区从沙井上南扶二级公路，过江西镇智信村到达扬美；一条是从西乡塘经五里亭，沿大学路、石埠、老口渡，通过摆渡，经江西镇智信村到达扬美。水路是自南宁市区乘船溯江而上，经三江口拐至左江，再溯流而上即达扬美。曾在扬美古镇景区的西边设有火车站（南昆铁路线提速后停运）。扬美村的主要交通方式是公路，设有专线班车 6 台，每 30 分钟对开一趟（南宁—扬美）。

2015 年 10 月，扬美古镇景区配套设施建设项目（含江南区江西—扬美公路项目）被列入自治区层面统筹推进（预备）重大项目第二批增补计划中，也是西江经济带基础设施大会战建设项目。规划路线起点位于江南区江西镇安平村，接南宁至扶绥二级公路，经过安平、那廊、扬美等行政村，终点位于扬美古镇景区。路线全长 7.834 千米，全线设计时速 80 千米，路宽 12 米，采用沥青混凝土路面。

◉ 自然环境

村域面积　扬美村，以“扬美古镇”名扬四方。位于广西壮族自治区首府南宁市中心城区以西的左江下游，属南宁市江南区江西镇辖区，水陆交通便利。全村面积 6.6 平方千米，有耕地面积 350.67 公顷，其中水田 166.67 公顷、旱地 184 公顷。扬美村森林

2017 年，江西镇至扬美村二级公路工程开工建设　　江南区志办　提供

覆盖率 15.81%，林地面积 160.3 公顷，其中有林地 136.2 公顷，灌木林地 1.4 公顷，宜林荒山荒地 22.7 公顷。林地属村民个人所有。

地质　扬美村所在地具有典型的盆地特征，被地质学者命名为扬美盆地（又称“杨美盆地”）。《南宁市志 · 综合卷》“自然环境志 · 第一章：地质 · 第二节：地质构造 · 杨美盆地”记载：“杨美盆地位于右江下游，由那龙乡的邓圩向南延伸至杨美镇、那廊，与南宁盆地相接。呈北北西向展布，长约 39 千米，宽 5 ~ 10 千米。由第三系构成。盆地四周岩层向中间倾斜，四周倾角 10 ~ 20 度，中间多为水平。褶皱呈平缓波状起伏，轴面近直立。盆地内沿右江两岸普遍发育了第四系。盆地东部的第四系构成河谷第一、第二及第三级阶地，盆地西部多为溶蚀准平原。”

地貌　按地貌分区，扬美村属坛洛低山残峰平原区。台地是该区分布最广的类型，台地剥蚀面多经流水切割破坏，形成许多凹地、冲沟和干谷地貌。二级台地主要分布于大滩至三江口、扬美村至三江口、罗文至上邓一带，海拔 110 ~ 120 米，相对高度 30 ~ 40 米，由第三系组成。岩性为紫红色砾岩、间夹褐煤。台地多成片状分布或垅状排列，顶面齐平，风化层深厚，局部有河成卵石层出露。凹地、干谷发育、水源较丰，多辟为农田。台地面则较干旱，多发展园艺作物或造林。

扬美的村域地貌属低丘河曲类型。左江在此迂回曲折，形似半岛。全村范围内地形起伏和缓，周围分布着相对海拔约 10 ~ 20 米的低矮土丘。与扬美隔江相望的壶天岛形如口袋，为凸岸。地势向北倾斜，延伸入江。村域沿江喀斯特地貌发育完全，多奇石怪岩。扬美村左江上游有烟墩岭、勤香岭、百六岭、牛行岭，下游有榴稔岭、榴连岭、杀狗岭、榴唛岭、长腰岭。

水域 左江为郁江（南宁市区至邕宁区河段为邕江）主要支流，发源于越南高平地区，流经龙州、崇左，经扬美至江西镇同江村宋村坡三江口，与右江会合注入邕江。左江扬美段的江面宽 150 ~ 200 米，水质较清。7—8 月为汛期，1982—1993 年平均水位约 63.36 米，最高洪水位 80.67 米，最低水位 61.2 米，常年洪水位 74 米。扬美村内的滩底溪位于鲤鱼岭滩底码头的下方，整个扬美村的水均流入此溪，通左江，长 1000 多米；蚂蝗冲位于扬美村与智信村交界处，通左江，长 2000 多米；饭盘冲位于中山街，通左江，长 1000 多米。

气候 扬美地处南宁市以西，属南亚热带湿润性季风气候，年均气温约 21.6℃，1 月平均最低气温 9.3℃，7 月平均最高气温 33℃，年降雨量 1300 毫米左右，平均相对湿度 79%；光热丰富，雨量充沛；夏季炎热，冬季温凉。空气清新，山清水秀，层峦叠翠，水流清澈，古树参天，翠竹成林，蕉林似海，清荷飘香，适合甘蔗、香蕉等亚热带主要农作物生长。

自然资源 奇石、沙滩是扬美村江边风景的特色。明代旅行家徐霞客在《徐霞客游记》中记载了他在崇祯十年（1637）离开宣化县，从水路进入新宁州期间，经过扬美村时的情形，将扬美段江面两岸的石头称为“奇石”。扬美村岸边有许多奇石，如“大象戏水”“猴子望江”“姜太公钓鱼”“孔雀开屏”“蓬莱小景”“雷峰积翠”“蟾宫”“鸳鸯石”等。但随着邕江上游老口水利枢工程的建设，2015 年老口大坝建成蓄水后，大多景点已被水淹没，其中，金沙滩景观已消失，许多奇石的美景也再难欣赏到。

江滩景色（摄于 2006 年）　　江南区志办　提供

江边奇石——蟾宫（2008 年）　　江南区志办　提供

常见植物　古榕树、木棉树、竹子等。其中，亚热带果树有黄皮、荔枝、龙眼、青芒、阳桃。

饲养动物　牛、猪、狗、鸡、鸭。

野生动物　变色龙、蛤蚧。

◉ 人口

人口总量　据南宁市江南区江西镇现存统计资料查证，扬美村 2000 年至 2007 年户籍人口基本保持在 4900 ~ 5230 人之间。至 2016 年，村内人口总量变化不大。2016 年，扬美村有 34 个村民小组，1413 户，人口 5509 人，95％为汉族，其余人口基本为壮族。

主要姓氏　20 世纪 80 年代，根据南宁市江南区江西镇人口统计资料，扬美村有杜、梁、杨、黄、许、胡、邓、孙、莫、麦、曾、陈、施、李、范、曹、卢、周、欧、谢、吴、罗、何、冼、唐、冯、祝、刘、陆、徐、覃、甘、王、赵、张、白、谭、方、孔、劳、丰、雷、翟、班、林 45 个姓氏，其中杜、梁、杨、黄四大姓氏的户数分别为 325 户、225 户、160 户、128 户，四大姓氏的总户数占扬美村总户数的 78.41％。这些姓氏的祖辈大部分来源于中原地区的山东、河南及岭南的广东等地，即使是同一姓氏，也存

临江街码头（2013 年） 陈忠 摄

在来源于不同地区的现象。2016年，有杜、梁、黄、杨、许、莫、李、陈、谢、邓、范、胡、孙、施、麦、欧、曾、曹、何、周、吴、祝、罗、徐、唐、甘、冼、方、翟、班、冯、林 32 个姓氏，人口最多的为杜、梁、黄、杨 4 个姓氏。

◉ 产业经济

商埠经济 扬美村在古代曾是左江著名的大圩场之一，邻近左江、右江、邕江交汇处的三江口附近。明代中期起，便被开辟成为距离邕江源头最近的码头、商埠。清末民国初年，为扬美乡（扬美镇）的治所，统辖附近 30 个村。民国时期，扬美已是左江、右江中下游地区土特产品的集散地，一时繁荣之盛，有“小南宁”之美称。在陆路不发达的年代，扬美借助便利的水上交通条件，兴修许多码头津渡（2016 年，尚存的古码头遗迹有 8 处），成为有名的商埠。作为区域性商品集散地的扬美，在 20 世纪 20 年代以前的地方贸易中，实际上充当着“群镇之首”。左江上游地区的崇左、龙州等地以及扬美周边农村的土特产品，主要经由扬美销往南宁市区，而广州、梧州、南宁等大中城市的工业制品，也较多地通过扬美分销到周边的农村市场。后来随着水运交通的衰退，扬美逐渐不再是商品集散地。据村民口述，1922 年 5 月 5 日（农历四月初九），自称“自治军”的匪帮和附近村庄的地痞、土匪，仗着人多势众，围攻扬美圩，大肆烧杀抢掠，残杀男子 300 多人，强掳妇女 90 余人，焚烧房屋 300 多幢，被劫掠 39000 多元，金银财宝不计其数。至新中国成立前，扬美都一蹶不振，难以恢复旧日风采。

圩市经济 据《邕宁县志》记载，扬美圩市上所交易的物品，以织品布匹为主，周边的下楞、甘圩、陇圩、金陵、大同、那龙、坛洛等圩场，无不以谷、米、豆、食、家畜为主要交易物品。作为城市工业制品进入当地农村市场的交通枢纽，扬美圩上的洋纱、布匹、织品等轻工业产品或者手工制品货源充足，加之本地大量加工生产的副食品，较好地满足当地的市场需要，奠定了其作为一座繁华商埠的现实基础。1922 年的“四月初九”事件以前，扬美的农副产品以及手工制品的商品化程度比较高，其他村落的村民在田地里所种的谷米豆食，房前屋后所栽种的木瓜、黄皮果、蔬菜，家里所饲养的牛、猪、鸡、鸭、鹅等，都是拿去圩场换来现钱的。富于商业头脑的扬美人不会直接出售初级农产品，而是进行适当的加工之后才卖。比如，木瓜、黄皮果、蔬菜等果蔬，扬美人加工成咸菜、酸菜、梅菜等腌制品再卖；一些生意人家，更是将当地农副产品加工成豆豉、酱油、沙糕等有一定技术含量的土特产品再卖。经过二次加工的产品，可以卖得更好的价钱。当时邻村人要想买好东西，都会到扬美来，因为其他地方的圩场只有谷米豆食之类的农产品，很少有城市里生产的工业品如洋纱、布匹等，由此可见扬美当时举足轻重的商业地位。

明清以后，广东商人以扬美为交易点，从事农副产品、城市轻工业产品的经营。由于他们当中的不少人来自经济发达地区，商业信息较为灵通，在货源的组织方面有着许多壮族商人难以比拟的优势，因而生意做得比较大。以“扬美三宝”豆豉、梅菜、沙糕为龙头，以酸菜、木瓜丁及各类果酒为辅的副食品加工业，对于左江上游沿岸地区农村经济作物的种植，有很大的带动作用。如今当地的农副产品已多由外地商人直接进村收

1950 年的三角市　　杜孔钧　摄

2016 年的三角市　　江南区志办　提供

购，扬美仍是下楞、智信等邻村出售香蕉的主要地点。每逢圩日，这些村寨的村民，往往天未亮就或以船运，或以车托肩挑，将未能批量卖给外地老板的香蕉运到三角市边上的香蕉市场出售，再由扬美的商人将其贩运到南宁。

明清至民国时期，扬美赶圩人数最多时有3000多人。1922年“四月初九”事件后，赶圩人数骤减，再也没有恢复昔日繁华光景。虽然到扬美赶圩、做生意的外地人日渐稀少，但由于是自己的圩市，三角市还是在数年之后得到较大程度的恢复，只是生意较以往冷清。

1953年，国家对粮油进行统购统销后，取缔粮油自由买卖。1962年，扬美圩场关闭粮油集市贸易。20世纪60年代中期，把集市贸易当作资本主义加以批判，把3日一圩改为7日甚至10日一圩，给农村生产带来很大影响，给群众生活带来极大不便。1979年后得到恢复，郊区粮食管理部门才进行粮油议购议销业务。1998年，国家对粮食实行放开经营，自由贸易，交易活跃，增加了农民的收入。

轻工业产品加工 食品加工是扬美的传统产业。明清时期，扬美就有许多食品加工作坊，主要加工酸菜、梅菜、豆豉等土特产品。扬美人加工食品的原料，小作坊多为自家种植或从本地其他务农人家购买，而一些规模较大的作坊，如五叠堂等，则需从其他地方如崇左等地运入。清光绪三十二年（1906）至民国时期，扬美妇女多以纺织为生，几乎户户都有“织女”，家家都有手工木织布机，最多时达500多台，占当时南宁手工木织布机总数近一半。扬美妇女织出来的布细腻、结实，但当地风俗认为穿白衣不吉利，于是扬美妇女种下一种叫“蓝”的植物，用其汁液混合石灰沤制成“靛”，将布染成黑蓝色，当地人十分喜爱，还销往桂西、越南。扬美妇女织布所得成为家庭的重要经济来

鞭炮卷纸机和织布机（2015年） 陈忠 摄

老人绣工艺品香包（2006 年） 江南区志办 提供

传统手工制作沙糕（2015 年） 陈忠 摄

腌制小菜（2016 年） 尹庆南 摄

老人在制作扫帚（2017 年） 班彩梅 摄

源，也为自己添置嫁妆积储了资本。除织“洋纱”外，扬美还种有棉花，也有妇女用手摇纺纱机纺纱。扬美妇女的编织工艺品包括菠萝、石榴、金猪、绣球、中国结、迷你鞋、迷你扫帚，以及用关草编织的栩栩如生的小人儿、用木头雕成的小挂件等。扬美古镇的商业、农业、食品加工业、纺织业等各行业之间联系密切，形成一条较为稳固的产业链。各街道之间、各行业之间，乃至于各姓人家的生计方式之间，都有着某种“自然”形成的互补性。这种产业结构的特点，成就了扬美古镇作为一个功能齐备圩市繁盛的城镇的存在。2016 年，有名的小作坊有制作豆豉的杜家坊（拥有 100 多平方米的制作工场，年产数万千克豆豉）、制作沙糕的梁氏三兄妹家庭小作坊（已发展成为拥有 100 多平方米的两层厂房、10 多个帮工的小工厂）、制作梅菜的梁氏小作坊（年产梅菜数万千克）等。

农耕经济 扬美村耕地面积 333 公顷，地少人多，对于土地的利用较为充分，除水稻、玉米、蔬菜、豆类之外，很多人家还利用田头地角、房前屋后，种植棉花、莲藕、各种水果等，养殖猪、牛、鸡、鸭等家畜家禽，有30多户村民养殖石龟、鳄龟、鳖等特色物种，数量从上百只到上千只不等，养殖数量最多的农户达3000多只，以之作为家庭经济的补充。扬美人的农业生产，一方面可以解决家庭的部分口粮，另一方面可以为扬美人所擅长的食品加工业和纺织业提供必要的原材料。因此，尽管商业较为发达，但农业仍然是扬美经济体系当中不可或缺的重要组成部分。

旅游经济 20世纪80年代，扬美文化积淀的名声虽然逐步在南宁周边传播，但由于未开发旅游业，故未成气候。1997年，受左江对岸下楞村开发旅游业的启发，扬美开始加大旅游发展力度，打造基础硬件设施。1999年10月1日，正式开放旅游。以后历经南宁市郊区、永新区、江南区，规划、投资、改造，特别是2015年起江南区开展的扬美古镇旅游圈建设，推出农旅结合乡村旅游，举办江南区平话文化旅游节、扬美古镇龙舟上水节暨扬美古镇龙舟比赛等活动，成功打造出扬美旅游品牌。2016年，扬美有旅游从业人员282人，年营业额852万元。

阳桃丰收（2016年） 尹庆南 摄

热闹的农产品展销会（2015年） 江南区志办 提供

扬美旅游开发（2015年） 江南区志办 提供

游客乘坐扬美独有的交通工具——“牛的”逛古街（2016年） 尹庆南 摄

村民生活

中华人民共和国成立前，扬美村商埠经济和圩市贸易较为发达，农户主要从事种植业、商贸业、家畜家禽饲养。改革开放后农民收入逐年增加，村民生活越来越好。2010 年以来，推动新农村建设，促进农村社会和谐发展，村民安居乐业，尊老爱幼，互敬互助。

◉ 生活方式

圩镇　钟文典在《广西近代圩镇研究》[1] 一书中提出：广西近代圩镇的兴起，除对经济的发展、社会风气的变迁等有着明显的影响外，还具有四方面的社会功能：其一，圩镇是农村地区的社交中心，商贾在那里洽谈生意，男女青年则在圩镇里相亲，农民往往利用赶圩商谈私事，一些秘密社会组织也以此为活动据点，文人墨客也在那里聚会，可见圩镇是各色人等从事社交活动的理想场所；其二，圩镇是提供信息服务的场所，村民间的信息，诸如婚丧嫁娶的消息，多是通过圩镇传递的，尤其是圩镇作为交易场所，向人们传递着不同商品的供求信息和价格信息，农民往往根据这些信息安排自己的农事活动，此外，官府的政令、政事动态、外地新闻，也借助圩镇广为传布；其三，圩镇是农村地区的娱乐场所，一般圩日，圩镇中往往有耍猴的、变戏法的、表演武术的，有的则兜售所谓的祖传秘方，而每当逢年过节，圩镇都要举行唱大戏、迎神赛会等活动，吸引四方民众，

① 钟文典：《广西近代圩镇研究》，广西师范大学出版社，1998 年。

村民依然保留传统的早集市（2017 年）
陆靖　摄

2015 年，举行“美丽乡村”建设文艺晚会
陈忠　摄

使圩镇热闹非凡，尤其是广西的一些圩镇还是歌圩所在地，每当歌圩之期，青年男女纷纷从附近各地赶来，其有歌唱才能者一展歌喉，自娱而娱人；其四，圩镇还是劳动力买卖市场，圩镇中常有供雇佣的劳动力，一种常替商人挑运商品，另一种则在圩镇待雇，于农忙时节为地主做工。综上所述，圩镇不仅反映着近代社会的变化，而且影响着广西近代社会经济的变化和社会风气的变迁，并为广大的农村地区提供社交、传播信息、娱乐以及买卖劳动力的场所，在社会发展中起到了十分重要的作用。经济繁荣、丰衣足食的好年景，带来思想发展、文化发展的契机。明、清、民国时期，扬美圩市的繁荣，也映照进扬美人的生活习俗、社会风气中。明清时期以“士、农、工、商”为社会地位排名，扬美人不吝钱财，大力发展文教事业，希望子孙后代能努力学习，“学而优则仕”，有朝一日能在士林、文坛、政界获得一席之地，摆脱“只知道赚钱”的商贾门庭阴影。

生活新风　2010 年以来，为加快新农村建设步伐，扬美村党总支部在民主管理过程中，开展一系列“关爱工程”：扬美村经常举办篮球比赛、拔河比赛、象棋比赛、汽排球赛、接力赛、卡拉 OK 演唱赛、桌球大赛等活动，五月端午举办龙舟赛等赛事，每年支持扬美粤剧团举办各种演出活动，支持村文化室小舞台建设。在丰富村民的业余文体生活的同时，为构建和谐社会打下良好基础。与政府部门对接，联手打造卫生村镇，为 200 多户村民提供技术及资金支持，改厨改厕。至 2016 年的数据显示，已建成沼气池 96 座，改厕 176 座；为群众争取到国家扶持资金 21.77 万元。争取振兴街、共和街、解

新农村建设（2016 年） 江南区志办　提供

放街群众集资，其他单位及个人捐资共计 3.4345 万元，国家财政奖补 26 万多元，对坛康西道路进行拓宽、硬化，共拓宽道路 1200 多米，硬化 570 多米，解决了整个扬美村通往那廊村的交通瓶颈，以及振兴街、共和街、解放街群众生产出行的困难，化解了扬美村民 30 多年来的一个大难题。村党总支部带领全村妇女落实科学发展观，围绕村党委、村政府工作大局，创造性地开展“美德在农家”活动，推动新农村建设，促进了农村社会的和谐发展，村民家家安居乐业，尊老爱幼，互敬互助，村各项事业全面发展，

儿童游乐场（2016 年） 江南区志办　提供

2014 年安装的健身路径（2016 年）
江南区志办　提供

村党总支部连年被评为先进党支部，村妇代会多次被评为城区先进妇女组织，扬美村荣获市级“美德在农家示范村”“巾帼示范村”“文明村”等称号。

◉ 居民收入与消费

家庭收入　新中国成立前，扬美村农民家庭主要从事种植业、商贸业、家畜家禽饲养，靠经营所得收入维持生计。由于扬美商埠和圩市贸易较为发达，村民收入较南宁一般的农村要略好。无田地的贫农、雇农，靠租种地主、富农田地或外出打工糊口；城镇附近的部分农民还兼做小贩、装卸运输来增加收入。1948—1949 年，外出打工者近 100 人，占劳动力 37.70%。据《(民国)邕宁县志》所记，1934 年，扬美等村水稻平均亩产为 173 斤。产量低的主因是未能科学种田、兵荒马乱、水旱灾害不断。1936 年、1948 年、1952 年，扬美村水稻种植面积分别占耕地总面积的 85%、84%、81.40%；全村总收入中，种植业分别占 85.41%、78.43%、88.82%；水稻平均每公顷产量分别为 3300 斤、3900 斤、5100 斤，而贫农阶层的水稻平均每公顷产量分别为 3750 斤、4276 斤、7456 斤。1936 年、1948 年，全村各阶层农、林、牧、副、渔、工、商、地租、利息等总收入，折谷分别为 141.50 万斤、180.24 万斤，人均分别为 1096 斤、1316 斤，扣除生产成本、缴纳各种税费后人均纯收入折谷为 466 斤、520 斤，衣、食、住、行都从中列支。此统计是全村的平均数，人口占多数的贫农、雇农的收入水平则更低。

新中国成立后，特别是 1978 年中共十一届三中全会后，实行改革开放，推行家庭联产承包责任制，推广应用新的农业科学技术，国家调整农产品的收购政策，调整农村

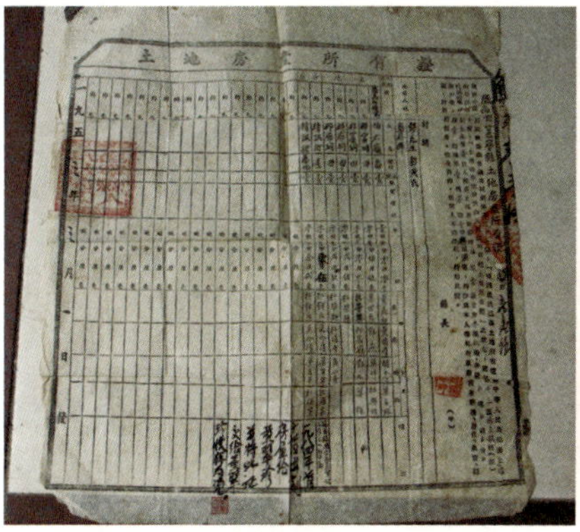

1953 年土地房产所有证　梁渊　提供

土地证　梁渊　提供

街景和村民（1990 年） 杜永荣 摄

产业结构，发展乡镇企业，增加农民收入。1984 年、1997 年江西镇对扬美村农户的等距抽样调查统计，调查样本户 1984 年人均纯收入为 358 元，1997 年为 2108 元。1990 年，农民人均钢筋砖木结构住房面积 18.40 平方米，居民人均住房面积 10.20 平方米。1997 年，农民人均钢筋砖木结构住房面积 21.10 平方米，已基本达到小康水平指标量值考核标准；农户在乡镇信用社年底存款余额人均 1605.40 元。2000 年，扬美村农户的人均纯收入为 2458 元；2005 年，人均纯收入为 2748 元；2010 年，人均纯收入为 5721 元；2016 年，人均纯收入为 12118 元。

家庭消费 20 世纪 50 年代至 80 年代，扬美村民长期以来只维持在温饱水平，没有更多的家庭消费。1993 年，南宁市郊区政府采用抽样调查方法直接调查 50 个农户收入和消费状况。50 个农户在生活消费总支出中，食品支出占 40.38%，其中肉、禽、鱼、蛋品支出则占食品支出的 45.58%，人均年消费量 56 千克。粮食年人均消费量由 1985 年前定量供应时 175 千克（贸易粮，下同）降至 1993 年 143 千克，比定量供应时减少 32 千克。粮食消费支出占食品消费支出 24.30%。家电购买、房屋修建等占总支出的 43.38%。2016 年，在生活消费总支出中，食品支出占 58%，其中肉、禽、鱼、蛋品支出则占食品支出 55%，人均年消费量 74 千克；粮食年人均消费量 123 千克，粮食消费支出占食品消费支出 14.70%；家电购买、房屋修建等占总支出 66.40%。

耐用消费品消费 20 世纪 80 年代之前，村民购置“三转一响”（“三转”即自行车、缝纫机、国产手表，“一响”即收音机）的较少。1992 年、1993 年、1995 年，郊区政府分别进行调查统计表明，轿车、摩托车、彩色电视机、电冰箱、空调机等已进入农家。1997 年调查统计数据显示，轿车普及率 10.14%，摩托车普及率 30.28%，彩色电视机普及率60.12%，电冰箱普及率25.55%，空调机普及率18.32%。2016年调查统计数据显示，轿车普及率 19.44%，摩托车普及率 70.26%，彩色电视机普及率 86.48%，电冰箱普及率 45.72%，空调机普及率 34.20%。

◉ 教育　文化

教育 扬美村内有小学 1 所，1924 年春创办。2016 年，学校占地面积 8224.42 平方米，拥有教学楼一幢，三层共 18 间教室，总建筑面积 1306 平方米，有在校生 146 人，适龄儿童入学率 100%；教职工 14 人，师资达标。多年来，扬美的教育立足古镇文化，承袭古镇遗风，致力于创办一所教师乐教、学生乐学、师生爱校如家的优质农村小学，努力

1950 年的扬美小学　杜孔钧　摄

新建成的扬美小学新校门（2017 年）　王德宾　摄

扬美小学校园（2017 年）　陆靖　摄

扬美小学幼儿园学生（2017 年）　王德宾　摄

2015 年江南区“优秀文艺节目巡演”在扬美村演出
陈忠　摄

村民日常文化生活（2017 年）　江南区志办　提供

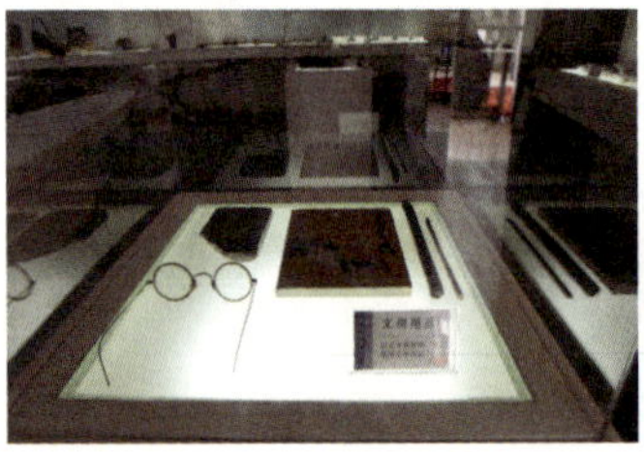

村史室“文房四宝”展品
陈忠　摄

村史室扬美戏班展品
陈忠　摄

村史室村民劳动工具展品
陈忠　摄

打造“崇尚美、追求美、弘扬美”的文明和谐校园，为扬美村培养了一代代优秀人才。2009 年，扬美小学被评为南宁市文明学校。扬美小学内设附属幼儿园，2012 年利用扬美小学闲置的校舍改造而成，2016 年年初招生，有小班、中班、大班、学前班 4 个教学班，在园儿童 77 人，教职工 7 人。

文化　为了满足村民的业余文化生活需求，扬美村内建设有文化广场，设有阅览室，还有村民自办自营的茶屋，成为村民日常休闲、阅读下棋的场所。2015 年，为了响应建设“美丽南宁 · 清洁乡村”的号召，扬美村利用村级公共服务中心综合楼二楼，面积约 60 平方米，建设了村史陈列室，征集、陈列实物 50 多件，有村民的生产生活用具、民间民俗文化工艺品、商贸加工品等，大多是代表着扬美历史发展的老物件。扬美村村史室建成后，被评为市级示范性村史室。

◉ 村务管理

村民自治　明代的扬美村，以村规民约推广教化，务令村民自我约束；靠村中长老

扬美村委会（2017 年）
陆靖　摄

村务服务中心（2016 年）　　江南区志办　提供

担任约长、里长（受宣化县知县委托）实施行政管理。清代则以保甲制度加强管理，十户为牌，十牌为甲，十甲为保，保长、甲长、牌长以及市场管理人员圩长等，共同保证各项法律法规以及乡里禁约的落实执行。民国时期则为自治会管理体制，议长、副议长、乡董事以及议员为管理人员。

新中国成立之后，扬美先后创建互助组、合作社、人民公社、生产大队、村公所、村民委员会等村民自治组织，以及扬美村党支部，成为当地基层社会（政治）组织，是当地公共事务的主要组织者和执行者，组织力和执行力远远超过历史上任何时期，村民的向心力、凝聚力也越来越强。

20 世纪 90 年代后期开始，扬美村的旅游业发展起来，这与扬美村丰富的旅游资源和扬美村党总支部积极开展创先争优活动是分不开的。扬美村下辖八街一坡，34 个村民小组，设 1 个党总支部，下设和兴、金马、永和、中新、平凤 5 个党支部。2009 年，扬

扬美村文明户评选（2016 年）　　江南区志办　提供

“美丽乡村”水体整治（2016年）　　江南区志办　提供

美村决定引入南宁市美扬旅游有限责任公司，完善景区内基础设施，提高游客在景区旅游的舒适度；古屋修缮、维护凉亭、改善村里卫生等举措，让古镇面貌发生了变化，带动了游客数的增长。之后，扬美村党总支部先后与广西水文水资源局、江南供电分局、广西民族大学民社学院、广西中医学院人文社科学院、江南区旅游局、江南区科协等单位的党支部进行支部联建；扬美村党总支部与江南供电分局党支部被南宁市委组织部评为“南宁市十佳结对子共建单位”。

村务公开　2010年，江南区江西镇依靠丰厚的农村党建优势资源，以创先争优活动为契机，围绕“一线两点”党建示范点，制定切实可行的创建措施，打造互助共建共赢模式，促进经济发展；在“根竹—西平—麻子畲—雷寨—扬美”这条旅游、经济相结合的党建精品旅游线上，扬美村是一大亮点。2012年后，扬美村逐步建立健全《江西镇扬美村政务服务中心服务目录》《江西镇扬美村政务服务中心管理规定》《江西镇扬美村政务服务中心工作职责》《政务公示制》《服务承诺制》《首问负责制》《一次性告知制》《效能考评制》《限时办结制》《同岗替代制》《责任追究制》等一系列政务服务规章制度以及《村民会议制度》《村民代表议事制度》《村务公开制度》，村务管理纳入正轨。2015年8月，为建设环境优美、生活富裕、乡风文明的扬美村，参考江西镇制定的全镇村规民约，经扬美村村民代表及群众大会讨论通过，制定了新的《扬美村村规民约》。至2016年，通过开展“五个好”（支部班子好、党员队伍好、活动开展好、制度建设好、作用发挥好）党总支部及“五村、两规范”（科教兴村、经济强村、文明建村、民主理村、依法治村和村级工作规范化管理、村级干部规范化管理）建设，扬美村的基层组织建设不断加强，先后被评为广西“五个好”党总支部、南宁市先进基层党总支部；扬美村结合农村实际，设立产业结构调整岗、农产品销售岗、科技兴农岗、遵纪守法岗等10多个岗位，为全村无职党员发挥作用搭建舞台；扬美村党总支部、村委会坚持“四议两公开”，集民智、汇民力，依托美扬旅游公司，运用扬美古镇官方网站、影视摄影基地、中国—东盟国际摄影基地，通过“一网两基地”加强对外宣传力度，同时整合完善“牛的”旅游观光、“农家乐”、民俗表演、扬美传统美食及餐饮等各种旅游特色产业；扬美村在发展旅游业的同时，大力发展以养殖龟鳖为主的“庭院经济”，成立龟鳖协会，通过典型引路，党员带动的方式，养龟鳖致富已经成为扬美村民致富的新途径。

瓜果飘香的民居　　　　周红　摄

香蕉树 班彩梅 摄

瓜果飘香的村落 周红 摄

石榴树 陆靖 摄

◉ 村规民约

新中国成立后，广大农村发生了翻天覆地的变化，特别是改革开放以来，新的村规民约起到规范社会公德、树立良好新风尚、激发村民自我发展内生动力、树立法律意识和养成依法办事的习惯等作用。新的村规民约，是在社会主义农村中，农村干部和群众自我教育、自我约束的一种行为规范。我国宪法第二十四条规定："国家通过普及理想教育、道德教育、文化教育、纪律和法制教育，通过在城乡不同范围的群众中制定和执行各种守则、公约，加强社会主义精神文明建设。"《扬美村村规民约》就是在此大背景下产生的。将《扬美村村规民约》与《街巷众议禁约碑》相比较，可见孝敬长辈、爱护晚辈、邻里互助等内容依然保留。从禁约到民约，体现了一种传统精神的传承，扬美人的优秀道德品质并没有因为社会发展、时代变迁、旅游开发、生活富裕而埋没。

文物胜迹

扬美走过了上千年的历程，文物胜迹遍布全村，青砖黛瓦，古色古香，有古老的建筑、街道、民居，还有古老的民俗、民风、基调、旋律，闪烁着历史文明，熠熠光辉。

青砖黛瓦景依旧，起脊翘角宝气盈。

◉ 古民居

扬美村现存明代民居 1 处，清代和民国民居 259 处，分布在村内的 8 条街巷。一进建筑 160 处，其中 1 处一进二幢，1 处一进三幢，计 163 幢；二进建筑 81 处，计 162 幢；三进建筑 15 处，其中 1 处三进五幢，计 47 幢；四进建筑 3 处，其中 1 处四进 5 幢，计 13 幢；1 处五进建筑，计 5 幢；8 条街巷总计 260 处 390 幢。古民居总数最多的是和平街，计 48 处 64 幢。而清代建筑最多的是临江街，计 46 幢。民国建筑稍多的是中山街 31 幢，共和街 30 幢，和平街和永安街各 29 幢。扬美村先民大多从“山东白马”迁徙来的，少部分来自广东，所以建筑风格主要受中原文化的影响，四平八稳，庄重典雅，同时也吸取了部分岭南的传统特点。

青砖黛瓦马头墙，这是进入扬美村后的第一印象。然而细细欣赏，你会发现里面的每一道街巷、每一栋古民居都各有讲究。比如高耸的马头墙，也称“封火墙”“防火墙”，一旦发生火灾，墙体可以有效隔断火源，防止火势蔓延。马头墙原是皖南民居外部形象的主要特征，之所以出现在广西临江村庄，说明了古时的平话人懂得兼收并蓄，吸收百家之长，不断融合中

鸟瞰扬美村　　周家志　摄

原文化、岭南文化，才形成如今独特的平话文化，甚至表现在建筑文化、商业文化、服饰文化等方面。村中宅第的屋脊鸱尾吻兽造型、石狗造型，翘起的脊尾，屋檐封板上的浮雕，挑手上的莲花、瑞兽，门簪上的八卦、太极等图形，柱础的花篮、宝瓶、腰鼓造型，及柱础上十二生肖、勾连回纹等，这些无不是中原文化与岭南文化结合的产物，同时也不乏对其他文化的再创造和新组合。

扬美村一角（2015 年）　　陈忠　摄

扬美先民按照中原传统的硬山搁檩式民居形式建造住宅，建筑形式上吸收壮乡当地干栏式建筑中的一些合理因素。根据南方炎热多雨、潮湿的气候特点，他们将房屋建在坡地上，近水而不受水浸，并且将住宅空间加宽抬高，扩大居室空间，前后檐墙上部留空而不密封；厢房前后开设棂窗，形成空气对流。同时设置挑手支撑檐檩，使屋檐向外延伸，防止雨水对檐墙的侵蚀，形成宽大的檐廊。在左右厢房则架铺檩铺板，形成阁楼，用以储藏粮食。民居的大门，多在门楣上镶设两个圆形的门簪。门簪是连接门框的木构件，具有结构作用，门簪上刻有吉祥文字、乾坤或太极卦符。在屋门的石门坎两边的方形枕石，正面凿刻吉祥图案，既含有招财进宝、避邪禳灾的寓意，又起着装饰门庭的作用。

扬美民居的装饰形式主要采用雕刻、雕塑、绘画等方法。心灵手巧的能工巧匠们，在梁架、柱子等结构构件上，会做上木雕、石雕装饰，或画上各种图案。在大面积的承重砖墙上，有的还砌有砖雕，丰富墙面，避免单调之感。在室外常用的有砖雕、石雕、灰塑等，在室内则有木雕、绘画等，将写实手法和夸张变形手法综合运用，各具其趣，相得益彰。北宋将作监李诫撰建筑学专著《营造法式》“卷第三·石作制度·石作制度·造作次序”记载：“其所造华文制度有十一品：一曰海石榴华，二曰宝相华，三曰牡丹华，四曰蕙草，五曰云文，六曰水浪，七曰宝山，八曰宝阶，九曰铺地莲华，十曰仰覆莲华，十一曰宝装莲华。或于华文之内，间以龙凤狮兽及化生之类者，随其所宜，分布用之。”扬美的古建筑中承载了这些图案。扬美民居中的雕刻、绘画图案有的以传统故事为题材，如桃园三结义、将相和、二十四孝等。既有艺术装饰作用，又有对子孙后代进行传统道德教育的作用。

古民居精美雕饰（2014 年）　　陈忠　摄

散落在街巷的青石板精美雕饰　　陈忠　摄

扬美明清古屋的建筑风格，除展现屋主的审美情趣及身价之外，还显现出当地所受的道教、佛家、禅学、玄学等方面的深远影响。扬美先人笃信风水，比如古屋的大门门框上方的门罩多呈元宝形，象征“招财进宝”；门罩上雕刻有“驱魔避邪”的“灵篆镇符”；进与进之间都有天井，从风水学来说，意味接纳天降甘露及财气、好运的地方。扬美坐落于左江边上，三面环水，利于往来货物的运输与交换，商品流通与交换频繁，财富便越积越多，扬美先民就愈发相信风水之说。扬美先民认为居住的房屋应该处处体现生气，体现阳气，家庭才会兴旺，家族才会繁荣。明清一条街上的古民居，大门台阶多为一步，意味着经商能够一帆风顺，财运亨通。

扬美民居建筑一般三扇大门贯穿一条青砖路通道，左右两边各建房，这样的结构反映了“中央”观念。以中为贵，不偏不倚，使得整个结构井然有序，但是规范中又有变化，如“三门”并没有排在一条直线上，而是有所错开，可以不使入门之气一通到底，寓意保宅平安，避凶趋吉，商贸交易能顺利进行。

传统的观点认为，天井是藏蓄之所，象征着财禄，要求天井端方平正，用以采光，以养生气。经商成功的商人以积聚为本，总怕财源外流，因而造就天井，使天降雨露、财气，落到房顶上后，不至于流到别人的地上。认为冷色调、淡色彩的民居建筑色彩能求安求稳，因此，扬美的民居建筑整体色彩为冷色系。封建统治阶级为了巩固统治地位，显示荣华富贵的生活，把他们的居住地用浓艳的色彩粉饰，久而久之，色彩符号就成为政治权利的一种标志，民众在心理上亦产生一种对色彩的符号认同。普通民众认为住居色彩要不同于执权之人所住的浓艳色彩，冷色系的颜色自然而然就应用到民居上。扬美人长期生活于这样的环境中，形成了内敛含蓄的性格，使得能全身心地投入到商品

古建筑精美雕饰（一）　　陈忠　摄

古建筑精美雕饰（二）　　陈忠　摄

贸易中去。

扬美人非常注重门础、瓦当上的纹样等细部装饰内容。无论是黄家大院、举人屋抑或是普通民宅，通常在大门两边的石础正面各刻一枚铜钱样，铜钱寓意招财进门，财源滚滚。屋中承重柱子的下方放置的是石制“太平鼓”，惯称“四平八稳太平鼓”，“太平”才能有安定的商贸环境，利于商业繁荣。最有代表性的是临江街的建筑和五叠堂中的石鼓。在三界庙广场上也留有许多这类石鼓。民居屋檐的瓦当上印有“蝙蝠”或“蝙蝠衔铜元”的式样。“蝠”与“福”同音，民众希望自家财源广进，生活富足。

扬美古民居的空间结构形态，体现古代的尊卑秩序。这类建筑的空间结构以宗祠为中心，房舍的配置与使用主从有序，尊卑分明，体现“男尊于女”“左尊于右、南尊于北”的要求。临江街是明清民居相对集中保存较好的地方，又称清代一条街，以青石板路为轴线，将院落前后两片分开，前后中的各座民居院落代表了一个家庭。各座院落互相紧挨，前后院落距离也近，构成一个大家族。通过这样的建筑格局，同宗聚居的宗族形态得到了充分的发展，也彰显了“亲”“孝”的道德本位和强调凝聚力的宗族意识。扬美古民居的具体物化结构方式，深刻地体现了封建伦理教化观念，强调对“礼法”的敬畏与追求。扬美的先人认为古民居是思乡之情的载体，又受到“树高万丈，落叶归根”传统习俗的影响，于是用经商获得的利润不断扩建民居，以显示家底丰厚与宗族的兴旺发达。同时，士农工商四民等级秩序，是历代封建王朝的统治之基，其中位于四民等级之末的商人，一直在大田谷作的小农经济和专制皇权的高压之间浮沉，饱受各类抑商政策与文化的压迫和歧视。扬美先民发财后大兴土木，还可以掩盖或弥补因封建社会“重农轻商”而引发的缺失感。

扬美古民居细部修饰传达和合圆满的心态。“传宗接代”“祈福纳祥”的观念在扬美外化为许多的形式，比如民居的装饰，等等。民居建筑大门的板上木墩上刻有铜钱、如

古建筑精美雕饰（三） 陈忠 摄

意等图案和文字，寓示着开门如意、开门进财；柱础一般为俗称“四平八稳太平鼓”，寓意太平安康；门檐下画有壁画，壁画是忘忧草组成的龙凤，而且是龙头凤尾，寓意“飞黄腾达”。除此之外，檐下页有忘忧草与祥云的组合，寓意“吉祥如意”“幸福安康”“多子多孙”。

旧时，扬美一般人家的住屋都有两进或者三进，家景好的人家，则有四进，最多的有五进。屋子多以青砖砌成，屋顶盖瓦。有钱人家在盖房子时，墙壁往往要砌两层，内侧、外侧为青砖，中间夹层用黄泥夯实，这样做不仅可以防贼挖墙入室，还能使房屋冬暖夏凉，更适合居住。扬美传统家屋的屋檐，大多雕龙画凤，窗户上也有各式窗花。住屋的布局，很多人家都是“前有厅堂，后有厨房”，人住厢房，中间有院子。多数扬美人家用木板将第一进房子正对大门的一间用木板隔成两半，并将对门的一半作为厅堂，旁开一个侧门进入里屋。扬美人家里的神龛，则设在厅堂上方隔出的小阁楼上，拜祭祖先时用木梯从侧边上香。厅堂上一般摆有一张八仙桌，两侧有太师椅，看上去很是气派。

古建筑精美雕饰（四） 陈忠 摄

古建筑精美雕饰（五） 陈忠 摄

古建筑精美雕饰（六）　　陈忠　摄

古建筑精美雕饰（七）　　陈忠　摄

明代至民国时期，扬美村环村旱路入口处，建有约 2 米高、0.4 米厚、数千米长的泥墙，作抵御外来入侵之用。新中国成立后，泥墙拆除。

明代民居　扬美的明代民居仅存一进，在今临江街，为硬山顶砖木结构，以青砖为墙，碧瓦覆顶。该古屋在建筑材料上以木料为主、青砖为辅。从门外直到里屋，两边平行竖立着七根木柱，扬美人称为“七柱屋”，即穿斗式建筑风格，其科学原理在于即使墙体倒塌，还有木架撑住，屋顶不会随着倒塌下来。方形木柱选用櫶木，柱下有石垫，石基雕成花瓶状，可防雨水侵蚀。各条柱子顶端用方木开榫头连成屋架，然后用青砖围着木柱砌在四周，便是屋墙。该建筑可分檐廊及里屋两部分，以木板相隔，木板墙中间开有小门，小门前有突出的插销石。檐廊左右各立有一根木柱，柱上架梁，柱下有扁圆石柱相垫。屋檐悬挂着造型生动、色彩缤纷的木雕花带，雕刻为花卉，莲花瓣石柱础。

明代民居（2013 年）　　陈忠　摄

屋饰美观大方，赏心悦目。里屋用木柱及木板隔开，形成明间及左、右次间，青砖到顶，砖木结构，其中砖的长度、宽度、厚度规格，与清代和民国相比较，显得更大而厚重。明间正中，设有木质阁楼式神台。

清代民居 扬美现存古屋中清代民居最多，多聚集在临江街、振兴街、解放街、永安街、新民街等处，其他各街道也有零星分布。临江街因清代建筑较多，故而被称作“清代一条街”。与明代古屋相比，清代古屋的建筑规模相对较大，建筑用料更为考究，庭院成为房屋布局的重要组成部分。在现存的清代古屋中，金马街的五叠堂、永安街的黄氏庄园充分体现了此特点。

清代民居以青砖为主、木料为辅，至今仍有大量存留。居民建筑的主要特点是较之明代建筑做工精良，细腻秀丽，典雅古朴。建筑材料是青砖碧瓦，穿斗式结构，抬梁式较少见，多用于宗祠；硬山顶砖木结构，悬山顶仅见个别；大多青砖砌墙至顶，内部辅以泥砖，部分夯土墙；横梁、格子、窗户和祖宗神楼阁用木材。建房用砖长度、宽度、厚度明显比明代的小而更精致。

从现存建筑及残留地基观察，清代古屋多为三进式，第一、第二进均为一厅四房，卧室较为幽暗，便于隐私。第三进为厨房、餐厅。进与进之间都有天井，因为屋主防盗防窃，都是高大封闭的墙体，而天井起到通风、透光的作用。清代古屋建筑风格统一中又有差异，如屋檐形状各异，有弯弓双层隔热型的，有砖角叠或花纹型的，各显特色。二进正厅的神楼阁设有神龛，木阁内供奉祖先牌位或供奉佛像、神像。神龛之下设有香

清代民居（2013年） 陈忠 摄

古建筑古家具（2016年） 江南区志办 提供

古建筑精美雕饰（八） 江南区志办 提供

案，常用质地细腻的珍贵木材加工而成，平时摆设香炉以及时令鲜果等供品。案前摆有八仙桌，是用料精良的正方形雕花木桌，每逢重大节庆摆设三牲等诸多供品，供祭祀祖先神明及婚庆丧礼之用。

清代民居的屋脊、前墙屋顶处，均有石雕、砖雕、木雕。雕刻或描绘许多象征吉祥如意的龙及花草鸟兽，或人们喜闻乐见的神话人物、戏文传说的人物绘图，图案繁多，刻工精巧，画技上乘，造型生动，惟妙惟肖。大户人家庭院围墙上，多有精美的漏窗，即窗洞内有流花图案的窗，用来装饰墙面和点缀园林景色。滴水纹饰为倒置蝙蝠，寓意福到。窗洞形状多样，花纹、动物图案等种类较之明代古屋饰明显增多，多用瓦片、青砖、木竹等制作。清代古屋尽其所能地多设计装饰象征美好的东西，如门雕刻图案造型中最为常见的有镂空“麒麟送子”图像和“富有日新”文字等，不但寓意吉祥，且形象鲜活细腻，手艺精巧，成为古建筑艺术的奇葩。

民国民居 民国民居较清代民居稍逊，但仍不失做工精良，细腻秀丽，典雅古朴。建筑材料多是青砖碧瓦，部分青砖和红砖合砌，但红砖比例较少；穿斗式、硬山顶砖木结构，但以砖为主；大多青砖砌墙至顶，内部辅以泥砖，部分夯土墙；横梁、格子和祖宗神楼阁用木材，窗户用木条、砖、钢筋水泥砌筑，少数拱形窗眉，个别门楼颇具中西合璧风格，吸收中外建筑风格的同时，整体仍以岭南建筑风格为主。

民国民居在形式、结构、材料和清代民居略有区别，与清末建筑相比，相差不是太大。少数出现钢筋混凝土的应用，但这些建筑仍然采用木屋架、木楼面和瓦屋盖，保留较多清代建筑风格。门楼有西方风格拱形门楼，庄重肃穆，窗用钢筋混凝土制作而成，少数地板已使用方形瓷砖。

现存的民国民居多为一进或二进，三进的较少见，通过对残存墙基观察，以二进居

古建筑窗棂（2016 年）　　江南区志办　提供

多，从一侧面反映民国时期扬美古镇较之清代，已经有衰落迹象。整体建筑风格和清代基本类似，第一进均为一厅四房，卧室较为幽暗，隐密性强。第二进为厨房、餐厅。第一进和第二进之间有天井相连，天井起到通风、透光的作用。屋檐有弯弓双层隔热型，有砖角叠或花纹型等。正厅的神楼阁设有神龛，木阁内供奉祖先牌位或供奉佛像、神像。神龛之下设有香案，案前摆有八仙桌，供祭祀祖先神明及婚庆丧礼之用。

民国民居的屋脊、前墙屋顶处，均有石雕、砖雕、木雕，大体和清代相差不大。雕刻花草鸟兽、梅兰菊竹、风景画、洋楼等图案，刻工精巧。滴水纹饰为倒置蝙蝠，寓意福到。窗洞形状多样，花纹、动物图案多用瓦片、青砖、木竹等制作。门雕刻图案造型中最为常见的有镂空“麒麟送子”“花开富贵”“梅兰菊竹”“春夏秋冬”图像等。

清代和民国石柱础较多，散落于村落大街小巷，形状多式多样，大小不一，寓意四平八稳，天圆地方。雕刻有“鲤鱼跳龙门”、飞禽走兽、花卉等图案，大多刻工精美，栩栩如生。

古建筑精美屋脊（2015 年）　　江南区志办　提供

举人屋 扬美村在清代读经习礼之风大盛，涌现出梁德显、杜元春等举人。现保护较完整的举人屋位于临江街，兴建于清代（具体年份不详），为举人杜元春故居。该古宅为三进形制，青砖蓝瓦，砖木结构。一、二进是一厅四房，三进是厨房，建筑面积共356平方米。举人屋砌砖用的灰浆由石灰膏加糯米浆、黄糖浆拌和而成，100多年过后仍坚固如新，堪称扬美宅第之最。

清光绪八年（1882），屋主杜家第十五代孙杜元春在壬午科广西乡试中力克群雄，考取举人功名。朝廷赐授杜元春"举人"牌匾，悬挂于大门之上，此屋被称为"举人屋"。今悬挂于该屋的"举人"牌匾并非原物，乃后人为了纪念祖先而重新制作的仿制品，但落款时间误为"道光八年"。匾上面镶有80厘米×50厘米的木制大喜字，第一进的中堂上书有1.2米正方的大"寿"字，第二进门上镶有个木制的"吉"字，正厅设神楼，摆放祖宗牌位。举人屋檐下绘有花草鸟兽图案，屋脊两头各塑一条龙，外墙金字顶雕刻有一串花朵，薄薄的花瓣，完好无损，可见当时的建筑材料质量及工艺已相当精良。

举人屋被认为是扬美人最引以为荣的古建筑。这些古建筑的主人，至民国年间已经"走的走"（外迁）、"败的败"（衰败），但对于扬美人而言，那些旧屋是见证祖先辉煌成就的最直观的实物。

举人屋（2012年） 陈忠 摄

举人屋牌匾　　陈忠　摄

五叠堂（大夫第） 位于解放街 37 号，始建于清代嘉庆年间，是扬美古镇独具特色的建筑，已有 200 多年的历史，为杜绍桐（曾被清廷赏戴蓝翎、正五品、奉政大夫）所创建。五叠堂为五进式青砖瓦房，建筑面积 300 多平方米。坐北朝南稍偏东，从南至北共五座房子依序向上延伸，站在第一座房子的大门往里看，后一座房厅比前一座的高，视野会慢慢缩小，到最后只能看到第五座房的一角。这“层层叠叠”的五间房便合称为五叠堂。当初之所以这样建，为的就是取“步步高升”之意。

五叠堂（2016 年）　　尹庆南　摄

五叠堂全景（2016 年）　　尹庆南　摄

若从单间房屋的构建上看，五叠堂的建筑风格与其他街道上的清代建筑并无二致，只是面积稍大，气势更为宏伟。难得的是五叠堂的主人对各进房屋的使用功能的安排。当地老人介绍说，旧时的五叠堂以豆豉为主营业务，产品远销百色、龙州、南宁、梧州、广州等地，生意做得很大。当时五叠堂里的第一进房屋为产品展示区，第二进为会客兼业务洽谈室，第三进为老板的起居室和账房，第四进为产品包装室和成品仓库，第五进为产品加工作坊和成料仓库，在第四、第五进房屋之间庭院边上开有侧门。一般情况下，生产豆豉的原材料都是从侧门运进，这样就减少了生产加工对于其他业务活动的干扰。

五叠堂除第五叠的阁楼式建筑外，其他四叠构造相似，座座雅致明亮，高高的屋顶，宽敞的房厅。每座房子所用的木头均是坚固耐用的上佳木材——楠木，现在看起来仍然崭新如故，而作为房柱和房梁，在构造上也十分讲究，既牢固又美观，令人叹为观止。窗户和阁楼栏杆是由楠木条组成精美各异的花形或几何图案，在微微翘起的屋檐下

五叠堂门上的壁画（2016 年）　　尹庆南　摄

及屋内的房梁周围，还有许多白底黑墨的图画，如祥云在天、青松白鹤、牡丹绽放等，无不是吉祥富贵之意。

室内山墙上部的墙楣上用粉彩描绘工笔壁画，有的仅用黑、白二色。柱础石起防腐、防虫及承受负荷的作用，扬美多雨，木柱下都要垫以柱础。从立面看柱础造型，有鼓形、瓶形、莲花形和须弥座形等。这些造型变化丰富并组合运用，有的从大自然的花卉瓜果汲取灵感，有的为正方形、圆形、多边形等各种几何造型，柱础又有多层。青石质柱础，呈多边形的柱础每面刻浮雕图案，有的柱础雕饰暗藏八仙。柱础上的雕饰以阳镌篆字“福、禄、寿、喜”四字为最多见，其次为龙凤、麒麟图案等。

黄氏庄园 位于共和街，始建于清代乾隆年间，已有200多年的历史。庄园创建人为黄厚龙，原为江西镇兴贤村黄公坡人，后迁居扬美，经商发迹，乃建此庄园。至今居住其中的黄氏已是第10代。庄园青砖瓦房，总面积900多平方米，建筑面积556.2平方米，建筑格局由两部分组成，主建筑南北走向，为三进式，每进一厅四房，一进叠一进，后进地势稍高。三进都有独立庭院，青砖瓦舍。大门、二门、侧门分别与东西三进相连。厢房客厅相望，显得门当户对。黄氏庄园南北走向，大门向西，因自西汉起，就流传着“商家不宜东向”的说法。

黄氏庄园一角（2013年） 陈忠 摄

庄园的三进独立庭院，雕梁画栋，翘角飞檐，古朴典雅，气魄非凡。面对左江，前通街肆，侧依荷塘，清波辉映，花木毓秀，十分清静、典雅。庄园各进分厅、堂、厨。天井采光通风，排水完善。室内大梁，莲柱斜接，花板、门楼、棂窗上的木雕彩画、砖雕、石刻装饰，绘以青松、红棉或兰花、牡丹，高雅、秀美、庄重、富态、豪华，显出主人的经济实力。在檐口下以叠涩法出檐，前、后立木质檐柱，檐口下及屋顶下的墙楣上绘民间风俗彩画，作为墙面和屋面的过渡部分，墙楣绘画呈条带状，高度 30 ~ 60 厘米，形成“裙板”：或“岁寒三友”，或兰花、牡丹。雀替用于檐廊柱与联系木的接头处，端头大，肚部曲线小，在起到稳定柱梁保持垂直的作用外，还增强木梁的荷载力，是极富特色的建筑构件。庄园以优质木材把雀替透雕成各种回曲、枝叶、云朵等图案，并施以色彩，显得精美雅致。

窗棂以莲瓣和云纹图案为主，使庄园显得古雅端庄，精巧严谨，有利于调节室间的空气、气温和光线。同时，在墙上开漏窗，用石、砖、灰浆等材料雕砌纹样，有利于视线穿越，把室外景色分割成美丽的画面，同时又把室外景色引入室内。主房与厢房之间，铺有青砖通道，耐久实用，显得整洁干净，朴实无华。该庄园成为扬美古镇古民宅的典型，其整体结构和建筑艺术有传统的清代风格和独特的设计格式，是古镇上很有代表性的一座清代建筑，对于研究清代居民建筑和村镇商业史有着相当重要的价值。

慕义门 位于中山街 40 号，兴建年代不详。原屋主姓孙，其先祖在宋代随狄青平南南下时定居于此。当时只是平常人家，至清末民国初才以经商发家致富。

慕义门（2012 年） 陈忠 摄

梁烈亚故居（2015 年）　　陈忠　摄

慕义门属砖木结构，外观极似一座城墙或城堡。大门不是按传统做法开在中间，而是开在左侧边，高近 3.33 米，宽约 1.67 米。有三级台阶，屋前平整地铺着青石板。门洞并非常见的长方形，而是略带拱形，门板用长木条拼成波浪状。“慕义门”三个隶书字体大字镶在门头。整座慕义门的门窗呈岭南风格，刻有各种花纹图案，以花鸟居多，其他次之。门的数量根据室内的大小设置，格扇由格心与裙板组成。格心花纹样式很多，用棂子构成方格、条框等。镂空雕花格扇门完全成为一组画屏，花鸟树石跃于门上。门的格心是整块板精心雕刻的通雕装饰，雕刻了图案造型中最为常见的镂空的“麒麟送子”“喜上眉梢”图像和“富有日新”等文字，裙板上有植物雕刻，形状逼真，堪称一绝。

慕义门的所有门窗，均由蚬木（椴树科常绿乔木，木材坚实，可供建筑和造船用）精心制作而成。用如此珍贵的树种木材来进行住宅修建，可见屋主当年财力不凡。

梁烈亚故居　位于解放街 35 号，始建于清末。建筑面积 210 平方米，占地 76.47 平方米。原故居占地面积大至半条街，后由于火灾及 1958 年“大炼钢铁”等原因被拆毁，现仅存一进。整个建筑坐北朝南，为抬梁式，硬山顶砖木结构，青砖青瓦清水墙，面阔 8.05 米，分四开间。

这里既是辛亥革命仁人志士梁植堂、梁烈亚两父子的家园（梁烈亚 15 岁以前生活在这里），同时也是孙中山领导的镇南关起义筹备会议的会址之一。黄兴受孙中山委派，在这里与王和顺、梁植堂、梁烈亚等同盟会骨干商讨革命行动计划。梁烈亚故居于 2001 年被公布为南宁市文物保护单位，是南宁市保留较为完整的一处辛亥革命纪念旧址。经保护修缮，2013 年被公布为自治区级文物保护单位。

扬美村清代、民国建筑分布情况表

表 1

序号	地址	建筑布局	年代
1	扬美村振兴街 10 号	二进（幢）	清代
2	扬美村振兴街 11 号北面	一进（幢）	清代
3	扬美村振兴街 11 号	三进（幢）	清代
4	扬美村振兴街 15 号	三进（幢）	清代
5	扬美村振兴街 17 号东面	一进（幢）	清代
6	扬美村振兴街 17 号	二进（幢）	清代
7	扬美村振兴街 19 号	二进（幢）	清代
8	扬美村振兴街 22 号	二进（幢）	清代
9	扬美村振兴街 31 号	一进（幢）	清代
10	扬美村振兴街 33 号	二进（幢）	清代
11	扬美村振兴街 37 号	一进（幢）	清代
12	扬美村振兴街 37 号	二进（幢）	清代
13	扬美村振兴街 39 号	一进（幢）	清代
14	扬美村振兴街 44 号	二进（幢）	清代
15	扬美村振兴街 49 号	一进（幢）	民国
16	扬美村振兴街 55 号	一进（幢）	清代
17	扬美村振兴街 68 号	一进（幢）	清代
18	扬美村振兴街 79 号	一进（幢）	清代
19	扬美村振兴街 80 号	一进（幢）	清代
20	扬美村振兴街 82 号	一进（幢）	清代
21	扬美村振兴街 105 号	二进（幢）	清代
22	扬美村振兴街 120 号南面	一进（幢）	民国
23	扬美村振兴街 120 号	一进（幢）	民国
24	扬美村振兴街 133 号	一进（幢）	民国
25	扬美村振兴街 155 号	二进（幢）	清代
26	扬美村临江街 6 号	二进（幢）	清代
27	扬美村临江街 6 号西南面	二进（幢）	清代
28	扬美村临江街 7 号	一进（幢）	清代
29	扬美村临江街 11 号	二进（幢）	清代
30	扬美村临江街 12-2 号	一进（幢）	清代
31	扬美村临江街 14 号	一进（幢）	明代
32	扬美村临江街 16 号	一进（幢）	清代
33	扬美村临江街举人屋	三进（幢）	清代

续表 1

序号	地址	建筑布局	年代
34	扬美村临江街清代民居	二进（幢）	清代
35	扬美村临江街炮楼	一进（幢）	清代
36	扬美村临江街 20 号	二进（幢）	清代
37	扬美村临江街 25 号	一进（幢）	清代
38	扬美村临江街 29 号	一进（幢）	清代
39	扬美村临江街 31 号	一进（幢）	清代
40	扬美村临江街 32 号	二进（幢）	清代
41	扬美村临江街 33 号	二进（幢）	清代
42	扬美村临江街 34 号	一进（幢）	清代
43	扬美村临江街 40 号	一进（幢）	清代
44	扬美村临江街 41 号	二进（幢）	民国
45	扬美村临江街 42 号	一进（幢）	清代
46	扬美村临江街 46 号	三进（幢）	清代
47	扬美村临江街 53 号	三进（幢）	清代
48	扬美村临江街 57 号（一进），二进（45 号），三进（34 号）	四进（幢）	清代
49	扬美村临江街 65 号	一进（幢）	清代
50	扬美村临江街 72 号	一进（幢）	清代
51	扬美村临江街 72 号	二进（幢）	清代
52	扬美村临江街 79 号	二进（幢）	清代
53	扬美村临江街 88 号	一进（幢）	清代
54	扬美村临江街 101 号	一进（幢）	清代
55	扬美村临江街 106 号	一进（幢）	清代
56	扬美村解放街五叠堂	五进（幢）	清代
57	扬美村解放街梁氏老牌土特产	一进（幢）	民国
58	扬美村解放街梁烈亚故居	一进（幢）	民国
59	扬美村解放街 4 号杜氏祠堂	二进（幢）	清代
60	扬美村解放街 5 号、7 号	三进（幢）	清代
61	扬美村解放街 19 号、21 号	一进（幢）	民国
62	扬美村解放街 27 号	一进（幢）	清代
63	扬美村解放街 27 号西北面	一进（幢）	清代
64	扬美村解放街 28 号	一进（幢）	民国
65	扬美村解放街 33 号	一进二幢	民国
66	扬美村解放街 34 号	一进（幢）	清代
67	扬美村解放街 36-1 号	一进（幢）	清代

续表 1

序号	地址	建筑布局	年代
68	扬美村解放街 40 号	一进（幢）	民国
69	扬美村解放街 48 号	一进（幢）	民国
70	扬美村解放街 50 号	二进（幢）	清代
71	扬美村解放街 52 号	一进（幢）	清代
72	扬美村解放街 55 号	一进（幢）	民国
73	扬美村解放街 56 号	一进（幢）	清代
74	扬美村解放街 58 号	一进（幢）	民国
75	扬美村解放街 63 号	一进（幢）	清代
76	扬美村解放街 68 号	一进（幢）	民国
77	扬美村解放街 72 号	一进（幢）	清代
78	扬美村解放街 73 号	一进（幢）	清代
79	扬美村解放街 84 号	一进（幢）	清代
80	扬美村解放街 85 号	二进（幢）	民国
81	扬美村解放街 90 号	一进（幢）	民国
82	扬美村解放街 102 号	一进（幢）	清代
83	扬美村解放街 104 号	二进（幢）	清代
84	扬美村解放街 112 号	一进（幢）	民国
85	扬美村解放街 115 号	一进（幢）	民国
86	扬美村解放街 118 号	一进（幢）	民国
87	扬美村解放街 127 号	一进（幢）	民国
88	扬美村解放街 142-1 号	一进（幢）	民国
89	扬美村解放街 142-2 号	一进（幢）	清代
90	扬美村解放街 155 号	二进（幢）	民国
91	扬美村委办公室	一进（幢）	民国
92	扬美村共和街（门牌永安街 1-1 号）	一进（幢）	民国
93	扬美村共和街（门牌永安街 1-1 号）东南面紧邻	一进（幢）	民国
94	扬美村共和街黄氏庄园西北面	二进（幢）	清代
95	扬美村共和街黄氏庄园	四进五幢	清代
96	扬美村共和街 17 号	一进（幢）	民国
97	扬美村共和街 22 号	三进（幢）	清代
98	扬美村共和街 28 号	一进（幢）	民国
99	扬美村共和街 28 号	二进（幢）	民国
100	扬美村共和街 28 号西面	二进（幢）	民国
101	扬美村共和街 38 号	一进（幢）	民国

续表 1

序号	地址	建筑布局	年代
102	扬美村共和街 38 号	二进（幢）	民国
103	扬美村共和街 40 号	二进（幢）	民国
104	扬美村共和街 49 号	一进（幢）	民国
105	扬美村共和街 57 号	一进（幢）	民国
106	扬美村共和街 66 号	一进（幢）	清代
107	扬美村共和街 67 号	一进（幢）	清代
108	扬美村共和街 85 号	一进（幢）	清代
109	扬美村共和街 88 号西南面	一进（幢）	民国
110	扬美村共和街 89 号	一进（幢）	民国
111	扬美村共和街 91 号杜氏祠堂	一进（幢）	清代
112	扬美村共和街 92 号	二进（幢）	民国
113	扬美村共和街 106-1 号	三进（幢）	民国
114	扬美村共和街 113 号东南面	一进（幢）	民国
115	扬美村共和街 123 号	一进（幢）	民国
116	扬美村共和街 124 号	一进（幢）	民国
117	扬美村共和街 138 号	三进（幢）	民国
118	扬美村共和街 140 号西南面	一进（幢）	民国
119	扬美村共和街 144 号	一进（幢）	民国
120	扬美村新民南街 10 号	一进（幢）	民国
121	扬美村新民南街 12 号	一进（幢）	民国
122	扬美村新民南街 15 号	二进（幢）	民国
123	扬美村新民南街 21 号	二进（幢）	清代
124	扬美村新民街魁星楼	一进（幢）	清代
125	扬美村新民街 15 号	三进（幢）	清代
126	扬美村新民街 16 号	二进（幢）	民国
127	扬美村新民街 33 号	一进（幢）	清代
128	扬美村新民街 43 号	三进（幢）	清代
129	扬美村新民街 43 号东面	三进（幢）	清代
130	扬美村新民街 60 号	一进（幢）	清代
131	扬美村新民街 77 号	二进（幢）	清代
132	扬美村新民街 87 号	二进（幢）	民国
133	扬美村新民街 106 号	一进（幢）	民国
134	扬美村新民街 157 号	一进（幢）	民国
135	扬美村新民北街梁氏宗祠	二进（幢）	清代

续表 1

序号	地址	建筑布局	年代
136	扬美村新民北街 19 号	一进（幢）	清代
137	扬美村新民北街 32 号	二进（幢）	民国
138	扬美村新民北街 35 号	一进（幢）	清代
139	扬美村新民北街 36 号	二进（幢）	民国
140	扬美村新民北街 38 号	二进（幢）	清代
141	扬美村新民北街 43 号	一进（幢）	清代
142	扬美村新民北街 49 号	一进（幢）	清代
143	扬美村新民北街 50 号	二进（幢）	清代
144	扬美村新民北街 52 号、53 号	二进（幢）	清代
145	扬美村新民北街 53 号南面	一进（幢）	清代
146	扬美村新民北街 79 号	一进（幢）	民国
147	扬美村中山街杜品谦宅	二进（幢）	清代
148	扬美村中山街杜全受宅	一进（幢）	清代
149	扬美村中山街杜启良宅	一进（幢）	民国
150	扬美村中山街杜启柱宅	一进（幢）	民国
151	扬美村中山街孙少明宅	一进（幢）	清代
152	扬美村中山街杨彦德宅	一进（幢）	清代
153	扬美村中山街杨赞林宅	二进（幢）	民国
154	扬美村中山街 2 号	二进（幢）	清代
155	扬美村中山街 18 号	一进（幢）	清代
156	扬美村中山街上房巷 20 号	一进（幢）	民国
157	扬美村中山街 29 号	一进（幢）	民国
158	扬美村中山街进士巷 30 号	一进（幢）	民国
159	扬美村中山街 35 号木质门牌，117 号门牌南面	一进（幢）	清代
160	扬美村中山街 40 号慕义门	四进（幢）	清代
161	扬美村中山街 42 号	一进（幢）	清代
162	扬美村中山街杨屋巷 44 号、46 号	一进（幢）	清代
163	扬美村中山街 57 号	一进（幢）	民国
164	扬美村中山街 59 号	一进（幢）	民国
165	扬美村中山街 60 号北面	二进（幢）	清代
166	扬美村中山街 63 号进士屋	二进（幢）	清代
167	扬美村中山街 65 号	二进（幢）	清代
168	扬美村中山街 67 号	二进（幢）	清代
169	扬美村中山街 73 号	二进（幢）	民国

续表 1

序号	地址	建筑布局	年代
170	扬美村中山街 74 号	一进（幢）	民国
171	扬美村中山街杨屋巷 74、75 号	三进五幢	民国
172	扬美村中山街 75 号	一进（幢）	清代
173	扬美村中山街杨屋巷 76 号西面	二进（幢）	民国
174	扬美村中山街杨屋巷 76 号	二进（幢）	清代
175	扬美村中山街 79 号	二进（幢）	民国
176	扬美村中山街 89 号	二进（幢）	民国
177	扬美村中山街 95 号西面	一进（幢）	民国
178	扬美村中山街 117 号	二进（幢）	民国
179	扬美村中山街 137 号	二进（幢）	清代
180	扬美村中山街 156 号	一进（幢）	民国
181	扬美村和平街黄洁芬宅	一进（幢）	民国
182	扬美村和平街黄泰全宅	一进（幢）	民国
183	扬美村和平街黄凤孙宅	二进（幢）	清代
184	扬美村和平街杜宜四	一进（幢）	民国
185	扬美村和平街 1 号	三进（幢）	民国
186	扬美村和平街 4 号	一进（幢）	民国
187	扬美村和平街 8 号	一进（幢）	清代
188	扬美村和平街 8 号南面	一进（幢）	清代
189	扬美村和平街 9 号	一进（幢）	清代
190	扬美村和平街 9 号西面	一进（幢）	清代
191	扬美村和平街 10 号	一进（幢）	清代
192	扬美村和平街 11 号	二进（幢）	清代
193	扬美村和平街 17 号	一进（幢）	清代
194	扬美村和平街 18 号	二进（幢）	清代
195	扬美村和平街 19 号	一进（幢）	清代
196	扬美村和平街 20 号	一进（幢）	清代
197	扬美村和平街 26 号	二进（幢）	清代
198	扬美村和平街 31-1 号	一进（幢）	民国
199	扬美村和平街 32 号	二进（幢）	民国
200	扬美村和平街 33 号	二进（幢）	清代
201	扬美村和平街 39 号	一进（幢）	民国
202	扬美村和平街 40 号	一进（幢）	民国
203	扬美村和平街 41 号	二进（幢）	清代

续表 1

序号	地址	建筑布局	年代
204	扬美村和平街 44 号	二进（幢）	民国
205	扬美村和平街 46 号西面	一进（幢）	民国
206	扬美村和平街 48-1 号	一进（幢）	民国
207	扬美村和平街 48-1 号西北面	一进（幢）	民国
208	扬美村和平街 48-1 号西面	一进（幢）	民国
209	扬美村和平街 60-3 号	二进（幢）	清代
210	扬美村和平街 63-1 号	一进（幢）	清代
211	扬美村和平街 63 号	二进（幢）	清代
212	扬美村和平街 65-1 号	一进（幢）	清代
213	扬美村和平街 68 号	二进（幢）	清代
214	扬美村和平街 68-1 号	一进（幢）	民国
215	扬美村和平街 74 号	一进（幢）	民国
216	扬美村和平街 79-1 号	一进（幢）	清代
217	扬美村和平街 82 号	二进（幢）	清代
218	扬美村和平街 83 号	一进（幢）	民国
219	扬美村和平街 89 号	二进（幢）	民国
220	扬美村和平街 95 号	一进（幢）	民国
221	扬美村和平街 121 号	一进（幢）	民国
222	扬美村和平街 122 号	一进（幢）	民国
223	扬美村和平街 123 号	一进（幢）	民国
224	扬美村和平街 123 号北面	一进（幢）	民国
225	扬美村和平街 129 号	二进（幢）	清代
226	扬美村和平街 132 号	一进（幢）	民国
227	扬美村和平街 155 号	一进（幢）	清代
228	扬美村和平街 155 号北面	一进（幢）	清代
229	扬美村永安街梁贵荣宅	一进（幢）	清代
230	扬美村永安街 3 号	一进（幢）	民国
231	扬美村永安街 4 号	一进（幢）	民国
232	扬美村永安街 6 号	一进（幢）	民国
233	扬美村永安街 7 号	一进（幢）	清代
234	扬美村永安街陈屋巷 7 号	一进（幢）	民国
235	扬美村永安街范屋巷 10 号	二进（幢）	民国
236	扬美村永安街大树根 10 号	一进（幢）	民国
237	扬美村永安街大树根 10 号东	一进（幢）	民国

续表 1

序号	地址	建筑布局	年代
238	扬美村永安街大树根 12 号	一进（幢）	清代
239	扬美村永安街范屋巷 12 号、13 号	二进（幢）	清代
240	扬美村永安街 21 号	二进（幢）	民国
241	扬美村永安街 22 号对面	二进（幢）	清代
242	扬美村永安街 22 号	二进（幢）	民国
243	扬美村永安街 23 号	一进（幢）	民国
244	扬美村永安街 26 号	二进（幢）	清代
245	扬美村永安街 32 号	一进三幢	民国
246	扬美村永安街 33 号	一进（幢）	清代
247	扬美村永安街 35 号	一进（幢）	民国
248	扬美村永安街 36 号	二进（幢）	民国
249	扬美村永安街 47 号	二进（幢）	民国
250	扬美村永安街 48 号	二进（幢）	民国
251	扬美村永安街 50 号	三进（幢）	清代
252	扬美村永安街 58 号	一进（幢）	民国
253	扬美村永安街 59 号	一进（幢）	清代
254	扬美村永安街 59 号南面	二进（幢）	民国
255	扬美村永安街 63 号	一进（幢）	民国
256	扬美村永安街 65 号	一进（幢）	清代
257	扬美村永安街 93 号	一进（幢）	民国
258	扬美村永安街 95 号	二进（幢）	民国
259	扬美村永安街 130 号	一进（幢）	民国
260	扬美村永安街 139 号	二进（幢）	清代

扬美村明清、民国建筑统计情况表

表 2

街道名称	建筑数量（处）	建筑数量（幢）	明代（幢）	清代（幢）	民国（幢）
振兴街	25	38	1	34	4
临江街	30	49	0	46	2
解放街	35	47	0	25	22
共和街	29	45	0	15	30
新民街	27	44	0	29	15
中山街	34	55	0	24	31

续表 2

街道名称	建筑数量（处）	建筑数量（幢）	明代（幢）	清代（幢）	民国（幢）
和平街	48	64	0	35	29
永安街	32	48	0	19	29
总　计	260	390	1	227	162

说明：以上两表来源于《古镇扬美》，南宁市江南区历史文化丛书编委会编著，广西科学技术出版社 2015 年 9 月第一版

◉ 古街

对于擅长做生意的扬美人来说，“八”就是“发”，意为发财，所以扬美村的八条大街，象征着“发财”的好意头。这八条大街，纵横交错，布局合理，形成独特的南方圩市街巷形制，自古就是广西乡镇、圩场的一大亮点。

扬美的八条主要街道，今名分别是振兴街、临江街、解放街、永安街、和平街、新民街、中山街、共和街。1932 年起，广西军政当局提出“建设广西，复兴中国”的目标，从基层抓起，先行整治乡村，加强组织，调查丁口。十户为甲，十甲为村街，十村街为乡镇，十乡镇为区。《(民国)邕宁县志》“卷六・地理志六・新乡区表附对照”记载，当时南宁之地各乡镇的治所驻地，举目皆是“某村，旧名某某村、某墟、某塘”之类。就算有一些乡镇的治所驻地，旧名中有某街、某坊，数量也不过二三。而隶属于坛洛二区的杨美镇，其治所驻地杨美村（扬美村）却已多达八条大街。

扬美人以解放街（即原来的金马街）为界，把扬美村分成两个街区。东南面的四条街，即振兴街、临江街、共和街、金马街为一个街区，称之为“上街”或“上半街”；西北面的四条街，即永安街、和平街、新民街、中山街为一个街区，称为“下街”或“下半街”。上半街及新民街上的居民，多为自称祖先来自广东南海的“广东人”，祖上以经商为主、农耕为辅。而永安街、和平街、中山街三条街上的居民，则主要是“山东白马人”的后裔，祖上耕田、读书的人稍多，也有一部分是商贾传家的。

20 世纪初以前，振兴街的正街、金马街的三角市是扬美古镇的主要圩场。而振兴街的正街即古老的扬美圩遗址，是会聚四面八方客商的“真正的圩场”，三角市很大程度上只是扬美人日常买菜、购买生活用品的一个菜市。

振兴街　明清时期原为上兴仁村、上兴（仁）村、安仁坊、镇龙里。民国初期名为

振兴街，共五甲，四十八户。1934 年，在扬美镇治下，振兴街共九甲、九十七户。

位于扬美古镇的东面，背靠青坡岭，南与临江街相连，紧靠 1922 年以前扬美古镇的主要商业码头——新街埠、大湾埠、细湾埠，陆路与水路交通都较为便利，是扬美村最繁华的街道，因此也被称为“正街”或“正圩”。整条大街宽约 10 米，长 200 余米，街道两旁各式商铺、民宅林立，十分壮观。1922 年“四月初九”事件后，劫后的正街，街道两旁几乎没有一间完整的房屋，振兴街从此一蹶不振。1958 年“大跃进”期间，振兴街上一些无人居住的旧屋被拆除。正街附近的房屋大都是 20 世纪 80 年代以后按原有房屋形制盖起来的。正街原来宽大的街道被不断挤占，因而尽管当年正街一些高宅大院的断垣残壁仍然依稀可见，但今人已经很难感受到正街昔日的繁华景象。

如今的振兴街，除正街之外，还包括圩头街、横街、许屋、邓屋、吴屋等小街巷和居民区，街上的人家，以许姓、吴姓、杜姓为主，1922 年以前多在街上经商，而目前则以务农为业。

临江街 清代原为上旧村、下旧街、正旧街。民国初期名为临江街，共四甲，五十四户。1934 年，在扬美镇治下，共九甲，九十三户。该街位于古镇南面，始建于清道光十四年（1834），故而又称“清代一条街”，至今已有 180 多年的历史，是过去的

2009 年的临江街（清代一条街） 陈忠 摄

街民自发捐资从太平府崇善县（治所在今崇左市）购买石板，用船只由水路运回后，自己动手修建的，是扬美村保存得最为完整的街道之一。

扬美村临江码头上，建有方柱圆拱的临江古闸门，门楣上书刻“临江街”三字，十分醒目。走进古闸门，就是临江街。街长约 300 米，宽 3.8 米。整条街的房屋，几乎是清一色的青砖瓦房，均具飞檐翘角、砖木结构、木门石阶的清代风格。街衢路面由大小不均、参差拼合的青石板镶嵌铺设，平整光洁。振兴街、临江街在 20 世纪 20 年代以前是扬美最为繁华的街道。如果说当年的振兴街是因“热闹”（繁华）而出名的话，那么临江街则是以其“雅观”而广为人知。该街的排水系统十分完善，生活用水、雨水、污水均从下水道排出，至今仍起到排水作用。街容街貌一年四季整洁干净。当地一些老人说，以前的临江街，可以穿着布鞋在雨后的街上行走而不至于湿脚，足见其设计者考虑之周到。

临江街依着左江岸边台地的走势而建，从风水观念来看，有利于调节风向风力、温度湿度，形成气场。从环境学角度看，则具备充足的空气、阳光、流水、绿化的人居环境。从街尽头到古闸门，有新街埠、大湾埠、细湾埠、大埠（金马埠）等码头；东面经由一条被称为“横街”的小街巷与正街相连；西北与金马街为邻，三角市近在咫尺；既方便生活起居和商埠活动，又可随意登临江岸观赏。临江街旧时的各个入口都设有闸门，入夜后街上的人便放下闸门，并派有专人看护，设施完善，可见这些都是经过严格

2012 年的临江街（清代一条街）　陈忠　摄

解放街（2017 年）　　陈忠　摄

解放街景（2013 年）　　江南区志办　提供

规划的，清代人有如此严格的规划意识，这还是不多见的。其美观、整洁、设施齐全，一直以来都是当地人所仰慕的居民住宅区。如今的临江街，居住着杜、邓、梁、杨等姓居民 85 户，共 300 多人。

解放街　明清时期为新兴坊、金马街、余杏（庆）坊、三角市、三角街，民国初期名为金马街，共六甲，七十六户。1934 年，在扬美镇治下，名为精诚街，共十甲，一百零八户。1949 年后，改名解放街。是贯穿扬美村南北的大街，在空间地理位置上处于全村的轴心位置。该街南面有大埠，并与临江街相邻，街道中部的三角市是扬美中心“闹市区”，共和街、永安街、新民街与之相连。除大街之外，该街的分支还包括烧皮巷、施屋巷、大黄巷、梁屋巷四个小街巷。1922 年以前，繁华程度在扬美仅次于振兴街。当时大街两旁商铺林立，作坊众多，当地有名的豆豉、梅菜加工作坊大多集中于此。

扬美的早市主要在三角市，因而每天天还未亮，该街就人声鼎沸，来往做生意的人很多。1958 年，为了“大炼钢铁”，金马街上一些外出人家的大宅子因无人居住而被政府拆除，致使解放街所剩不多的古建筑再次遭到重创。20 世纪 90 年代末，为了发展当地的旅游业，旅游部门拨出专款重修解放街，街道全部铺上石板。解放街已成为扬美村最主要的街道。街上的人家，以杜、黄两姓为主，1922 年以前，金马街上很多临街的人家都是做生意的，主要经营副食品、布匹、金银首饰等，而那些没有合适店铺做生意的人家，或走街，或织布，或外出经商，农耕的人家相对较少。

永安街　明清时期为梁贤巷、吉杏巷、祥杏巷、大安坊、宁贤坊，民国初期名为永

永安街（2015 年）　　尹庆南　摄

安街，共五甲，四十九户。1934 年，在扬美镇治下，共九甲，九十三户。

该街位于三角市附近，与金马街相接。永安街只有一段不足百米的街道为商业区，其他均为居民区。除金马街外，与之相邻的街道还有和平街、中山街、新民街等。永安街有新菜街、陈屋巷、大树根、黄屋、范屋、朱屋等街巷或者居民小区，有梁、黄、杜等主要姓氏，做生意的人也比较多。

和平街　由原仁勇街、和平街合并而成。

仁勇街，清末为梁晚坊、新街、留庆巷、新砌街。民国初期名为仁勇街，共四甲，四十九户。1934 年，在扬美镇治下，共十一甲，一百二十二户。

（原）和平街，明清时期为居仁坊、忠义坊、杜屋巷、胡屋巷、孙屋巷，民国初期名为和平街，共八甲，八十户。1934 年，在扬美镇治下，共十一甲，一百三十户。这条所谓的“街”其实原本只是一条村道，两旁多为居民住宅，商铺一直很少。街上的人家利用住宅中的空地加工酸菜、梅菜的比较多。因旧时读“圣贤书”的文士较多，故而和平街又被当地人称为“圣人街”。

20 世纪 90 年代以后，和平街上外出谋生的人逐渐增多，做酸菜、梅菜的人家少了。

很多人家都以农耕为主，而继续加工酸菜的只有十来户人家，不过做的量都比较大。由于本地出产的蔬菜不能满足加工需要，一些酸菜加工大户还时常要到扶绥等地收购。如今，和平街上的人家大多姓杜。

中山街 明清时期为杨屋巷、上房巷。民国初期，为纪念民国开创者孙中山的伟大功绩，改名中山街。其时，增加了大进士巷、小进士巷，共五甲，五十一户。1934 年，在扬美镇治下，共十甲，一百一十一户。

位于扬美古镇的西北部，虽然街巷不是很多，但由于每条街巷都比较长，因而中山街的“地盘”最大、人口最多。中山街上的人家，以杨姓、杜姓、胡姓为主。为扬美村各街之最。中山街与新民街、和平街相邻，距离扬美村的两大正街和三角市相对较远。街上的大部分居民以耕田作为其家庭生计的主要来源。中山街一些人家的功名牌匾至今还保存得相当完整。

新民街 明清时期为永兴坊、宁庆坊、宁贤巷、安贤坊、镇安坊、瑞安坊、聚贤坊，民国初期，改名群贤街，共八甲，六十一户。1934 年，在扬美镇治下，共十甲，一百一十三户。1949 年后，改名新民街。

该街居民以梁、胡两姓为主，其中又以梁姓居多。不过，梁姓人家的来源不尽相同，但据族谱记载，如今新民街的广东南海梁姓人也有二十五六代，与永安街上的梁姓差不多是同时迁来扬美定居的。新民街的部分人家，在 1922 年以前加工酸菜、梅菜、煮酒谋生，另外有一些人家农耕。来自梁姓人家和胡姓人家，大多住在靠近中山街的一侧，有二十来户，农耕者居多。

扬美村上来自广东南海的梁姓人家，于清乾隆年间在今新民街的中部建有一座两进式的宗祠。每年农历三月初三，广东南海后裔的梁姓人家都要到宗祠里祭拜祖宗。据说因为担心人多挤不下，梁姓人祭祖往往都是单家独户或者某一房支五服之内的人一同前往，所以规模一般都不会太大。“文化大革命”期间，梁氏宗祠曾被生产队用作仓库，各种集体性的祭拜仪式几被中止，20 世纪 80 年代以后宗祠才又重新“派上用场”。如今新民街上的居民，每有红白喜事，也都在宗祠里面或者在其前面的平地上举行。

共和街 事实上，该街是一个小街区的总称，位于今振兴街、临江街、解放街围成的三角地带之中。共和街没有宽阔的商业街区，只有那览巷、白策巷、莫屋巷等小街巷，而且街巷之间又多有水塘相隔，因而当地人说共和街“街不像街”。共和街上的居

共和街（2017 年） 陈忠 摄

民区不如其他街巷集中，而街上的人也自称“来去自由，自做自食”，因而过得比较轻松、安乐。

◉ 古码头

古时扬美，因水路运输而兴。扬美至南宁城的水路，下则半日可至，上则需一日有余，从位置上讲是一个极好的歇脚之地。扬美诗人杨翰燃的《昔日夜景》记载了星夜港湾、众船争泊的热闹景象，诗曰：“大船尾接小船头，南腔北调语不休。入夜帆灯千万点，满江红似兆星浮。”[①] 水路运输兴，则码头亦兴。码头在古代叫“津头”或“渡头”，即船只停泊处，又引申为交通方便的商业城镇。古代广

扬美码头（1950 年） 杜孔钧 摄

① 注：一说此诗为清代嘉庆、道光年间，广西明江分府土思州诗人黄体元作。

西山多路险，交通落后，走江行船成为人们出行、商业往来的重要方式。为水路航运服务的码头，其作用显得更为突出。出港归港时在码头的祭祀与庆典，形成特有的码头文化、又叫津渡文化，而“共渡慈航”正体现人们祈求平安、和谐相处的价值观。古时扬美所建客运码头、货物码头、专用码头、工作船码头等，成为一道亮丽的人文景观。

明嘉靖年间（1522—1566），“杨美渡”（扬美渡）已成为南宁府有名的渡口之一，全村也成为商品集散地、交易地、存放中转地。其后又一再增修新的码头，至清代成为码头林立的江边商埠。

扬美拥有得天独厚的交通条件。三面环江，形如半岛，又是少数民族地区中的“汉语方言岛”，因而往来左江的客商多愿意在此暂作停留。扬美先民在左江右岸长约 2 千米的岸边，修建了众多码头津渡，让客船、商船方便停泊。扬美码头作为古建筑，与其他建筑一样，同样融入了营造观念，诸如天人合一的宇宙观，物我合一的自然观、阴阳有序的环境观等。如今，人们还可通过码头遗迹找到昔日扬美“航运大镇”的风姿。

根据当地老人回忆，扬美水运繁忙，古码头多达 8 处，按左江的流向，自上而下分别为：新街埠、古商埠（临江街尾码头）、细湾埠（小湾码头）、大埠（金马街码头）、那晚埠、梯云埠、杜屋埠、龙船埠（牛埠）。有的码头早已荒废，未有遗存。而《（民国）邕宁县志》“卷八·建置志二·城市码头”仅载“梯云码头、四巷埠码头、北隅码头、滩底上码头、滩底圩渡正码头”5 个码头。

扬美新街码头 位于振兴街南面 200 米处，又名新街埠，建于清朝末年，民国初年最兴盛时，停泊的商船多达三四百条，有时停泊的船只一直排到上游的下楞村附近。当时出入扬美的货物，多从此埠上岸或者装船，由此也养活了一批村外到此揽活的船工、搬运工。1922 年以后，由于振兴街的衰败，新街埠很少使用，至 20 世纪 50 年代已基本上被当地人弃用。

黄屋埠（1990 年） 杜永荣 摄

滩底圩渡正码头（2012 年） 陈忠 摄

扬美古码头（2012 年）　　陈忠　摄

2011 年，扬美古码头被定为市级不可移动文物　陈忠　摄

大湾古渡　临江街尾的古商埠，即“大湾码头”，是扬美现存的建筑面积最大的古码头，成为此地自古乃繁荣集市的一个见证。大湾水深且水流缓慢，是理想的停泊之所。码头有左右两个台阶，相传当年分为左边上、右边下的“单行线”。码头全部用沙石条铺成，宽 3 米，共有 88 级台阶，也许当地人是以“88”对应“发发”，暗示此码头经商是兴盛发达之地。扬美当地人认为，大湾码头就是书中记载的四巷埠码头。《（民国）邕宁县志》“卷八・建置志二・城市码头”记载：“四巷埠码头，在扬美段文烈侯亭左，明万历十七年二月建，清光绪四年秋重修。石阶七十余级，高七丈余，阔八尺有奇。距离水面涸时七丈余。”由此可见，该码头原本只有“石阶七十余级”，经多次重修后，石阶才达到“吉祥数字”的。

关于临江街尾码头，扬美民间人士杨翰燃编撰《扬美古镇历史》（未刊稿）记载：“道光四年，鼎建大湾码头（古商埠码头）及四方岭圩路，由乡干配合老人策划从事，拿出公款、乡收碎金行（番摊）摊位租、老人收公称、横流、庙堂以上五项所得之款，及由老人募捐所得会合，到太平府买石，群众出力搬砌。”岸上的圩头市场是古时扬美大集市，大小商贾，往来船只都云集于此，一派热火朝天的景象，所有交易的货物都经此码头进出市场，装卸船只发往四面八方。现在该码头已无商船停靠，改为旅游品小集市以及食铺、游船停靠点，失去了作为一个码头所应具有的水上运输功能。

原设在细湾的细湾埠，曾是与大湾码头并称的扬美主要货运码头，1922 年以后已废弃。

金马街码头　又称金马埠，是如今扬美村最繁忙的码头。当地没有关于大埠始建年月的记载，但一般认为当在清道光至光绪年间（1821—1908）。其兴盛期应迟至清末民

细湾埠码头（2012 年）　　陈忠　摄

国初。大埠原是金马街和临江街居民挑水、洗衣、洗菜的主要水源地，后来因为来往三角市做买卖的人不断增多，大湾埠、细湾埠等码头已装不下这么多船只，才使大埠逐渐变成一座商用码头。不过，由于停泊在大埠的多为扬美本地船只，所以来得快，走得也快，而且多在早晨泊船卸货，因而对于当地人的日常生活影响并不是很大。“四月初九”事件后，大埠一度衰落。不过，直到 20 世纪 50 年代扬美周边的公路修通之前，大埠仍然是扬美村本地船户水上运输的主要枢纽，是当地农副产品和外地工业制品的主要输出地和输入地。20 世纪 90 年代末，为了开发当地的旅游业，大埠得以重新修建。如今的大埠，虽然每日早上仍有一些鱼贩在此收购河鱼，附近下楞村、马村的赶圩者也多从此

金马码头（2016 年）　　尹庆南　摄

梯云码头（2012 年） 陈忠 摄

地出入，游客偶尔会在其岸上的金马广场逗留，但大埠的繁华景象已无法重现。

四个小码头 在大埠的下游，有那晚、梯云、杜屋、龙船四个小码头。最为著名的当然是因《扬美梯云码头碑记》而为人熟知的梯云码头。梯云码头今已重新修整，石阶、古碑犹存。旁有木栈道，方便游客观赏江景。《（民国）邕宁县志》“卷八·建置志二·城市码头”记载：“梯云码头，旧名梯级，在城西一百里扬美圩。民国四年，乡绅梁运德倡建，石阶一百一十余级，长百丈，广

北隅码头（2014 年） 陈忠 摄

二轨，距离水面（冬春涸时）一十余丈。两旁辟大路二，砌方石墩六对，高十余丈，阔一丈有奇，亦一伟大建筑也。邓知事沁记，易今名。”镌刻南宁府宣化县知事邓沁所撰碑记的巨石仍在，但六对方石墩已不存。

1922年以前，龙船埠曾被称为“牛埠”，是因为从外地贩入扬美的耕牛、菜牛，大多从这座码头上岸的缘故。

《（民国）邕宁县志》“卷八·建置志二·城市码头”还载有3座古码头，今已不存。文曰：“北隅码头，在扬美段扬远岭村对岸马村，清咸丰三年正月建，光绪十年十月、十五年十一月俱重修。石阶六十余级，高三丈，阔一丈，距离水面三丈余。下有扬美横水渡船，规归本段公益。滩底上码头，在扬美段鲤鱼岭尾，创建重修年月无考，石阶存者十余级，高三丈余，阔五尺，距离水面三丈余，船舶颇众，有横水渡船，渡有规费，近年钱粮大渡船，改泊于此。滩底圩渡正码头，在扬美段总水口坑下，创建年月失考，清光绪十三年重修，高二丈余，阔八尺，距离水面二丈余，长二十余丈，皆铺垫以石，在前钱粮大渡船泊此。”

◉ 其他文物古迹

烽火台　扬美村最古老的建筑物——烽火台，位于“龙潭夕影”景点上游500米左右的江岸上，高于江面20多米，登上江岸，上可见壶天岛之下楞村，下可见扬美村，北可见马伦村。

扬美烽火台建于宋熙宁八年（1075），相传为皇城使、邕州知州苏缄下令修建。烽火台建于江岸高坡之上，“青砖堆砌而成，高约一丈，呈烟囱型”，与古时三江口的烽火台遥相呼应，主要用于燃放烟火、通风报信，警示镇守左江一带的军队抵御外来敌匪，以及提醒附近乡村城镇居民躲避灾祸。

古烽火台遗址　　江南区文体局　提供

宋代官方与民间商贸空前发展，为了保护

商贸安全秩序，朝廷在地方上远离州县政治中心的山水险要又是交通必经之处、商业市镇、盐茶生产场务和运销途中，沿边沿海等边防要地等，普遍设立巡检司。巡检司官员属于差遣性质，带领士兵防范和抓捕盗贼，维护盐茶生产和运销秩序，保证纲船运输和行人安全，为过路纲运官船的到达和离开时间批书印纸，并巡捉走私违禁商品等，维持地方治安，稳定基层社会秩序，维护国家的经济利益为主要职责。巡检后来被元、明、清三朝所沿用。其中，就有兼管烽火台的军队编制（即“提举烟火排岸司”）。《永乐大典》“卷一万四千六百二十二・六暮・部・吏部九・吏部条法・差注门三・兵官属官监当簿尉使臣撮要・巡检・选阙”记载：“端平元年，四月□日，枢密院箚子，奏吏部申承枢密院箚子节文：奉圣旨，令将二百四十三阙，发下吏部差注。仍令参酌履历考第，立定合人资格。申枢密院。准此……邕州城外巡检，兼提举烟火排岸司等公事，兼巡捉私茶盐矾、搜捉铜钱下海出界、私铸铜器一员。”

如今，扬美烽火台遗址上，仅存一块圆形的灰褐色大石头，因烟火燃放在石墩上，扬美人又把它叫作“烟墩石”。也有的当地人透露，烽火台俗称“大烟囱”。

孔庙　孔庙位于“亭对江流”景区附近水岸，原为北帝庙，民国初期，因崇儒尊孔之风大盛，遂改之。

北帝即真武大帝，又称玄天上帝、玄武大帝、真武荡魔大帝、佑圣真君玄天上帝、北极玄天上帝玉虚师相真武荡魔大天尊、九天荡魔祖师、无量祖师，乃中国神话传说中的北方之神，为道教神仙中赫赫有名的玉京尊神。因传说拥有消灾解困、治水御火及延年益寿的神力，颇受民间拥戴。北帝崇拜并不是岭南的土著原始信仰。从宋代开始，随着中原士民的南迁，北帝信仰在广东开始普及，至明清时期达到兴盛，又通过迁居广西的商贾人家，带到扬美、那莲等地。

崇儒之风超过对商业之神的膜拜后，北帝庙改称孔庙，香火日盛。然而，“文化大革命”期间，原孔庙被“破四旧”“打倒孔家店”的“红卫兵”拆毁。现在的孔庙，是改革开放后，扬美人依照清代庙宇风格，在原孔庙的基础上重建的。庙前的青石板路上建有一座造型古朴的浙江产上好白石雕砌而成的牌楼，牌楼基座有 8 尊石雕雄狮守护，牌楼上刻龙雕凤，堆花设锦，蔚为壮观。庙堂为 3 间结构，宽约 21 米，高约 13 米，青砖蓝瓦红柱，完全按清代庙宇风格建筑，古色古香。孔庙周边绿茵铺缀，林木扶疏。庙脊雕塑有双龙戏珠，门前左右立着两尊石狮子，雌雄对峙，上下呼应。庙堂清明古雅，简而不俗，庄严肃穆，典雅拙朴，古风犹在。

孔庙内主殿神龛上方，高悬“万世师表”匾额。神龛内供奉孔子塑像，其雕刻细腻，神形毕妙，一派宗师风范。孔子左右塑有其弟子颜子、曾子、子思，以及儒家学派的代表人物孟子塑像，亦神采飘逸。庙内神龛旁的四根朱红圆柱，书有楹联“教化三千多国仰，师传七十兆民崇”和“国运兴昌凭重教，人才崛起在尊师”，以及许多崇尚孔子的文人墨客的诗题文赋。令人瞩目的是这里抄录有清一代名臣纪晓岚所做的对联“与国咸休安富尊荣公府弟，同天并老文章道德圣人家”。其“富”字上面无点，寓为富无顶点；“章”字上面无点，寓为文章贯日，饶有情趣。庙内孔子神龛右壁画记述了孔子当年周游列国传经的经典故事。神龛左壁画则为孔子杏坛讲学图。

每年农历八月二十七的孔子诞辰，这里都举行盛大的庙会，扬美男女老少及周边的文人学士都会汇聚于此，祭祀孔子、追忆先贤、感念师恩。

三界庙 原址在扬美古渡，即“龙潭夕影”景点的右侧山坡上，其反映了扬美先民的三界神崇拜。

三界神是广西独有的神祇。清梧州府同知史鸣皋总纂《(乾隆)梧州府志》“卷七·建置志·坛庙寺观附·三界庙”称：“神姓冯，名克利，贵县人，一曰平南人。采药龙山，遇异人授以无缝仙衣、丹药归而起疾拯患即多验。后化为神。以其能通天、地、人之道，故称曰三界庙。中有青蛇数十，盘绕衣袖，几案间常著，灵应至今。商民虔祀祈祷入。亦称青龙庙，其在戎圩亦然。”冯克利原是明代弘治年间的修炼道术者，死后被尊为神灵，而且还是天界、人界、地界都能管的三界神。老百姓认为，三界神作为广西当地神灵，当然会特意为家乡保风调雨顺、佑百业顺兴。

三界庙　　陈忠　摄

《清代广西三界庙地理分布与三界神信仰探析》[1] 中认为：传说三界神能保出行平安，这对于长期靠水运为生或利用水路经营生意的商人来说，是一个精神寄托。三界庙多数建在河流沿岸，而且特别密集分布于郁江两岸，左右江地区、桂北及桂东南的交通枢纽之地也都有它的身影，相当多的庙宇坐落于墟市、渡口附近。

扬美的三界庙又称青蛇庙。庙宇靠山临江山而建，规模宏大，气势恢宏。其坐东朝西，每当夕阳映照时，庙宇一派金碧辉煌。始建于明代，历经扩建、重修，总面积约1000平方米。遗址前是一个由打磨光滑的青石板铺成的400多平方米的广场，一直通往江岸崖边。广场临江处搭一四角亭，亭前搭有戏台，专供庙会或喜庆日上演古戏。清代扬美籍举人杜元春就在此处留下“三面皆山霞飞孟志，界空一色夕影龙潭”的佳句。至民国初年，除供祭三界神之外，还兼作私塾，环境幽谧。20世纪80年代，扬美人在庙址靠坡脚处，增建一座简易的小庙。

魁星楼 位于扬美村东北面，楼前有花草果树，还有一株百年木兰树。始建于清乾隆元年（1736），道光二十年（1840）重建。今在扬美希望小学内，保存完好。

魁星楼为重檐歇山顶阁楼式砖木结构，青砖、蓝瓦、红檐。整座楼呈正方形，颇像帝王之玉玺，故而人称此楼为“帝印”之相。楼顶黄色琉璃瓦，金顶铜，飞檐翘角，雕花刻兽。檐口及屋脊、高墙均饰以古色古香、精美细腻的图案、壁画。上有镶龙正脊，背脊嵌有火焰宝珠、鱼尾飞龙，雕刻得古朴传神。

魁星楼（2012年） 陈忠 摄

---

① 滕兰花、袁丽红撰：《清代广西三界庙地理分布与三界神信仰探析》，《广西民族研究》，2007年第4期。

魁星楼牌匾　　陈忠　摄

魁星楼外观是两层，实际是三层。主体楼高 15.3 米，楼前底部长度恰好与楼高相等，面阔三间约 10 米，进深四间 11.66 米。置有走廊，采用穿斗式木构架，分上下两层及阁楼，楼内四根立柱衔接二楼，贯通三层阁楼。二楼正面开一扁方窗，三楼正面直径 1 米的小圆窗顶镶嵌“魁星楼”三字的鎏金匾额。三楼是小阁。

整座楼呈方形，上小下大，是方圆数百里独一无二的清朝楼阁式建筑物，雄伟壮观。魁星楼一楼原供奉有“三界伏魔大帝神威远震天尊关圣帝君”，即关帝神像，今已不存。二楼供奉文昌帝神像，故人们又称此楼为“文昌阁”。文昌又称文曲星，原为古代对斗魁六星的总称，后被道教奉为科举士子的守护神。文昌帝君的陪祀神为“天聋”“地哑”两位书童打扮的神祇。三楼则魁星神像立在其中。魁星原是古代天文学中二十八宿之一“奎星”的俗称，在道教中被尊为主宰文章兴衰的神，民间所传的故事传说中则认为是掌管文人命运的神。该神像右手拿笔，左手拿书，右脚提似踢斗，左脚踏在鳌头上，一副“独占鳌头”之神态。人们从二楼登梯而上，由于视觉的位移错觉，梯子动，魁星笔似乎也在动，人一停步，笔即随停，魁星状似凝神沉思。

相传魁星用笔点中的读书人就可以“独占鳌头”，考试获得成功。由于人们对“魁星”予以神化，相信它具有使读书人获取功名的神力，因而就成了科举时代人们祀奉的一方神圣。对文曲星的崇拜意味着扬美人对学知识、学文化也非常推崇。清同治元年（1862），广西清代解元梁德显于魁星神像顶上之横梁题写“文明”二字，并临窗吟诵“文阁登临望紫霞”的诗句，为此，人们又称之为“阁望云霞”。

20 世纪 30 年代的魁星楼　　　　江南区志办　提供

魁星楼座敦精美雕饰“四平八稳太平鼓”
陈忠　摄

清光绪三十三年（1907），在扬美人梁植堂、梁烈亚的联络下，同盟会领导人之一黄兴以浏览观光为掩护，避开官府耳目，与王和顺、黄明堂等广西会党首领到魁星楼接头，并开会部署镇南关起义及桂南各地推翻清朝的革命武装斗争。黄兴等革命志士开会时使用的桌子、木凳等物件今按原样摆放在魁星楼二楼。同时陈列有魁星楼简介、镇南关起义简介及扬美籍人才表。

1996 年 8 月，魁星楼被列为南宁市文物保护单位。2011 年 10 月 10 日，作为自治区级文物保护单位动工维修，12 月恢复开放。

钟馗庙　钟馗是中国民间传说中驱鬼逐邪之神，是中国传统文化中的“赐福镇宅圣君”，后来被道教纳入神仙体系。

钟馗庙旧址位于“亭对江流”景区内的左江边。原钟馗庙为青砖蓝瓦砖木结构建筑，庙里供奉的钟馗神像，身着大袍，脚穿长靴，右手挥着一把银剑，左手亮出二指，圆目睁似铜铃，虬须张如钢针，口中像在呵斥妖邪，一副不将妖魔鬼怪斩尽杀绝不罢休的神态。钟馗的双目咄咄逼人，无论你在他面前的哪个位置，都避不开他的怒视，让所有心术不正、心怀鬼胎之徒胆怯三分。

20 世纪 60 年代末，原钟馗庙被当成封建迷信的“四旧”拆毁，钟馗神像也被挖出推入江中，撞石断成两截。1987 年，扬美的老人们发动全村人募捐集资拟重建钟馗庙，并将钟馗神像从江中捞了上来。因募捐集资的经费有限，无法重建钟馗庙，只是在钟馗庙旧址上建起了一座亭子，亭内供奉原庙里的钟馗神像，该亭今为歇山顶四柱砖混结构建筑。

莲花古井 莲花古井原在明清时期扬美村杨庆巷的巷口。杨庆巷今已不存，莲花古井遗存今在扬美村东一里的农田里，基本保存完好。这口古井用条石砌成，呈长方形，井口直径约两米。虽经数百年，莲花古井仍形制如初，清澈透明。原杨庆巷居住的皆为祖籍山东的居民，世代饮用巷口的莲花井水。1949 年后，莲花古井还是附近居民洗衣、做饭、做豆豉、泡酸菜等生活用水的水源。村中有自来水后，井水改为灌溉农田用水。只是由于附近栽种蕉林，水体已受污染，近两年才停止使用。

杨姓村民还保存有一块《重修莲花井碑记》，可惜已断成两截，字迹基本清晰。该碑记由清代南宁府学生员、扬美文人杨焕潮撰写，详尽记载了扬美古镇杨庆巷居民的来历，莲花古井的前世今生，重修捐资的相关信息。《重修莲花井碑记》的发现，填补南宁古村落之泉井文化、姓氏文化、聚落文化、邕江文化研究的空白。同时，也为扬美古镇的人文历史和旅游文化提供珍贵的历史遗存和实物资料。

临江古闸 临江街过去建有大小不一的闸门 5 道，现在只剩下临江古闸一道了。建于清道光年间（1821—1851），至今已有近 200 年历史。1935 年、1937 年，两次重修，现基本保存完好，全部用青石块砌成，上方写着“临江古闸”四个大字。临江古闸如同威武的将军，镇守着临江街的街口。侧边的芙蓉古树，绿意葱茏，枝蔓参天，为闸

临江古闸门　　江南区志办　提供

门遮风挡雨，默默见证着临江街的兴衰。临江古闸一是起安全防范的作用，街内的五道闸门关闭时，不管任何人均无法出入街道；二是记录历次洪水的水位，是一个特殊的“水文站”。

闸内壁上，记有历次洪水的水位线，算是个古时“水文站”遗址。民国时期，这里曾有广西水文总站设置的水位观测站，而全广西仅有 7 个站。《广西通志 气象志》“第一篇：气象事业 · 第一章：大气探测 · 第一节：地面气象观测 · 站网”记载：“属珠江水利局的雨量站也由广西水文总站统辖。全省总计，水文站有东兰、都安、武宣、桂平、柳州、昭平、宜山、柳城、贵县、南宁、龙州、百色、梧州 13 个。各站有主任、观测员、佐理 3 人。观测项目一般有水位、流量、含沙量、雨量、气温、温度、风向、风力、云状、云量、天气状况等。水位站有融县、迁江、永福、容县、郁林、隆安、扬美（属邕宁）7 个站，各站有代办员 1 人，观测水位雨量。雨量站有龙女、旧州、西隆 3 个站。各站原属珠江水利局，1942 年由广西水文总站统辖，托当地天主堂代办，观测雨量。以上各站隶属关系虽有更改，但各项测报工作未辍，内部设备较前充实。”如今，临江水

临江街门楼（2016 年）　　尹庆南　摄

金马街门楼（2016 年）　　尹庆南　摄

闸虽已在现代化建设中派不上用场，但扬美人喜欢在闲暇时来这里眺望江景。临江古闸门为扬美古镇标致性建筑景点，也是今南宁城区唯一留存的古闸。闸前地面铺着大片青石板，有地台、石条、石磡，岁月的打磨使之更为光滑明亮。

临江街门楼 位于临江街。建于 20 世纪 80 年代。坐南朝北。青砖砌成，外抹水泥。整个门楼高 4.7 米，宽 3.65 米，拱门高 2.6 米，宽 2.15 米。门深 1.1 米。拱门上方题“临江街”三个大字，门楼正北前方有 12 级台阶，台阶南高北低。结构稳定，讲究对称，造型美观。是地方社会经济、人文风情等研究领域的实物资料。为南宁市不可移动文物。

金马街门楼 位于解放街（原名金马街）。建于 20 世纪 80 年代。坐东朝西。青砖砌成，外抹水泥。整个门楼高 4.7 米，宽 3.65 米，拱门高 2.6 米，宽 2.15 米。门深 1.1 米。拱门上方题“金马街”三个大字，结构稳定，讲究对称，造型美观。是地方社会经济等研究的实物资料。为南宁市不可移动文物。

大王庙（1950 年） 杜孔钧 摄

大王庙 原位于青坡岭脚扬美八景中的“青坡怀古”处，兴建于明末。原供奉“大王”，后增加供奉诸多民俗传说中的神灵，如花婆、财神、关帝、清水大王等。“大王”为何处神圣？可能与太平府永康州（治所在今广西崇左市扶绥县中东镇旧县村）的守护神滕大王有关。清桂林府知府钱元昌、梧州府同知陆纶总纂《（雍正）广西通志》“卷四十二・坛庙・太平府・永康州・大王庙”称：“大王庙，在州城内。相传（大王即）狄青将藤（滕）姓者。明末，莫夷率众寇城，神助守御七日，有显应。贼畏而退。官民建庙祀之。”明清时期，扬美村与永康州来往密切，许多扬美学子寄籍永康州，也有永康州商户移居扬美村者。由此，把宋代狄青麾下的滕姓部将神化后的滕大王崇拜，从永康州带到狄青军中官兵后裔聚居的扬美村。新中国成立后，大王庙用作扬美小学分校教室。1961 年分校撤并，大王庙被整体拆除。

杨文烈侯亭 位于四巷埠码头右边江岸上。兴建年代不详，今已不存。《（民国）邕宁县志》“卷八・建置志二・城市码头”记载：“四巷埠码头，在扬美段文烈侯亭左，明万历十七年二月建，清光绪四年秋重修。石阶七十余级，高七丈余，阔八尺有奇。距离

平凤渡口（2016 年）　　尹庆南　摄

水面涸时七丈余。”

文烈侯，即汉代名臣、临晋侯杨赐，“文烈”实为谥号，并非侯爵名位。杨赐，字伯献，少传家学。汉灵帝时官拜太尉、司空，是天下杨姓第一望族——弘农杨氏在汉代的第三位太尉和三公。其为汉灵帝的师傅，尽忠为国，多次上疏劝谏，不惜惹怒汉灵帝。汉光和五年（182），由太常拜太尉，位居三公之首。中平二年（185）九月，杨赐病逝。天子素服，三日不临朝，追赠骠骑将军，谥号“文烈”。许多杨姓家谱都把远祖追溯到弘农杨氏，扬美村杨姓先民亦如此，并在江边建成杨文烈侯亭，既可为民众提供纳凉休憩之所，又借此追念先祖威名，光大门第。

平凤坡　与扬美村的八条大街隔着一条左江的平凤坡，明代时初名“平凤渡”，被视为“平地起凤凰”的宝地。在明崇祯年间（1628—1644）已有“平凤村”（当时所在地与扬美村无涉）建制，隶属于宣化县西乡二图。

明地理学家徐霞客曾在游历南宁时，先后到过扬美村与平凤村。《徐霞客游记》“粤西游日记三・丁丑（崇祯十年）・十二月”记载：“初七日……抵平陆村，已为宣化属矣……乃行……宿于那吉（土人呼为屯吉云）。初八日，晨起，雨不止……东南五里，雨止……东南三里，路分二岐……三里，越山而东……又二里而至大滩，有数家之聚在江西岸，始降栏宅土，有平居矣。即旧之大滩驿也，万历初已移于宋村……遂从村东，东南逾岭。三里，逾岭南，则左江自杨美下，流东北曲而下，至此折而东南去。遂从江北岸随流东行，二里，复入山脊……又二里，换夫于平凤村。又东行二里半，至宋村，即来时左、右二江夹而合处。”

清袭明制，平凤村仍隶属于宣化县西乡二图。

民国时期，平凤村初属坛洛区知方团，共九甲，九十七户。1934 年，平凤村与宋村（今同江村三江坡）合并为三民村，隶属于邕宁县坛洛四区金陵乡，全村共十三甲，一百二十三户。

新中国成立后，在新的建制下，平凤村、宋村又分别成村，几经变易，又分别成自然坡。平凤坡现有 3 个村民小组、500 多名村民，以杜姓、胡姓为多，还有民国时期就从宋村迁来的曾姓、蔡姓等人家。虽是江南区江西镇扬美村的辖地，但实际上又是扬美村跨江管理、“插花”到西乡塘区范围内的一个自然坡。

最古文物　扬美村最古老的文物不是古楼、古钟、古码头，更不是金银财宝、玛瑙钻石，而是一把大石铲。南宁的文化渊源，可追溯到旧石器时期，壮族先民已在这块土地上开拓、生息。新石器时期创造了灿烂的石铲文化。

1981 年，一把新石器时期的双肩宽角大石铲在扬美村那孟江出土，引发考古学家、人类学家关注。经鉴定，这把双肩宽角大石铲为 7000 ~ 8000 年前新石器时期的产物。长 20.5 厘米，角宽 16.7 厘米，厚 0.7 厘米。质地坚硬。该石铲采用页岩磨制而成，体形硕大，双肩对称，宽宿下呈束腰形，平刃，打磨光滑，具有颇高的工艺水平，显示南宁先民的生产状况。大石铲现收藏于南宁市文物管理委员会办公室。

扬美村列入南宁市不可移动文物名录的文物一览表

表 3

序号	名称	类别	年代	地点	级别
1	南宁魁星楼	古建筑	清代	扬美村希望小学内	自治区级
2	梁烈亚故居	近现代重要史迹及代表建筑	清代	扬美村解放街 35 号	自治区级
3	扬美五叠堂	古建筑	清代	扬美村解放街	未定级
4	扬美黄氏庄园	古建筑	清代	扬美村	未定级
5	扬美举人屋	古建筑	清代	扬美村临江街 13 号	未定级
6	扬美临江街明代民居	古建筑	明代	扬美村临江街 20 号	未定级
4	扬美临江街清代民居	古建筑	清代	扬美村临江街 23 号	未定级

续表 3

序号	名称	类别	年代	地点	级别
8	扬美古商埠码头	古建筑	清代	扬美村	未定级
9	扬美古码头	古建筑	清代	扬美村临江街	未定级
10	扬美慕义门	古建筑	清代	扬美村中山街 40 号	未定级
11	临江街码头	古建筑	清代	扬美村解放街	未定级
12	金马码头	古建筑	清代	扬美村临江街	未定级
13	梯云水埠码头	古建筑	清代	扬美村	未定级
14	金马街门楼	近现代重要史迹及代表建筑	新中国	扬美村解放街	未定级
15	临江街门楼	近现代重要史迹及代表建筑	新中国	扬美村临江街	未定级

◉ 碑刻

碑刻明志，观石读史。碑刻，是扬美历史文化的重要组成部分。扬美留存的众多古代碑刻，不仅是当年村民制定村规民约的记录者、代代文明好乡风的见证者，还形成一条扬美深厚历史文化发展与传承的清晰脉络，浓缩了千年古村的历史文化、政治经济、商业贸易以及民间风俗等。碑为贞石，幽邃难掩，留存的古人书迹、古事鸿爪，令今人览之仍可收刻目之效，多少从中得益。古代文告留存至今殊为不易，幸有碑刻可赖之。古代记事、告示性质的碑刻多与政事有关，明清时期涌现一大批民间自发制作的经济类碑刻，体现了社会经济发展后民众自我管理的需求。明清时期的禁碑共有三类：颁宣圣旨敕请、象征皇权和国法在地方威权的皇禁碑；传布地方公文、体现官府权力在地方实际运作的官禁碑；公示乡约行规、反映民间公权独立性与依附性特征的民禁碑。扬美村今存古代石碑 15 通，其中 4 通为清代禁约碑（官禁碑 2 通、民禁碑 2 通），分别从夫役、捐资、市场商贸、传承孝义等方面对当地居民做出禁令和约束，独具特色，弥足珍贵，对研究扬美的历史文化具有重要意义，也对后代延续制定村规民约做出了典范，形成扬美独有的“禁约民约”文化。闻名遐迩的有《通乡士庶设立禁约永远碑记》《街巷众议禁约碑》，还有诸多碑刻散落在扬美村的街头巷尾、庙旁山间。“文化大革命”中，大批碑刻已被彻底砸毁或挪作他用（如做洗衣石板、垫猪圈、做棋盘、做桌子等），只留下永久的遗憾。2012 年 11 月初，江南区调研工作组到扬美开展田野调研，发掘出一批具有丰富历史文化传统的实物例证，其中有清嘉庆十七年（1812）福祠捐资姓名碑记、道光三年（1823）重塑福德公碑记、1927 年重修北隅大路捐资碑记等。

《奉部督抚藩臬各大宪批示》 在封建社会，老百姓不但要交纳赋税，还要听从官府调遣，从事夫役。部分较有见地的官员为了缓和社会矛盾、减轻民众负担、治理胥吏陋规，请旨颁发“严禁滥役”以及“按价派拨”等差役管理规章，并命令基层官员在各县要道、闹市刻石立碑。扬美存有 2 通珍贵的官禁碑——《奉部督抚藩臬各大宪批示》《禁革各塘夫役条款碑记》，乃古代吏治、官民关系等方面的见证。

清嘉庆五年（1800），御史、广西思恩府上林县（今南宁市上林县）人氏张鹏展深感广西官场积弊丛生，百姓苦难日甚，于是不顾朝廷禁止现任官吏干涉本籍地方政务的峻法，上《陈民风吏治疏》，直言极谏。嘉庆极为重视，命将其疏下部议。疏中论及清政府在乾隆五十三年（1788）出兵绥靖安南之后，民众仍然背负战时差役之事。在战争期间，广西南宁府、镇安府、泗城府、太平府、思恩府均按户派拨民夫，在各部队塘堡之间运送军需物资。但是，战争结束多年后，当地各级官府仍然相沿承袭，派拨民夫为官衙当差，充当免费搬运工，每县每天派拨上百人，风尘仆仆，行程数十里，甚至上百里，而且还规定自带粮食，民夫风餐露宿，叫苦连天。当权者宣称按战时惯例，不用给工钱，趁机中饱私囊，民夫成了官衙的“生财工具”。更有一些经常出入衙门、没有制服却大摆官威的长随、幕友、富商等，从各衙门随意领取夫票（即类似命令的派工单据），派拨民夫，为其充当免费搬运工，从中渔利。如此残酷的苛政，使乡人受到双重

《奉部督抚藩臬各大宪批示》碑刻

《奉部督抚藩臬各大宪批示》碑文拓片

压迫，有的人只能放弃田宅、背井离乡来逃避过多的差役。

张鹏展的奏折在官场引起震动。兵部（汉）尚书张若渟、兵部（满）尚书傅森就其中弊端做出批示，命广西当地免除战时差役。两广总督觉罗吉庆、广西巡抚谢启昆、左江兵备道道台慧林、南宁府知府湍东额、行宣化县知事（代理知县）高廷枢层层批示，深表重视，均应允清查派用夫役中的违法行为，禁革一切超出原定法例的弊端，还广西民众安耕营生的自由。尽管广西各地今存十几通关于禁革夫役的官禁碑，但今存扬美的《奉部督抚藩臬各大宪批示》是由兵部颁布的禁令，行政级别最高。此碑今存于扬美村魁星楼前。

《禁革各塘夫役条款碑记》 在扬美游览魁星楼，人们的目光都会被楼前的《奉部督抚藩臬各大宪批示》所吸引。然而，与著名的《奉部督抚藩臬各大宪批示》相比，史料价值与之不相上下的《禁革各塘夫役条款碑记》，却一直默默无闻。

《禁革各塘夫役条款碑记》不但不见于各种版本的广西金石、碑刻目录，连 2014 年出版的《广西石刻总集辑校》[①] 也漏收；甚至在改革开放后，江南区乃至南宁市的多次文物普查工作中，也未见提及此碑。《奉部督抚藩臬各大宪批示》与《禁革各塘夫役条款碑记》实为一碑两面，而一般人只会被正面的《奉部督抚藩臬各大宪批示》所吸引，而忽略背面的《禁革各塘夫役条款碑记》。

2016 年 11 月，南宁市人民政府地方志编纂办公室提交编纂扬美村志的申报材料后，为深入了解扬美村的历史演变、风土人情，充分挖掘扬美村的“名”和“特”，研究其深厚的文化底蕴，南宁市地方志办公室的方志专家、江南区政府工作人员等组成《扬美村志》调研组，多次深入扬美实地考察。2017 年 6 月 9 日上午，广西壮族自治区地方志编纂委员会办公室副主任邓敏杰、市县志工作处副处长陈小军、市地方志办公室主任王德宾，副调研员陆玉金、孙贵寿，在江南区政府副调研员付业全、文体局副局长陈忠，江南区地方志办、江西镇文化站和扬美村党支部负责人的陪同下，到扬美村进行田野调查。邓敏杰、王德宾等人在魁星楼前对《奉部督抚藩臬各大宪批示》进行考察时，绕到背后，发现另有乾坤，模模糊糊看见背后的碑名为《禁革各塘夫役条款碑记》，初步认为这是一通从未被公开曝光以及记录在案的官禁碑，很有研究价值。调研人员问了许多扬美人，都不知此碑来历。后来终于在村民中找到一位知情人。据其透露，20 世

---

① 杜海军点校：《广西石刻总集辑校》，社会科学文献出版社，2014 年。

2017 年，地方志专家在扬美村拓印碑文（一）

2017 年，地方志专家在扬美村拓印碑文（二）

纪 80 年代，扬美修路时，村民们在路边的乱石堆里首次发现此碑。经当时村中老人鉴定，认为此碑是很有历史文化价值的古物，便请吊车将此碑移至魁星楼前，重新立起。

为了留存碑文、继续研究，2017 年 7 月，市志办邀请南宁市楹联家、篆刻家黄自强，著名书画装裱师谢祖识，精心拓印全碑，拓本由市志办予以收藏。经多方调查，此碑不但未被各种碑目收录，而且禁革的相关内容也为南宁市首次见到；在全广西虽有类似的古碑（或无碑而仅存碑文），如龙胜的《永定夫役章程碑》《奉宪刊行禁革夫役章程碑文》、恭城的《服徭役碑》、兴安的《禁滥派夫役碑》、那坡的《举行夫役定额碑记》等，但内容完整性、保护完好程度都不及《禁革各塘夫役条款碑记》。

此碑落款为“大清嘉庆十三年春王正月谷旦立”。“王正月”是何意？据战国时期

《禁革各塘夫役条款碑记》碑文拓片

齐人公羊高撰、汉谏议大夫何休注《春秋公羊传》“卷一·隐公元年·春王正月”记载：“何言乎‘王正月’？大一统也！”有趣的是，当年下令镌刻《禁革各塘夫役条款碑记》的官员，也许怕老百姓看不懂具体规章制度，所以附有《宣邑派拨夫例》，举出宣化县从清嘉庆六年至八年（1801—1803）的5起官府违规、百姓上告的具体事例，而且5起全部是百姓赢了官司，宣化县官员被迫整改或受处分。这是《禁革各塘夫役条款碑记》最为独特之处，可谓“广西唯一”。

《通乡士庶设立禁约永远碑记》 立于振兴街的《通乡士庶设立禁约永远碑记》属于民禁碑，始立于清嘉庆十九年（1814），距今已有200多年历史。这块禁碑的全部内容均是关于圩市经营，非常罕见。

《通乡士庶设立禁约永远碑记》的碑文内容，包括屠宰、零售、公秤、铺面、地租、客商歇宿、街市通行等圩市经商者的行为规范，强调的是传统的、符合乡民道德伦理并得到广泛认可的价值观、理念，显示出在“抑商贾以厚农民，寓安民之意”的清代，扬美一地的商业贸易依然生机勃勃。石埤立于扬美圩场（振兴街），供民众相互监督、共同遵守。1922年农历四月初九，在扬美遭受自称“自治军”的匪帮烧杀抢掠的浩劫中，振兴街上的店铺、住宅被土匪的放火肆虐，终于变成废墟，禁约碑也随着振兴街的衰落而不为人所知。1986年，当地居民清地建房，才在杂草乱石中发现该珍贵的禁约碑。1997年，有文史专家到村中考察仔细研读碑文后，为之惊叹，认为记载如此丰富的

《通乡士庶设立禁约永远碑记》碑刻

《通乡士庶设立禁约永远碑记》碑文拓片

圩市管理内容又保存完好的碑刻，全国罕见，对于维护现代市场交易规则有很大的借鉴意义。至此，《通乡士庶设立禁约永远碑记》蕴藏的文史价值才引起重视和认可。研究禁碑与碑禁的唯一学术专著——《法制“镂之金石”传统与明清碑禁体系》① 中，作者称截至 2010 年，收集到约 2400 份清代法律碑刻，其中工商碑刻为 540 余份。然而，纵观全书，其引用的清代皇禁碑、官禁碑、民禁碑，涉及的行业有典当、玉器、木材、药材、绸缎、布匹、皮箱、油行、颜料、杂货、牙行（经纪）等，但每份碑刻材料均是只针对某一行当，并无《通乡士庶设立禁约永远碑记》这样以整个圩市所有行当为对象的禁碑。

清代扬美所立“通乡士庶设立禁约”，实为地方自治制度，为乡约、村规之属。从《通乡士庶设立禁约永远碑记》记载的内容来看，清代扬美对经商已有规范化的要求，明文规定卖肉、禽者，不得注水、搭骨、喂盐，损害顾客利益；在圩场不得乱搭乱盖乱放物品，影响交通；对违反要求者进行经济上的惩罚甚至送呈官府。碑记还透露了这样的信息：扬美圩市设有圩长、乡保，圩长的职责是严查“往来生面可疑人”，保证圩市的治安；乡保应当“照牌竭力办理，不得徇情”，以此保证圩市交易的公平公正。在碑记中，商品质量，合同签订，付款方式，违约处罚，税收治安等一系列规定俱全，俨然一套规范的清代工商管理规章制度。碑记中还规定：众人要自觉保护此碑，防止人为损坏，否则不但罚银十两，还要扭送衙门，由官方治罪。

这块历经百年沧桑而风采依然的碑刻，碑体黝黑冰冷，庄严肃穆，凛然生威。上面的镌刻字迹除了因风雨侵蚀的原因略显斑驳外，没有人为破坏的痕迹；扬美民众祖祖辈辈都自觉地遵守着碑刻的约定，维护着其威严。此碑湮没多年又重见天日，民众越发珍惜、爱护。20 世纪 90 年代，南宁市郊区人民政府副区长林燕碧捐赠 500 元，江西乡民兵营长杨崇齐捐赠 50 元，振兴街各户捐赠 1050 元，由振兴街建筑队义务建设禁碑亭，把原来禁碑上的内容重新书写在亭内新砌的石灰墙壁上，又加写了两句对联：右为“阅约怀先辈”，左为“循规仰古风”。

《街巷众议禁约碑》 除《通乡士庶设立禁约永远碑记》外，扬美还留存有对当地居民日常行为规范而立的《街巷众议禁约碑》，亦有奇特之处。清道光十四年（1834）中，扬美的乡老、族老商议，为未雨绸缪，须订立更严格的禁约，以约束本地住户，维护乡

① 李雪梅：《法制“镂之金石”传统与明清碑禁体系》，中华书局，2015 年。

《街巷众议禁约碑》碑刻

《街巷众议禁约碑》碑文拓片

村治安，倡导社会风尚，巩固人心。为增加禁约的神圣性，扬美当地的乡村精英阶层还请来自称能通鬼神的师公，于八月十二日煞有介事地大做法事，采用神秘的扶乩仪式来书写禁约，以震慑民众。设坛降神、扶乩作法过程中，降乩者自称“中唐大学士李青莲”，竟是伪托唐代诗人李白附身。明清时期的文人爱玩扶乩降神的游戏，请来的“神仙”众多，其中以关羽、吕洞宾、李白这三位出现频率最高。待“中唐大学士李青莲”书毕，师公将记录之文交付主事者。验讫，主事者又另请石匠、刻工，于九月十五日立碑为记，立于钟馗庙旁。

从碑文看出，共同维护和遵守《街巷众议禁约碑》，是每一村民的必要义务，违反者则是不肖子孙；若纠纷升级，或者是经常违反禁约中的有关条款，众人则会报官，听任发落；若违反禁约严重到触犯国法的程度，众人则将其扭送官府究治。由此可见，《街巷众议禁约碑》中有许多伦理道德方面的要求，因为在当时中国特殊的历史条件下，伦理道德除了具有约束功能外，还具有类似法律的功能。《街巷众议禁约碑》中，也体现了尊老爱幼、仁爱孝悌等家族伦理文化特征，尤其是对忠孝之道、贯通家国的推崇。且看《街巷众议禁约碑》中有关于孝义的条文：“一议约街巷内，如有子弟忤逆不孝为父兄，请众老重责，如媳妇辱骂翁姑，重责子弟。”还有“五议约街每年具酌少长咸集，申明禁约，不得妄言躁语，侮慢尊长老成，如违众议重责”。条文明确规定：子弟、媳妇要孝敬老人、尊重老人，晚辈不得忤逆长辈、兄长，如有违反，将受到众人责罚。这样的规定，对提高村民素质修养，端正社会风气起到极大作用。

扬美将宣扬孝文化的内容郑重其事地镌刻于禁约碑上，立于村中显眼处，以使民众在来来往往中可以学习、警醒，用心良苦。扬美祖祖辈辈培养民众的孝道精神，使全村沐浴在仁孝和美的光辉里。在扬美当地，老人享有很高的社会地位，比如每年举办龙舟节，都要请村中威望最高的老人主持，财政收支也由老人安排。每年农历五月初一在扬美举行的老人节，不仅是传统的敬老活动，也是对扬美尊老敬老传统的孝义文化的继承和现代性阐释。孝文化已在扬美根深蒂固，并且内化为扬美人共同的价值取向，在社会生活的方方面面得到贯彻执行。

◉ 古村保护

保护规划　2008 年 11 月 3 日，《南宁市传统村庄民居建筑风貌研究及江西镇扬美古镇保护与发展规划》（以下简称《扬美古镇保护与发展规划》）通过东南大学教授、全国历史文化名城保护专家委员会委员、中国历史文化名城保护学术委员会委员吴明伟，以及洪亮平、姜洪庆等知名专家评审。《扬美古镇保护与发展规划》，分为三个层次：第一层次是扬美古镇保护规划，主要包括扬美古镇本身的建设用地范围以及村落周边的部分农田、水域等用地范围，规划面积为 69.41 公顷；第二层次是扬美古镇建设区控制性详细规划方案设计，是在扬美古镇保护规划的基础上，基于古镇建设与发展的需要，对扬美古镇本身及将来的城镇发展建设区进行具体的规划控制，规划面积 104.2 公顷，本层次规划是对扬美实行规划管理与控制的基本依据；第三层次是扬美古镇重点地段修建性详细规划方案设计，是在第一层次、第二层次规划基础上，对扬美古镇中确定的核心保护区及周边重点区域进行的详细设计，规范范围主要包括扬美古镇核心保护区范围以及共和街、永安街、和平街、新民南街周边，包括村落周边的部分农

扬美村发展保护规划　　江南区志办　提供

田、水域等，规划面积 21.85 公顷。

规划将扬美古镇独具的风光特色纳入南宁市旅游线路中的一个著名景点，有效地带动邕江旅游观光风景线的形成，使其成为南宁市发展旅游业的一个重要切入点。规划确定，古镇是以古镇街市、金滩碧水、奇石怪洞以及优美的田园风光和悠然的乡村生活体验为特色，以生活居住、旅游观光为主要职能，集中体现古镇历史文化、自然生态的历史文化名村。专家建议深化古镇的旅游规划，使旅游规划与扬美古镇保护规划相协调，有利于促进扬美古镇可持续发展。进一步挖掘古镇文化元素，强调文化多元化发展，并纳入规划中。进一步补充深化古镇居民社会调控和经济发展引导方面的相关内容，深化扬美古镇生态环境保护尤其是水环境治理和保护利用，避免对区域水系造成污染。2009 年 5 月，《扬美古镇保护与发展规划》获南宁市人民政府批准实施。

《江南区旅游发展十二五规划（2011—2015）》中提出，要充分挖掘民间民俗文化，打造旅游精品品牌，整合特色资源，构建“木村—根竹—麻子畲—扬美古镇陆路旅游精品线路”和“亭子码头—锦江村麻子畲坡—同江村三江坡—扬美古镇水上旅游精品线路”两大旅游产品体系，构建大扬美古镇旅游圈。

南宁市旅游发展委员会制定的《江南区江西镇南宁特色旅游名镇创建规划（2014—2018）》中，对接《扬美古镇保护与发展规划》，坚持保护先行，开发为后的原则，在挖掘扬美文化内涵的同时加大文化景观的保护力度；以达到丰富扬美旅游业态，紧抓文化轴线，丰富旅游形式，带动扬美的旅游氛围，提升人气，满足到扬美游览游客的旅游需求。

2016 年 5 月，南宁市江南区江西镇扬美古镇景区入选国家“十三五”旅游基础设施和公共服务设施建设项目初核名录。5 月 11 日，南宁市规划局召开“大扬美生态综合示范带概念性规划评审会”。

保护措施 1999 年 1 月至 7 月、2005 年，相关部门曾先后两次落架大修扬美魁星楼。2011 年 10 月 10 日，南宁市纪念辛亥革命 100 周年活动之一——自治区级文物保护单位南宁魁星楼文物维修开工仪式在扬美村举行；自治区专门拨款补助 50 万元，再次维修魁星楼。

2009 年，扬美村党总支部开展“科学保护科学发展，打造广西古镇旅游品牌”活动，紧扣“科学保护科学发展，创建富裕和谐新扬美”主题，形成“科学保护科学发展并重，以保护为主，创建富裕和谐新扬美”的共识。做到让古镇资源得保护，让村

传统村落保护项目实施　　　　江南区志办　提供

民手中有票子。一些村民未经审批擅自在扬美古镇内兴建房屋，破坏古镇的整体环境，甚至有村民将扬美古镇的“招牌”明清古屋拆下来称斤卖。面对古镇被日益破坏的现状，村干部广泛向村民宣传南宁市2009年通过专家评审的《南宁市传统村庄民居建筑风貌研究及江西镇扬美古镇保护与发展规划》，并将维护古镇建筑环境的条约写进《扬美村村规民约》，在村民中树立在保护扬美古镇的历史文化遗产，统筹安排建设和旅游项目的观念，促进扬美古镇的保护更新和协调发展。之后，江南区对扬美古镇进行绿化美化，添建完善公共停车场、旅游公厕的等基础设施，实现旅游景区“硬件”的全面升级。同时，深入挖掘古镇的历史内涵、名人典故、特色民俗，通过特色节庆活动举办、村史室介绍、古屋修缮、文物展出等方式，多维度展现古镇历史风貌，提升景区旅游“软实力”。

2013年，南宁市十二届人大九次会议提出《加快扬美古镇保护与旅游开发步伐议案》。11月25日，市人大检查组到扬美村进行现场检查，提出要采取强有力的措施，加强对扬美古镇保护，绝不能再出现拆除、损毁历史文物及古建筑的行为；要完善规划，拓展筹资渠道，整合各方资源，发挥投入资金的最大效益，加快扬美旅游开发的步伐；要理清政府与市场的关系，让扬美旅游开发步入规范化快速发展的轨道。

2015年，江南区响应市委、市政府“广西特色文化名村”建设的要求，加强扬美村特色文化名村建设，完善扬美古镇景区配套设施；扬美村特色名村建设计划包括古建筑保护性维修工程、外立面改造工程、架空线路下地改造等工程，其中古建筑保护性维修工程计划投资300万元，重点对明代民居、清代民居、五叠堂、黄氏庄园、临江街门楼、金马街门楼、举人屋、梁烈亚故居8个文物点进行保护性维修，11月19日工程全部完工；

传统村落保护项目实施　　　　江南区志办　提供

新建扬美民俗博物馆、扬美戏台。是年，扬美村的魁星楼、梁烈亚故居、五叠堂、黄氏庄园、金马街门楼、临江街门楼、举人屋、明代民居、清代民居、古商埠码头、古码头、慕义门均被南宁市文化新闻出版局列入《南宁市不可移动文物名录》。9 月，扬美古镇景区配套设施建设列入《2015 年自治区层面统筹推进重大项目第二批增补计划》，建设内容包括江西至扬美二级公路、古建筑维修保护工程、架空线路下地改造工程、古镇水体综合整治工程、扬美新村建设等。11 月，扬美古镇景区成功申报国家 AAA 级旅游景区。

扬美古镇保护规划　　　　江南区志办　提供

2016 年，在“美丽江南 · 生态乡村”活动中，江南区以提升旅游名镇为理念，致力开发乡村特色旅游资源，着手打造大扬美生态综合示范带，重点实施村屯的规划编制、村容村貌整治以及传统民居修缮、改造工程，推动了江西镇扬美村、锦江村麻子畲坡大力开展民俗民居示范村屯建设，把乡村文化建设推向新高度。

风土民情

扬美历史悠久，风土民情因时而生。扬美人汉族居多，衣食住行具有汉族本土特色，形成了独特的扬美平话。传统节日、生活习俗具有百越岭南特色，民风淳厚，注重礼节。

◉ 风俗

扬美村民风民俗，自然淳朴，在居室、饮食、语言、服饰、习俗上都一一体现。正如东汉经学大师郑玄注解《礼记》时所云：“观其风俗，则知其所以教。”扬美之美，不妨看作是风俗之美。民以食为天。扬美人家平日的饮食，早、中两餐多以白粥、蔬菜为主，兼有少量肉菜。晚餐则相对丰盛，菜式稍多，一些家庭条件较好的人家，还喜欢在做晚饭时煮汤或者煲汤。扬美人喜欢吃粥，很多人家往往是一大早就煮好一大锅白粥，不管有无劳作，饿了就回家吃粥。家里有客人来，也必定要请其吃粥。“到我家里食粥”是扬美人时常挂在嘴边的客套话。在扬美人家的菜肴中，当地生产、加工的梅菜是最常见的。这是一种腌制的蔬菜干，炒好之后可以保存五到七天，一般不会变质，而且随时可以吃。后来村民的生活水平有所提高，村民平日里也时常买些鱼肉改善伙食，但分量一般不多。逢年过节，扬美人的餐桌上常有大鱼大肉。一些重大节日，如春节、中元节等，每家每户都要吃干捞米粉，意思是“有得捞（赚）”。

扬美人的传统节日，与南宁城里差不多，主要有春节、“三月三”、端午

民俗文化传承基地牌匾　　　　江南区志办　提供

节、中元节、中秋节等。每逢重大节日，各家各户都要准备鸡鸭鱼肉，拜祭祖先及本街的土地神，同时还要走街串巷，到庙中拜祭各路神仙，求其保佑风调雨顺、老少平安。新中国成立之前，扬美村居民过春节时，有一种“买水”的习俗。大年初一的早上，勤快的扬美媳妇会在天将拂晓之时，争相挑着水桶，到平常挑水的水埠或水井挑回新年里的第一担清水。在扬美人看来，越早挑回新水人家的媳妇越能干，家庭越有福气。在汲水之前，这些年轻的扬美女人口里念念有词，向天神、河神祈祷、许愿，求天神、河神保佑一家老少平安、财源广进、兴旺发达，而后将一枚崭新的铜钱抛入江中或者水井中，此仪式即为“买水”。

扬美依水而立、依水而兴，水之于扬美人而言，有着特别的意义，因而扬美人时常赋予它一些特殊的含义。比如，即水有“财”的观念。其实，在古代，“泉”就是钱的代称。清道光年间著名徽商舒遵刚称：“钱，泉也，如流泉然……圣人言，以义为利，又言见义不为无勇。则因义而用财，岂徒不竭其流而已，抑且有以裕其源，即所谓大道也。”在扬美人看来，有水才有财，但凡讲究一点风水的人家，其房前或者屋后，必定有留水之处。而像振兴街、三角市等昔日商业较为繁华的地方，附近也都少不了特意建造的水塘。在扬美人之间有关钱财的计量中，口头语就是“几担水”或者“几兜水”（几十元）、“几荷水”（几百元）、“几撇水”（几千元）、“几方水”（几万元）。因为熟人之间往往不好一开口就谈钱，用“水”来代替“钱”，会显得委婉一些。扬美人常说，“使钱如使水”，这两样东西都来之不易，因而要格外地珍惜。

服饰习俗　新中国成立前，村民衣着都以棉为原料，辅以麻料，衣料大多为自纺、自织、自染。装束大都为蓝黑土布唐装，男子穿大袖有领或无领的对襟衫，下着宽脚长裤，有钱人穿长衫马褂。女子上穿大襟衫布扣上衣，衣襟在右腋窝下，下穿宽脚扎头长裤。老年妇女穿尖头绣花鞋，青年女子穿圆头布鞋，男人穿黑布鞋。无论男女平时走路和下田做工都打赤脚或穿草鞋，晚上浴后穿木板鞋（俗称棕屐、木屐），布鞋是在节日、走亲戚和逢喜事时才穿。清代，男留长头发梳辫，女结髻，青少年女子额前留有阴（刘海），用长黑土布包头。民国时期改装，男剃光头或理西装头，青年女子剪短发、扎短辫。1949 年后，中老年人虽然仍穿着传统的上青黑唐装，但布料多从商店购买，衣服的缝制也由传统的手工变为缝纫机缝制。男子多留西装头，女青年爱留辫，扎绸带或蝴蝶结。鞋子多穿解放鞋和水鞋。20 世纪 80 年代以后，服饰大大改观，中山装、西装、套裙衫、牛仔服和色彩鲜艳的运动衫、太空服、夹克衫、蝙蝠衫、羽绒服等已随处可见，村民特别是年轻人穿着打扮与城市居民已没有区别。

1973 年的扬美村民　　梁渊　提供

20 世纪 90 年代的扬美村民　　黄绍新　提供

乡村时装秀（2006 年）　　尹庆南　摄

村民在左江上网箱养鱼（2016 年） 江南区志办 提供

油炸左江鱼（2015 年）
陈忠 摄

扬美传统美食——梅菜扣肉
江南区志办 提供

扬美村民自制的传统食品——凉粽
尹庆南 摄

饮食习俗 村民历来以大米为主食，辅以玉米、木薯、红薯。一般日食三餐粥、晚食一餐饭。除大米饭、粥外，农闲时还以米加工制成米粉、粉利、蒸糕、甜酒，节日用糯米制成各种食品，如春节包粽子，八月打月饼，冬至做水圆等，许多村民都会用米蒸酒。菜肴方面，一般农户以蔬菜为主，招待客人则以鱼、肉、鸡、鸭款待。逢招待贵宾、办喜事和重大节日，习惯做“十大碗”。制菜方法习惯用煎、炒、焖、炖、蒸、炸、腌等。人们喜欢吃白切鸡、柠檬鸭、鱼生、鱼扣、荷包蛋，喜欢喝酸辣汤或清汤。改革开放以来，随着人们生活、文化水平的提高，饮食结构也发生了很大变化，许多家庭已改变了日食三餐粥、晚食一餐饭的习惯。肉、蛋、奶、食油、糖、果、茶、酒的消费量有了很大增长。

出生礼 扬美人家的婴儿出生后，主家要到祖屋“装香”（烧香），告知祖先婴儿出生之事。如果生的是男婴，则在临近满月时，主家要向亲戚朋友以及街坊邻居分发红鸡蛋。扬美的人家，过去一般都不办满月酒。近年来，偶尔也有一些家庭经济状况稍好的人家及外出打工的青年男女在其子女出生后办酒，宴请较为亲近的亲戚朋友。

婚俗与婚礼 结婚对于扬美人来说不仅是新婚男女的人生大事，同时也是一件关系到他们家庭、家族甚至于他们所在的“一条街”的人家脸面的大事，扬美人的传统婚俗甚至被作为一种旅游资源进行运作。2006 年“五一”期间，当地旅游部门按照扬美的传统习俗在当地组织一场盛大的集体婚礼，吸引了众多外地新人和游客参加。

2011 年，江南区组织 20 对新人在扬美村举办集体婚礼　　江南区志办　提供

集体婚礼（一）　　尹庆南　摄

集体婚礼（二）　　陈忠　摄

集体婚礼（三）　　江南区志办　提供

集体婚礼（四）　　江南区志办　提供

扬美的传统婚俗，青年男女从相识到成亲，大致要经过讲媒、讲合与定合、择日、过礼、安床、“教礼”与哭嫁、迎亲、拜堂、宴客、升花、入洞房等过程。旧时扬美的青年男女结婚，主要是由父母包办，少有自主选择恋爱结婚对象的。当青年男女到了一定的年纪（男孩十四五岁，女孩十二三岁），他们的父母就开始为其物色对象。由于男女双方往往都不知道他们的结婚对象是谁，因此当地人常把这种男女结合方式称为“盲婚”，意即男女双方连面都未曾见过就结成夫妻了。当父母有了心仪的儿媳对象时（扬美人结婚在形式上多是男方选择女方），便请“命相好”的人为其讲媒（做媒）。所谓“命相好”的人，是指那些夫妻和睦、“白发齐眉”、家业兴旺、子孙满堂的人家。请媒人的时候，主家需要送上“利市”，“利市”多为银两，不过也有一些人家送普通礼物。在扬美人看来，做媒人就一定要为男方说好话，极力促成好事。如今扬美人虽然很多都是自由恋爱结婚，但讲媒作为一种习俗还是保留下来；男女双方确定关系之后仍然会请“命相好”的人充当讲媒的人，以保证传统结婚仪式的完整。

媒人按照男方家长的意思到女方家中提亲，称为“讲合”。如果女方家长有意，便取出女儿的生辰八字交给媒人，由媒人带给男家合对。而后男家请会算八字之人合对男女双方的八字。如果八字相合，即把两人的八字供奉在家里的神台上。此后 3 日内，如果家中没有不愉快的事情发生，即可认为婚事可成。此时男家再请媒人把糖果、饼干、槟榔等礼物送至女家，告知其可以定亲，当地人称之为“定合”。

定合之后，男方即请先生择日（亦有一些人家自己参看通书择日的）确定婚期。婚期一般定在农历九月至十一月之间，也有些人家定在正月至二月，但三月至七月极少有人举行婚礼。如果婚期已定，则男方会选定一个吉日将聘礼送到女方家中，聘礼以钱和金银首饰为多，民国期间曾流行送洋纱。旧时普通人家的聘礼，送钱的话一般多为一万二千铜仙，如果送洋纱，则有四码约三十六斤。过礼到婚礼的时间一般都有两三个月，甚至有长达半年的，其主要目的是为了让女方可以从容办嫁妆。

婚礼前数日，媒人即在新房为新人安床。婚礼当晚，媒人把米花、花生、铜钱等置于新床之上，让男女小孩在其中争抢嬉闹，讨个子孙满堂的好兆头。

婚礼前一晚，媒人（男性）对新郎进行“教礼”，即教会新郎在婚礼期间如何待人接物、如何接亲、如何进行“三跪八拜”、如何走路、如何坐位等，俗话称“教牛”。而在女方，则是新娘在其姐妹或者好友的陪伴之下“哭嫁”，以唱歌为主，诉说离别父母的苦楚，等等。

古装婚礼 尹庆南 摄

古装婚礼 陈忠 摄

婚礼当日，男方派出的迎亲队伍在择定的时辰前往女方家迎亲。迎亲队伍由新郎、媒人（男性）、男方亲属中的童男童女以及若干轿夫组成。迎亲队伍一路上敲锣打鼓，唢呐齐奏，气氛热烈。至女方家后，新郎及迎亲队伍带着送来的礼物（以鸡、糯米饭等食物为主）紧随媒人到女方的祖屋，拜祭新娘的祖先。接亲时辰一到，迎亲队伍即用轿子将新娘以及嫁妆抬（迎）至男方，而女家也会派出送亲队伍相送。途中新娘的双脚不能着地，否则要发“利市”。在此过程当中，新娘的大嫂或亲属中“命相好”的女性成员要背其上下轿，并为其“撒花”（撒铜钱和米粒）。随着社会的发展，如今扬美人的婚礼也现代化了，新娘“入门”可以坐车，如果双方家庭相距不远，甚至还可以步行。

迎娶新娘到男方家门之时，男家点燃鞭炮，并组织亲友夹道欢迎。新娘“入门”后，媒人以及男方的母亲或者婶婶等即领新人以及送亲人员到祖屋拜祭祖宗。新娘在新家稍坐一个时辰，便与送亲队伍一同返回娘家（扬美人多与本村人结婚，来回一般都比较方便）。

婚礼期间，主家一般要宴客 3 天。此时新郎需要到女方家陪客人吃饭，而新娘则到男方家里吃饭。扬美人说，这样的话新郎新娘就有机会认识双方的亲友，便于日后更好地来往。第二天早上，新娘要到男家向家公、家婆敬茶，而家公、家婆则会送首饰、派“利市”给新媳妇。新娘向公婆敬过茶之后，主家接着便请“命相好”的人在堂屋或者祖屋为其举行升花仪式，将女方回礼中的一盆绢或纸做的花篮“升”至男方家里的祖宗神台上，此为“升花”，吉礼也。第三日，新娘回男方家，与新郎相聚。至此，婚礼才称得上圆满。

寿礼 扬美人对于寿礼并不十分重视。不过，一些有钱人家的老人到 60 岁以后，其子女往往每年都要为其办寿宴庆祝一番。一些特别有孝心的子女，有时还请来道公为其祝寿。

老人节 农历五月初一是扬美的老人节。早在明代，每逢农历的四月底，稻田已经耕插完，玉米也已快收成。为使田地里的庄稼免遭损害，村里年满花甲以上的老人便聚集在一起，商议规定一些村民共同遵守的规矩，商量决定一些要办的大事。如“禁垌”“投垌”等。所谓“禁垌”，就是在庄稼成熟期间，不准在田垌里放养鸡鸭牛羊，以免践踏损害农作物。“投垌”，就是对各田垌（田间）进行招标投标，中标者交一定的款项后，便可在收割后的田垌里放养鸡鸭牛羊和割草。“投垌”所得的收入，由老人们统一掌管。为了感恩老人的功德，在农历五月初村里拿出一些费用对老人进行犒赏或举办宴请活动，其余则用来兴建村里的公益事业，如修路架桥、建亭，节日里会请戏班唱戏、舞狮队舞狮等。久而久之，五月初一便成了扬美老人的节日，称为“老人节”，也称“寿星节”。

清嘉庆十九年（1814）设立《通乡士庶设立禁约永远碑记》（当时扬美所定的市场交易规则）时，乡里决定庙堂、公称、横渡、茅垌四项为老人掌管，并定每年农历五月初一，全乡60岁以上老人开一次联欢大会，共商地方应兴应革事宜，经费注明由茅垌钱支付，倘有不敷，略加赴席费。

清道光四年（1824），鼎建大湾码头（古商埠码头）及四方岭圩路，由乡干配合老人拿出公款负责修路事宜，老人所收乡妆碎金行（番滩）滩位租、公称、横渡、庙堂、茅垌以上五项所得之款及由老人募捐所得款项，会合到太平府，群众出力搬砌。

扬美古碑《街巷众议禁约碑》中有关于孝义的条文：“一议约街巷内，如有子弟忤逆不孝为父兄，请众老重责，如媳妇辱骂翁姑重责子弟”和“五议约街每年具酌少长咸集，申明禁约，不得妄言躁语，侮慢尊长老成，如违众议重责”。这两个条文明确指出子弟媳妇要孝敬老人、尊敬老人，晚辈不得忤逆长辈兄长，要兄友弟恭，如有违反会受到众人责罚。尊敬长辈兄长是做人的基本礼貌和道理，是个人素质的体现，存在于每个人的心中。扬美人把它刻在碑上，让村里的居民共同遵守，这样做已经把尊敬长辈的心理和行动外化为不成文的法规了，石碑上的文字为他们共同遵守的守则，它具有的约束力和威慑力，同时也体现出他们较高的道德素质。

五月初一，凡镇上六旬以上的老人，都聚在一起，老人中较年轻者，打锣敲鼓，沿街随巷去颁令：“禁垌咧！禁磊垌咧！”古镇的“禁垌”便开始了。老人节由60多

寿星节报名手册　黄绍新　提供

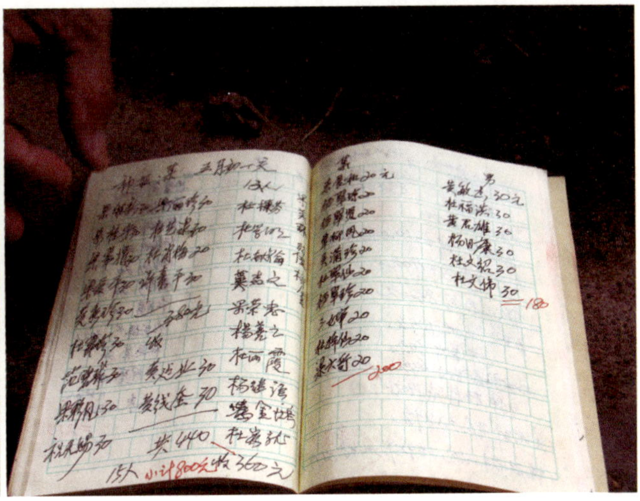

扬美寿星节活动费用记录　黄绍新　提供

岁的老人主持，他们不仅亲自下厨安排饭菜，侍奉比自己年长的老人，而且负责办理各种事项。光阴流逝，事过境迁，时下老人节时的“禁垌”“投垌”虽已随着时代的发展而消失，但每年的五月初一，依然还是扬美古镇的老人节日。当天老人们所需的费用，由各老人的子孙后代或是扬美集体经费支付，老人们除了一直保留着到青坡岭登高的传统之外，还增加了在扬美各景点种树的节目，并请戏班唱戏助兴，老人们穿上整洁崭新的衣服，欢聚一堂聚餐，谈天说地，说古论今，自娱自乐，享受幸福时光。

丧葬习俗　扬美村的老人去世一般实行土葬，至今仍保留有土葬的习俗。在老人去世后，其子女要赶紧为其穿衣着鞋，然后放在厅堂中间的地板上“打地气”，待尸首变硬后再放入棺材内。棺材的摆放也有讲究。根据当地的传统，棺材要在厅堂里斜着摆放，男左女右。年过 70 的老人去世，面上要盖红布。老人去世之后，主家当日就要通知其亲戚朋友，到了晚上，众亲友到主家“想极”，意思是由主家向亲友说明死者去世的经过及原因。

次日晚上，主要请道公“做道”。亲戚朋友（主要是妇女）到主家后，要为死者垫酒。死者的棺材前面放有“粮瓮”，用以盛放死者在阴间的粮食，众人要往里面夹菜、装饭、斟酒。一般都是第三日出殡。出殡时，长子要扛灵旗并扶棺，长孙捧着死者的相框走在前面（据说这是近十余年才有的），一直到墓地。如果路上要过桥，则长子要跪下、啼哭，同时燃放鞭炮。送葬的男女都要披麻戴孝，不能说笑，在这一过程中，主家的人不能随便说话，葬礼的大小事则统统交由自己可以信赖的亲友掌管。参加葬礼的人不能随便进出厨房，不能过问吃的事情，不能用手触摸粮食，不能洗手，吃饭只能等待负责伙食的人送来。出殡后，主家要为参加丧礼的亲友派发“利市”。出殡后的第二日，主家要在镇上的三角市“卖孝”，届时众亲友到三角市，由主家统一派钱买食物，而后各买一根甘蔗回家。“卖孝”时，不管主家还是他的亲友，都不能讲价。

至第三日，亲友方可“埠头洗衫”[①]。

死者出殡后的7日内，主家的人每餐进餐之前都要烧香，奉敬老人。第七日以后，主家方才可以拆灵台，并要请人吃饭。治丧期间的所有开支都由主管丧礼活动的亲友负责，主家不得过问财务问题。

死者葬后3年，一般都要拾骨再葬。经济状况稍好的人家，大多要为其祖先立墓碑，扬美人认为只有这样才够圆满。至于葬礼的开支，多则六七千元，少的也要四千多。开支通常是没有“规划”的，来多少人就办多少酒菜，而且要好。参加葬礼的亲友一般不送钱，至多送一两只鸡，因此整个葬礼的负担全部落在主家身上。主家若有其他兄弟，则不管贫富都要平均分担。

◉ 戏曲　娱乐

扬美民间民俗还有唱春牛、升花、扬美古乐、扬美粤剧、抢花炮、伐龙船、赛龙舟、做“香包”、乞巧节等。

扬美秧歌队（2015年）
尹庆南　摄

南宁国际民歌节花车巡游扬美方队
江南区志办　提供

舞龙活动（2012年）
尹庆南　摄

① 扬美俗语，即“到河边码头石阶下洗涤衣物”。

唱春牛 在扬美盛行已有数百年的历史，以歌唱为主，辅以动作，其内容多与全年12个月的农事有关，角色有犁田郎、插秧娘、那连婆（帮工、丑旦等）。它反映了古代壮民以“农”为本，对美好生活的憧憬和追求。其曲调简朴、粗犷、婉转、优美；歌词通俗易懂，讲究押韵和抑扬顿挫而不呆板深受镇上人们的喜爱，如今唱春牛的内容已扩大到生活的各个领域，如科学致富、勤俭持家等。唱春牛的唱词与表演集概括性、象征性、趣味性和群众性于一体，表演由个人领唱众人和唱，边唱边舞，旨在表现村民在春耕时节团结协作、勤于农事、忙于生产的精神，场面喜庆热烈。

按照传统习惯，每年的农历正月初一至十五是古镇类似民间剧团的“春牛队”最为繁忙活跃的时候。春牛队一般先在晒谷场或草坪表演一番，然后进入农家表演，见什么唱什么，十分有趣。由于唱春牛这种有着深厚的民族特色的传统艺术吻合扬美人盼望大吉大利的心理，因而一直广受欢迎和喜爱。

师公戏 又称“跳神”，是南宁市的传统剧种之一。扬美的师公戏多采用叙述性的民歌体，没有对白，亦歌亦舞，以唱为主，并无固定的表演程式。师公戏原仅作为跳神的一种样式，为人们驱鬼除妖，敬告神灵，祈求丰收。后来随着时代的发展，师公戏也有了一些故事情节，演变成了民间的戏剧。师公戏一般演出规模不大，演出服装和道具也简单。演员穿的演出服多为单一的红色和黑色，使用的道具有扇子、手巾、斧头等。如果表演的剧目内容复杂，有时也会动用刀枪之类的道具。伴奏乐器是一个师公鼓和一面小锣。表演无须舞台，在大榕树下、大院内、厅堂里均可。扬美古镇流行的师公戏，内容丰富，有取材于民间故事传说的，有从其他剧种移植过来的，还有当地民间艺人根据当地素材集体创作的。

升花 扬美人婚嫁中一种独特的习俗，扬美人的祖先到这里建镇便有了，一直沿袭至今，堪称古代吉礼在当代的传承。

所谓升花，就是把新娘从家里带来的花钵升到新郎家的祖宗神台去。先用白绢或白纸做成三朵白花（象征男性），接着用红绢或红纸做成两朵红花（象征女性），再用绿绢或绿纸制成绿叶，然后扎成一束有花有叶、有红有绿的花，插到钵里去，就成了花钵。

升花仪式由贵人（即家族中父母双亲健在、子女双全、德高望重的人）主持，于婚典的次日进行。新郎先把煮熟的猪头、鸡、瓜果等供品摆到堂屋的神桌上，点上香，贵人便开始主持仪式，边唱颂词边指挥新郎新娘拜祖宗、拜天地之后，又叫新郎把花钵送上祖先神位去安好。新郎安好下来后，贵人向前来庆贺的众人撒谷子和硬币，升花仪式便告结束。

花为三白二红，表示三男二女，升花意为祝福新郎新娘夫妻恩爱，早生贵子。升花仪式的颂词一般这样唱道："亚爷恭喜你来贺喜你笑眯眯，点起灯烛在堂前，照耀花王列在先。一盘花饭壶有酒，斟来上奉家神灵。一盘花朵交与你，勤劳浇水又生枝。双手抱莲级级上，等到明年抱孩儿。双双蕉子交与你，放到明年喂孙儿。黄龙镇守得团圆，四时保护得富贵。家人门前好风水，荫出儿孙个个乖。燕子高飞过南海，鸡酒闻香我再来。夫妻齐眉寿到老，抱男带女去坛太①。好花好花，结果发芽。年生贵子，发达荣华。好花搬上堂上栽，栽得花来朵朵开。花开又白又有红，红红白白满堂红。六亲朋友四边来，祝你今（明）年出个秀才郎。你家门前好风光，招财进宝入家中。夫妻齐眉团结好，财源滚滚四方来。你看今年九十月，麒麟早降你家中，麒麟送子上门来。好对夫妻红日红，灯花结彩出双龙。夫妻红颜寿到老，老者安之少者怀②。新娘新郎团结紧，长明高照在家中。"

扬美古乐　扬美村有丰富多彩的古乐，历史悠久，源远流长。明末清初，随着经济的发展而发展。清乾隆至光绪年间，已相当兴盛。当时的扬美村除生产布匹、精制豆豉为主业之外，因得水路交通之利，经济全面迅速发展。

随着物质生活的不断改善，扬美人对文化娱乐生活的要求也水涨船高。于是，扬美村除不时请外地戏班演出之外，自己还组织戏班，有唱春牛的、唱师公的、唱邕剧的。因为扬美人有从北方山东来的，有从广东南海来的，四面八方，也带来了各自喜爱的剧种、音乐，甚至还有地方特色极浓的土腔土调民歌。文化娱乐生活的丰富多彩，如新婚庆典的升花，四月初八的菩萨出游，风格独特，曲调虽略显简洁精炼，却又韵味无穷。

弹奏古乐常用的民族乐器，有扬琴、秦琴、大弦琴、高音胡、中音胡、低音胡、笛子、唢呐、喉管等。扬美古乐"转轴拨弦三两声，未成曲调先有情""低眉信手续续弹，说尽心中无限事"。扬美古乐音色独特，驻足听之，启人心扉，乐在其中。今扬美村的村委会里，保存有一整套演奏扬美古乐的古乐器。

扬美粤剧　扬美人爱听粤剧、爱唱粤剧的传统由来已久。当地的粤剧团早在新中国成立前就存在。粤剧团除受"文化大革命"影响停止活动几年外，一直秉承扬美人喜好粤剧的传统，长期坚持开展表演活动。1997年，成立由当地农民自发组成的扬声粤剧团，

---

① "去坛太"说的是去访外婆之意。坛，找、访也，太即外婆。

② "怀"，满怀高兴之意。

粤剧表演　　　　陈忠　摄

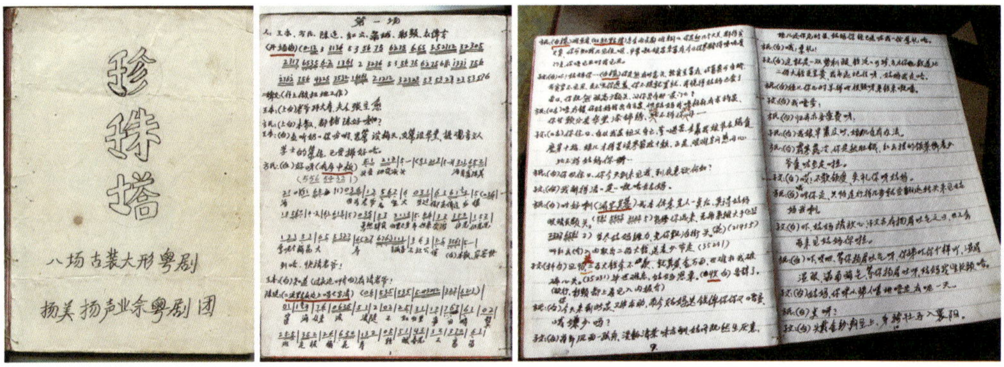

扬美粤剧团的手抄戏本　　　　杨宝凤　提供

发展业余演员五六十名。排演的剧目有《女驸马》《征袍还金粉》《三看亲》等经典粤剧。粤剧团还与当地旅游挂钩，在推动文化发展的同时，促进了地方旅游经济的发展。最具本土特色的节目就是扬美民俗婚礼，每年节假日，数万名游客慕名到扬美观看古装民俗婚礼展演节目。粤剧团还参加了 2009 年南宁国际民歌节艺术节等表演。

抢花炮　红红火火的抢花炮，在扬美已有几百年的历史，是扬美一个传统的健身娱乐、对抗性和刺激性很强的项目，令人赏心悦目，趣味横生。扬美人喜欢在每年农历正月十五的黄昏举行抢花炮活动，不仅扶老携幼到赛场观看，而且会有不少的外地人也到扬美观看和参加抢花炮。抢花炮的场地一般都是选在宽阔平展的地方，在平地上设一地炮，花炮是用藤条编成的一个圆圈，把藤条圆圈放在花炮上，地炮爆炸冲上天空时，也将圆圈抛上天空。当藤条圆圈落回地面，谁先抢得圆圈，谁就是胜利者，奖品是一块镜屏和一定的物质奖励。抢花炮场面热闹，生动有趣，竞争激烈，是一项长盛不衰的强身娱乐节目。

伐龙船 是扬美的一种传统习俗，沿袭至今已有上千年的历史。龙船是先用竹条编织成一个如船一般的框架，然后再用纸等材料裱糊成精美的龙船，是民间的一件工艺品。“伐”就是敲打的意思。每到农历三月初三，善男信女做成新龙船后，先在钟馗庙举行活动仪式，然后抬着龙船周游扬美各街。龙船游到哪条街，哪条街的居民便拿出准备好的香纸和用桃叶或艾根扎成的“敲把”，在龙船帮敲打三下，然后将香纸、“敲把”一同扔进船舱内，就算把邪鬼赶出门外了。龙船游街完毕，龙船队会将龙船及邪鬼（即香纸和敲把）抬到龙船埠一同烧掉。这样，驱邪降鬼，送走瘟神，保佑百姓平安幸福、六畜兴旺的龙船活动，就算落下了帷幕。

赛龙舟 扬美端午龙舟赛上，有一个独特的传统仪式，称为“龙舟上水”。据扬美村从事“龙舟上水”仪式的道公黄君福介绍，“龙舟上水”是扬美端午龙舟赛的一种独特的传统下水仪式。原意为“龙舟下水”，但“下”为生意人所忌讳。村民们为了讨个吉利，便改称为“龙舟上水”，距今已有数百年历史。

“龙舟上水”仪式，最具扬美地方特色的是“走龙”。祭台分别设“五方龙王”位：中央黄帝龙王位、北方黑帝龙王位、西方白帝龙王位、南方赤帝龙王位、东方青帝龙王位。其中“中”代表戊己土、“东”代表甲乙木、“西”代表庚辛金、“南”代表丙丁火、“北”代表壬癸水。与中国传统的“金、木、水、火、土”的舆地传统理论相符。

扬美“龙舟上水”的“走龙”仪式，由扬美古镇八条街的八条龙舟队组成，祭台上

扬美龙舟　　江南区志办　提供

扬美龙舟赛前的民俗活动（2010 年） 尹庆南 摄

的道公和乐手，也由扬美古镇八条街的长老组成。祭台摆放有龙头、猪头、鸡、粽子、糖、糕、酒、果品等贡品，祭台上，“五方龙王”的牌位，东、西、南、北分设祭台四个方位，中央黄帝龙王位设在祭台中央。

“走龙”仪式开始，鼓乐齐鸣，村中最有威望的长老为龙王敬酒，并拿起龙头，率领众人在“五方龙王”牌位中来回穿梭。祈求龙王保佑出水平安，风调雨顺。礼毕后，长老舞起龙头，率队来到龙舟码头。长老用公鸡冠血为龙头点睛，童男童女为鲜鱼放生。长老往江中抛撒三角粽，祭祀先祖，鞭炮齐鸣，鼓乐喧天，龙舟比赛正式开始。

扬美赛龙舟（一）（2008 年） 江南区志办 提供

扬美赛龙舟（二）（2010 年） 江南区志办 提供

龙舟比赛结束后，祭台上的猪头等贡品，将作为奖品奖给获得优胜的龙舟队。

扬美村自明代始便盛行五月初五龙船赛，如今每条街拥有三至四艘龙船，每年五月初五都举行隆重的划龙船比赛。扬美八条街都各有一名专管龙船赛事的“龙头”。“龙头”一般由大伙推选，有时其威信比街长还高。端午节那天，古镇家家户户包粽子，祭屈原。扬美兴“食午食”，即中午12时杀鸡宰鸭，酒足饭饱之后才开始龙船赛。举行龙舟比赛时，河岸边站满了人，随着“加油、加油”的喊声响彻天空，江面上的龙船你追我赶，场面十分热烈壮观。获奖者会得到一份特别的奖品——烧猪头。得奖人一般会抬着烧猪头游街一周，然后将其切炒上桌，饮酒吃肉，猜拳行令庆贺胜利。

扬美赛龙舟（三）　　江南区志办　提供

做“香包”　每年五月初五，扬美有做“香包”的传统。“香包”是扬美颇具特色的手工艺品，它用红、黄、金等不同颜色的绸布缝制，缝成小猴子等动物抱南瓜，宝扇、菱角、葫芦、桃子等形状，内装艾叶，再配上好彩色丝线精制而成。当地群众都把“香包”挂在小孩子胸前，传说这样能驱邪避邪，可使小孩身体健康。

乞巧节　每年的七月初七，扬美古镇未出嫁的姑娘便都过乞巧节（亦称“拜七姐”或七巧节），想用各自的绝活感动仙女，企盼仙女恩赐她们如仙女般的漂亮聪明，好让自己日后找个好丈夫。当天早上，她们梳扮一新之后，便三五成群到野外去采集自己喜

扬美乞巧节（2010 年）　　江南区志办　提供

欢的花朵，编织成精美的图案。入夜，在屋正门大厅内摆一张方桌，摆上供品，点上香之后，接着就向七姐（七仙女）礼拜，祈求七姐保佑自己找到一个好丈夫，有一个幸福美满的家庭。祷告完毕，她们就开始玩一种叫作“水碗丢针”“桌底穿针”的游戏。“水碗丢针”就是看谁能使针浮在盛满水的碗面上。“桌底穿针”则是看哪个姑娘能钻到桌底的黑暗处也能穿针线，谁就心灵手巧，聪明能干。

◉ 姓氏　方言

姓氏文化　姓氏文化是中华民族的血脉之根，姓氏也是家族血缘关系的标志和符号。寻根溯源，乃从过去探寻未来。20 世纪 80 年代，扬美村有杜、梁、杨、黄等 45 个姓氏；2016 年统计，有杜、梁、黄、杨等 32 个姓氏。其中，杜、梁、黄、杨人口较多。

扬美的杜姓人家，2014 年有户籍人口 1643 人。当地人家保存的杜氏族谱记载，扬美杜姓人的祖先有两个支系：一支是宋皇祐年间狄青平南军的后代，主要居住在中山街、和平街、共和街；另一支是早先在广东南海等地谋生，后来到扬美经商并定居于此，现主要居住在临江街、解放街。20 世纪 20 年代以前，扬美镇上有许多杜姓的大商家，如以加工豆豉发迹的五叠堂堂主杜和廷等人，曾经闻名左右江地区。杜家第十五代长孙杜元春，为清光绪八年（1882）科举人，虽体弱多病，但聪明好学，素为扬美读书人效仿的楷模。杜姓原先有两个祖祠，逢年过节会有一些人祭祖。

梁姓人有 4 个不同的支系，分别来自山东和广东，有 1222 人，主要居住在新民街、和平街和永安街。梁氏祠堂就是属于其中的广东支系之一。古代梁氏祠堂的创建者，乃来自广东梅州的商人。其在扬美经商积累了大部分财富后，号召广东梁氏后裔共同集资修建了这座崇文祀祖、气势雄伟的梁氏祠堂。

杨姓也是扬美古镇的一个大姓，有 3 个支系，主要居住在中山街、和平街，也有部分居住在永安街，有 160 户。据中山街杨氏族谱记载，其始祖杨平公“原籍山东青州府白马县大扬村”，生 4 子，其子孙至今已有 26 代。他们的祖先从山东过来后，在此地安心戍守，效忠朝廷，而后以耕农、经商为业，与世无争。民国后，杨姓的读书人依然不多，做官的人也少，在魁星楼内有 215 人上榜的“扬美人才榜”上，而杨姓人士有 16 人，仅占上榜人才 7.44%。

黄姓有两个支系，分别来自山东、广东，主要居住在解放街、振兴街、永安街和共和街。扬美的各姓人家，除中山街的杨姓和杜姓，新民街和永安街的梁姓居住较为集中之外，其他各大小姓氏都较为分散。

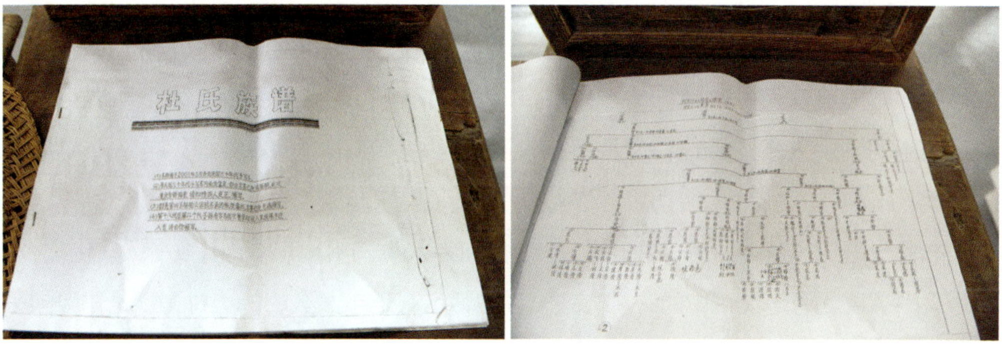

村民家中保存的族谱　　江南区志办　提供

祖籍山东白马县的扬美人，主要居住在中山街、和平街、共和街、解放街等街道；祖籍广东南海等地的扬美人，主要居住在振兴街、临江街、新民街、永安街等街道。扬美人这种居住上的格局，与他们祖先在此地定居时间的先后以及各自的生计方式有关。“山东白马人”来得早，先从军、后务农，故而住的地方多为依山傍水之地，离田地较近；而“广东南海人”来得晚，以经商为业，因此住地多为江岸，即舟舶容易停泊的地方。

除杜、杨两姓之外，和平街的黄姓，中山街的孙姓，解放街的部分梁姓，据说也都来自“山东白马”。位于共和街的黄氏庄园，是扬美村保存得较为完整的私家住宅，黄氏的子孙在重修庄园的碑记中提到，其祖先原先居住在“山东青州白马”，后迁入扬美。

相对而言，自称祖先来自广东南海的扬美人，姓氏较分散，主要有梁、黄、许、吴、邓、莫、麦、陈、范、欧、曹、施、周、李、冼等，共和街的莫、许、冼等姓，解放街、新民街、永安街的黄、梁等姓，其祖先都来自广东南海等地，是明清时期到扬美村经商的广东商人的后代。该部分扬美人，以梁姓人家为多，至今已有 24 至 28 代。

振兴街的许姓和曹姓人家，明末崇祯年间（1628—1644）从广东省南海县东门街到扬美，至今已有十几代。许姓人说，他们的祖上原先是讲白话（粤语）的，从广东过来做生意后，在当地娶妻生子，开始讲扬美话，几代人之后，生活习惯上已与其他扬美人一样。

永安街和新民街的梁姓人家尽管都来自广东南海，但却是同姓不同宗的两个支系。据其族谱记载，永安街的梁姓原籍在广东广州府南海县黄鼎同大布村红泥巷，后来到扬美镇灯笼街设“明三和”店号，入籍广西南宁府宣化县上南六图十冬五甲梁权耀户扬美村梁晚巷居住。新民街的梁姓，据说也来自广东南海，不过没有更具体的地址。

共和街的莫姓人说，他们的祖先来自广东南海的石狗巷，至今已有十四五代。而同一街上的许姓人家则说他们原籍山东，后来迁到广东南海的石塘口，再从石塘口迁到扬美。

方言土语 2014 年 6 月，中国文艺家协会授予南宁市江南区“中国平话文化之乡”称号。平话被认为是汉语中的一种方言，讲平话已有千年之久的扬美村，正是“中国平话文化之乡”中的一大重镇。

2015 年江南区平话文化旅游节在扬美举办　　　江南区志办　提供

《广西汉语方言研究（上）》[1]“第一部分·平话·平话的基本情况及平话的名称·广西南部自称为‘平话’的平话”认为：“人们除了把自己说的话自称为平话以外，还有各种别称……源于地名：亭子话……扬美话、灵湾话，等等。……广西南部自称为“平话”的平话差别不大，南宁以西、以南、以北的左江和右江沿岸，钦州、上思、武鸣一带操平话者，都公认南宁市郊区的平话最‘正宗’，因为他们大多是从南宁市郊区搬迁到各县去的。”

《南宁近郊平话方言岛》[2] 认为：“今南宁市……城区四周近郊及西南远郊为平话，属平话桂南片次方言。……在南宁近郊平话里，凡是来自中古全浊声母的塞音、塞擦音即‘并、定、群、从、澄、崇、群’母的平声字，一律念不送气的阳平调。这是一个一致性很强的语音特征。再有，凡是来自中古次浊声母的入声字，今一律念上阳入调，而来自中古全浊声母的入声字，今一律念下阳入调，这样的划分标准也是很具一致性。因此从上述的声调特征，可以有力地证明南宁近郊平话既不属于今北方方言的‘方言岛’，也不属于今粤方言的次方言。”该文还认为，南宁近郊平话作为一种因古代中原政权派兵驻屯而形成的汉语方言岛，在历史发展中，由于受到不同语言和方言的包围，在语音和词汇上接受了壮语、粤方言、南宁白话的影响。

扬美村还流行粤语（广东白话），在明清时期迁来的“广东南海”后裔中通用。粤语保存古音较多，音韵系统同“刊谬补缺切韵”“广韵”系统十分相近。有丰富的叹词和助词，大多集中在开口度比较大的元音上，念复元音的很少，用来表示各种感叹、语

① 谢建猷：《广西汉语方言研究（上）》，广西人民出版社，2007 年。

② 李连进：《南宁近郊平话方言岛》，广西师院学（报哲学社会科学版），2000 年第 3 期。

气和感情色彩。名词用如形容词的现象相当多。有丰富的动词、形容词的附加成分。扬美村流行的粤语，语调变化较为丰富，与南宁白话有细微差别。

“山东白马”后裔也听得懂粤语，还能说得挺流利，但扬美村始终是以扬美话（平话）为第一大方言。江南区的平话有相当高的一致性，但也不完全一致，“隔条田塍（田埂）话不同”。由于平话存在细微的地域差异性，八条古街上的扬美人常说，判断一个人是不是扬美老街圩的居民，只要听他说两句话就分得清。就算是同村的平凤坡居民，或是老口、石埠等与扬美人交往较多的地方的人，讲的虽然都是“同一种话（平话）”，但八条古街上的扬美人认为其中的差别还是比较明显的。

◉ 特产

“扬美三宝”

扬美独特的人文气息，成就了别具特色的扬美风味美食。由于扬美得天独厚的自然环境和优越的地理位置，有丰富的原生态、环保、健康、养生、长寿的多种食材，因而扬美人充分利用，制作出受欢迎的特色食品。扬美沙糕、扬美梅菜、扬美豆豉被人们称为“扬美三宝”，以制作工艺精细、用料考究著称，配料富有浓郁的地方特色，享誉南宁乃至两广地区。“扬美三宝”也进入了南宁市或自治区非物质文化遗产项目名录。

扬美沙糕　扬美人祖辈传承的一种传统食品，是当地的特色小吃。扬美沙糕采用优质的糯米粉、白糖及绿豆粉、芝麻等相应的佐料制作而成，味甜、有浓郁的米香味，食而不腻、香甜可口、入口即化，并具有养胃健脾、明目清肝等功效，深受游客喜欢。

“扬美三宝”之沙糕（2015 年）　　陈忠　摄

扬美沙糕选料严格，要求精选本地种植的香糯来打粉、炒制作为基本材料。香糯是左江流域特定自然条件下育成的晚造良种糯米，是南方驰名中外的土特产之一。扬美沙糕选用的香糯主要是“花壳”和“白壳”两个品系，“花壳”和“白壳”糯米米粒大而饱满、糯性（黏性）良好、饭味浓香、柔软可口。扬美产的香糯从花期到抽穗成熟期间，在田间就可以闻到浓郁的芳香。扬美香糯米香独特，尤其是刚蒸熟时，有一种似酒非酒的香醇，令人垂涎欲滴；香糯饭米粒柔软光亮，不易硬化。扬美沙糕有芝麻馅、花生馅、莲蓉馅、枣蓉馅、八宝馅、水晶馅等多种品种。20 世纪 40—50 年代，随着左江水运的昌盛，出现过很多制造扬美沙糕的作坊，年产量三四万千克，远销东南亚及两广地区。现在，随着扬美古镇旅游文化的发展，扬美沙糕这一传统手工艺制作食品得到更多人的喜爱。

扬美梅菜 用新鲜肥厚的芥菜茎叶，经晾晒、打地气、优选、飘盐等多道工序制成，色泽金黄、香气扑鼻、清甜爽口，不寒、不燥、不湿、不热，不仅可独成一味菜，又可以作为配料制成梅菜蒸猪肉、梅菜蒸牛肉、梅菜蒸鲜鱼等菜肴。新鲜的梅菜原料——肉芥菜，对气候的要求较严，一般只在秋后入冬时种植，收成后，用盐经特别的工艺腌制而成。腌制好的梅菜外观黄中带青，有少量盐分析出，手感柔软，有浓郁的梅菜沉香味道，清脆爽口。扬美许多人家都会做梅菜，房前屋后都放着若干个用来腌制梅菜的大水缸。规模较大的人家，会有三四十个大水缸，有几个约 8 立方米容积水泥砌成的梅菜池，年产梅菜数万千克，并配有汽车专门运输梅菜。村民除了用本地出产的肉芥菜为原料外，还会到扶绥采购好的肉芥菜，经过水煮、加盐、浸泡、晾晒、腌制等工序，做出鲜美可口的梅菜。20 世纪 40—50 年代，扬美梅菜曾随着左江水运的昌盛而远

“扬美三宝”之梅菜（2015 年） 陈忠 摄

“扬美三宝”之豆豉（2015 年）　　陈忠　摄

销两广地区乃至东南亚，声名远播。然而随着时代的进步和经济的发展，外来的饮食文化的不断冲击，以及人们饮食多元化的影响，扬美梅菜正面临濒危的境地，现在仅有“扬美八姑特产坊”专门的梅菜作坊。

扬美豆豉　因其选料严格，工艺精湛，具有“纯天然、纯手工、纯绿色”的“三纯”特色，以及“手感好、口感好、质感好”的“三感”品质，清代就已名扬天下。扬美豆豉先后出现“广成号”“建华号”“杜家坊”等老字号的作坊，鼎盛时期年产量都在三四万千克，远销至福建、上海等地。清光绪年间（1875—1908），扬美古镇杜家坊豆豉第一代制作者杜广成探索豆豉的制作工艺，先用上乘的黑豆泡透蒸熟或煮熟，然后经过发酵、洗晒而成，有咸、淡两种，都是炒菜极好的调味料，芳香浓郁，满口生香。杜家坊历经多年已打造出自己的品牌。2016 年，第四代传人杜献琪、第五代传人杜学芬，在祖屋开设 100 多平方米的豆豉制作工场，内设化验室，以确保食品卫生。杜家坊的豆豉得扬美水土洁净的先天优势，又从扶绥、崇左采购优质黑豆，自然发酵，口感良好，深受大众喜爱。与扬美梅菜一样的境遇，扬美豆豉正面临濒危的境地。如今扬美专门的豆豉作坊就只剩下“杜家坊”一家。

扬美特产自酿花酒（2015 年）　　陈忠　摄

扬美特产自酿酸梅酒（2015 年）　　陈忠　摄

扬美宴席特色酒菜 扬美宴席名菜主要有冰镇阳桃叉烧、生焖豆腐、梅菜扣肉、豉汁排骨、香煎蓝刀鱼、萝卜干炒蛋、韭菜炒河虾、清蒸扬美鱼、扬美白斩鸡、扬美炒田螺、扬美鱼生、酸菜炒牛肉、梅子蒸骨鱼、紫苏柠檬鸭、山黄皮焖豆豉、炸虾蟹、鹩哥肉、蛋卷、春卷、鱼卷、香芋卷、鱼蛋卷、鱼角等。其中，冰镇阳桃叉烧是一绝，而且最好在船上开席时吃，在凉棚下躲开直射的阳光，吹着凉爽的江风，将一片冰凉的阳桃和一片刚出炉的叉烧夹在一起，一块儿送到嘴里，让香喷喷的肉味与甜中带酸的水果味混合在一起，又将舌尖上冷热的温差混合在一起，相得益彰，芳香异常，堪称奇趣，酸酸的、甜甜的，有一点凉凉的，十分清爽解腻。

扬美特产自酿果酒（2015 年） 江南区志办 提供

扬美自古流行的配制酒主要有杨梅酒、梅子酒、龙眼酒、阳桃酒、茉莉酒、玫瑰酒、金银花酒等。扬美人自家配制的杨梅酒，也是酸酸的，甜甜的，清爽可口，梅香醇厚。扬美村的杨梅酒是著名的旅游纪念品。

其他特色美食 扬美木瓜丁是用酱油腌制而成的一种酱菜。其利用营养丰富、有益健康的木瓜为原材料，伴以少量蒜、辣椒、姜丝等作料，以独特的传统工艺制作而成。木瓜丁色泽金黄、肉厚脆嫩、香味浓郁、咸辣适宜，可以用来拌饭、拌粥食用方便。

扬美名小吃主要有千层糕、福寿饼、扬美卷筒粉、扬美生榨粉、白头翁艾糍、豆沙粽、槐花凉粉、马仔饼等。调料制品和腌制品主有扬美木瓜丁、木瓜丝、五彩椒、陈醋

木瓜丁（2015 年） 江南区志办 提供

豆豉辣椒（2015 年） 江南区志办 提供

自酿米酒（2015 年）　　江南区志办　提供

酱萝卜（2015 年）　　江南区志办　提供

蒜、萝卜丁、萝卜干、香泡山黄皮、扬美酸梅、扬美酸柠檬、扬美豉油、扬美豆豉辣椒酱、酸菜等。特色果蔬主要有莲藕、黄皮果、香蕉等。

◉ 非物质文化遗产传承

近年来，南宁市江南区政府在认真贯彻落实国家关于非物质文化遗产普查的工作中，采取系列保护与振兴扬美村非物质文化遗产的措施，并上报南宁市乃至自治区申报列入“非物质文化遗产代表性目录”。

扬美“三宝”制作工艺　2010 年，扬美豆豉制作工艺进入《第三批自治区级非物质文化遗产代表性项目名录》，项目类别为传统手工艺。豆豉古称“幽菽”。清光绪年

扬美美食牌匾（2016 年）　　江南区志办　提供

扬美豆豉制作技艺代表性传承人杜学芬家的摊位（2015 年）　陈忠　摄

扬美豆豉制作技艺代表性传承人牌匾　陈忠　摄

间（1875—1908），扬美豆豉闻名遐迩，曾为清代御厨的首选佐料。100 多年来，扬美豆豉先后出现了“广成号”“建华号”“杜家坊”等老字号的作坊，鼎盛时期年产量都在三四万千克，曾远销福建、上海等地。江南区政府通过在“杜家坊”开展“传、帮、带”等培训活动，鼓励和扶持“杜家坊”的改造与扩建，并利用扬美的旅游资源，推出一系列的具有地方特色的菜肴，加大对扬美豆豉的推广与宣传，使扬美豆豉这一传统食品焕发新光彩。2012 年，扬美豆豉传承人杜学芬被列入《第三批南宁市级非物质文化遗产项目代表性传承人名单》。

2012 年，扬美梅菜制作技艺入选《第四批南宁市级非物质文化遗产代表作名录》。2013 年，梁彩丽以扬美梅菜制作技艺被列入《第四批南宁市级非物质文化遗产项目代表性传承人名单》。

2012 年，扬美沙糕制作技艺被列入《第四批自治区级非物质文化遗产代表性项目名录》；杨文凯扬美沙糕制作技艺被列入《第四批南宁市级非物质文化遗产项目代表性传承人名单》。

扬美豆豉制作技艺传承基地牌匾　陈忠　摄

扬美梅菜制作技艺传承基地牌匾　陈忠　摄

2017 年，扬美龙舟上水节　　　　陈忠　摄

龙舟上水节　2014 年，扬美龙舟上水节被列入《第五批自治区级非物质文化遗产代表性项目名录》。扬美龙舟上水节是以南宁市江南区江西镇扬美村为中心，广泛流传于南宁市沿江地区的一项传统民俗活动，于每年农历五月初五端午节时举行，原叫龙船节、上水节，是在赛龙舟的基础上发展起来的一种融祭祀和体育竞技于一体的水上习俗，原是船家人举行的一种上水仪式，寓意是将龙舟放下水面的意思，也叫“下水仪式”，但船家人为图吉利，一般称之为“上水”，扬美龙舟上水节因此得名。

旅游名胜

扬美村自然风光秀丽、人文内涵厚重。旅游业起步于1999年，制定旅游规划，统一管理、合理开发。经过近20年的不断修复和保护性开发建设，扬美村形成独具文化内涵的景观、景点、景区。

情之所钟添游兴，用之以恒见匠心。

◉ 景区景点

走进扬美，可以说是满眼风光、步步皆景。扬美有“五多”：古街巷多、古屋多、古码头多、庙宇多、碑刻多。明代民居的古香古色、三角市的赶圩之趣、影视拍摄基地的古装 cosplay 秀、清代一条街的民俗气息、江湾之畔

游人游扬美（2016 年）　　尹庆南　摄

的舟影桨声、果园蕉林的采摘之乐、古作坊的劳动之美、江边自然风光之美……令人流连忘返。

古村风貌 扬美至今保留较为完整的古建筑景点包括：明代民居、清代民居、魁星楼、五叠堂、黄氏庄园、古埠码头等，以及振兴街、临江街、金马街、永安街、和平街、中山街、新民街、共和街等古街区，均是韵味无穷的人文景观，是南宁市保存较好的珍贵的历史文化遗产，也是吸引众多游客前去游览的主要旅游资源。幽深曲折的古街古巷、香火缭绕的祠堂庙宇、文星高照的魁星楼、独守江崖的烽火台、文墨书香的举人屋，保持着昨日的尊严和坚守。古老的庭院，雕花的飞檐，斑驳的古石墩，油光发亮的古家具，无不透出淡雅、安宁、祥和的气息。在百里邕江上，这是一本百看不厌的乡风民俗历史读本。扬美的古村风貌与风土民情，在众多游历广远、经验丰富的“驴友”眼中，每一处都值得驻步玩味，这些文物古迹记载着扬美上千年的历史文明，是扬美经济社会、文化文明发展的见证，在了解其中的人文背景后，更能品出扬美旅游文化的真趣味。

江景奇石 左江从龙州发源而来，至扬美转了一个大弯，形成一个葫芦底形状的江湾，然后才流向三江口，与右江汇合，注入邕江。扬美这段江景特别秀美，沿岸奇石林立，千姿百态。有的像狮子，有的像大象，有的像企鹅，惟妙惟肖。连足迹遍及神州名山大川的明代旅行家徐霞客，在经过扬美时也禁不住赞叹：“至杨美，江石始露奇！”

“蓬莱仙景”系左江中一处岩礁构成，造型奇特，如同一个人工盆景中的小石山。岩礁屹立江流之中，任波涛拍击万年而岿然不倒。岩礁上无泥无土，却长着一棵榕树，四季常绿，须蔓悬垂，盘根错节，颇为壮观。据说这棵榕树是靠吸取天地之灵气、日月之光辉而存活。更令人叹为观止的是，岩礁、榕树常被洪水所淹没，而当洪水退去后再露出水面之时，榕树依然枝繁叶茂，充满勃勃生机，颇有几分“江水长流石不流，蓬莱仙树自悠悠”的韵味。

乘船进入扬美段江面，就会看见“狮子石”，像一头雄狮，威风凛凛地屹立在江边水中，昂首注视上游。它既像是迎客的礼仪之兽，又像是看护门户的守卫之神。下游不远处便是扬美古八景之一——金滩夜月。从江上往扬美村岸江边看，一头石象正在低头用长鼻吸水，这便是有名的“大象吸水”石。它小巧玲珑，神态逼真，象鼻伸在水里，仿佛在贪婪地吮吸甘甜的江水；两只像大蒲扇一样的耳朵，遮住了石象那传神的双眼，令人难以从它的眼神中揣测其心境。石象可与桂林漓江的象鼻山相媲美，为扬美增添了

江边奇石——“吸水石象”（2008 年）　　江南区志办　提供

江边奇石——“狮子与大象”（2008 年）　　江南区志办　提供

奇趣。“雄狮”与“大象”，构成了一幅颇有趣味的景观。

从大象吸水石顺流而下 3 千米，左江的右岸有一天然石洞。洞口高约 5 米，顶部稍平，有一根垂直的石柱，把洞分成大小两半，大的一边是正宫，小的一边为侧宫。正宫面积约 70 平方米，洞口旁有一块奇石，如同一只蹲着的大蟾蜍。只见它花花的背，白白的肚，张开着大口，像在不停地虔诚祈祷，而右脚似在用力地往后蹬，随时都会准备跃出迎接阳光雨露，这是扬美人人皆知的“蟾宫奇石”。蟾宫的顶部，像一只天然香炉。传说在很久很久以前，每遇天旱，扬美的百姓便在此“香炉”烧香许愿，鸣放鞭炮，行三叩九拜之礼，祈求老天爷普降甘露。神蟾有灵，就会彻夜鸣叫，帮助百姓乞求风调雨顺、五谷丰登。直至第二天拂晓，神蟾的鸣叫才会止歇。同时，天上就会落下淅淅沥沥的喜雨，滋润干旱的土地，给百姓带来对丰收的憧憬。人们将此处景观称为“蛙宫”。

◉ 扬美古八景

扬美最值得反复回味，甚至可以试着体验古人审美观的景色，还属至今尚有部分遗存的扬美古八景。扬美一带虽无奇峰耸立的雄奇壮美，但岭坡青翠、俊俏秀丽。左江环流于此，江水清澈透底，岸边古树参天，翠竹成林，石怪岩奇，稻田逐浪，荷花飘香，奇、险、秀、怪、幽融为一体。历经岁月荡涤而魅力不减的扬美古八景，一直是文人墨客雅集欢聚、吟风弄月之地，扬美当地先贤曾以两首七言绝句，描绘、赞美古八景的奇特魅力。第一首是“环绕青坡异草花，清泉剑影夕阳斜。滩松相呼渔歌晚，文阁登临望紫霞”。另一首与之合璧的是“亭对江流一曲流，金沙夜月泛轻舟，雷峰积翠无边景，龙潭夕影静在秋”。现保持古代原状的扬美古八景，仅存青坡怀古、剑插清泉、雷峰积翠、龙潭夕影、阁望云霞五景。

青坡怀古 位于魁星楼右侧，似硕大之古冢。坡成圆形，坡顶卵石密布，一条水渠环绕而过，四周榕树成林，枝繁叶茂，郁郁葱葱。民国时期，这里曾是扬美古镇的一个公共娱乐场所，名为青坡公园。青坡上丛林成荫，清凉宜人；坡顶表面卵石裸露，阳光射来闪闪发光。

江边古树怪石（2007 年） 陈忠 摄

扬美青坡公园（1950 年）　　杜孔钧　摄

传说，很久很久以前，这里是个很大的池塘，一个农户在塘里种满了莲藕。一天，这户人家的兄妹俩划着船在塘里挖藕，妹妹对哥哥说：“哥哥，妈妈说今年藕长得好，卖了藕有了钱，中秋就给你讨个老婆，我也就有了个好嫂嫂。”哥哥答道：“我也听爸爸说了，今年藕长得好，卖了藕有了钱，就帮你物色一位像潘安那样的老公，我也就有了个好妹夫。”兄妹两人说得正欢，天象突然大变，乌云翻滚，随之狂风大作，刮来一团黑乎乎的巨大怪物，眼看就要落到村里。兄妹俩马上冲着怪物勇敢地高声喊：“不要掉到村里伤了乡亲们！要掉就掉到这个荷塘里来！”黑乎乎的巨大怪物真的劈头盖下，两兄妹就这么被怪物吞没了。

雨过天晴，两兄妹的父母来找儿女时，荷塘已变成两座似坟非坟的巨大土石堆。兄妹的父母拼命地喊，也没见儿女的回音，哭得死去活来也无济于事。目击者把两兄妹牺牲自己、拯救乡亲的情景告诉大家，乡亲们恍然大悟，无不充满感恩之情。此后，每当人们踏上青坡，那两座似坟非坟的巨大土石堆进入眼帘，就不禁想起这古老而伤感的故事，因此得“青坡怀古”之名。

剑插清泉　位于大王庙旧址东侧。相传，南明永历政权统治期间，皇姑在邕州城病故。永历皇帝于是便派使者到扬美来，看风水、择吉地安葬。这时，村里来了一个身背宝剑的人，自称是“大王菩萨”。他对皇帝派来的使者说，这里的地下全部都是水，不适合在此处安葬皇姑。京城来的人不相信，于是“大王菩萨”便拔剑出鞘，用力往地上一插，剑身尽没，只露出剑把。“大王菩萨”再将宝剑拔出，但见泉水跟着剑刃从地下汩汩涌出。使者见状只好作罢，改到附近的三江口宋村，另外找地方安葬皇姑。“大王菩萨”消失后，泉水还在一直流淌，扬美人便称此地为“剑插清泉”。

民国初年，大王庙已显颓旧，扬美人捐资重修。重修后的大王庙，气势恢宏。庙前有石牌坊，上面雕刻有龙凤花鸟鱼虫蝙蝠等吉祥之物，栩栩如生。庙门两侧有“肃穆龙泉彰美境，巍峨凤阙镇青坡”的楹联。庙里正中央有一口大香炉，高 1 米余，直径约 80 厘米，有四条石脚支撑。炉底下有一眼小井，井中泉水长年清澈，水位四季如一，冬不干涸，夏不外溢。在庙侧还建有义勇祠，供奉扬美历代义勇之士的灵位。

雷峰积翠 位于金马码头下游3千米，临江耸立着的四大列石壁般的岩石，统称雷随岩（原称累赘岩）。有趣的是，若到对岸去呼喊，雷随岩还会产生阵阵回声，因而有人又把这里叫作回音岩。

每逢春暖花开的三月时节，扬美的男女老少就自发地汇集到雷随岩上唱山歌，一唱就是三天三夜，歌唱爱情、歌唱生活，也歌唱风调雨顺、五谷丰登的美好愿望。关于扬美雷随岩，流传着一首山歌是这样唱的：

江边担水刘三妹，唱歌干活样样会。

唱得江水不愿流，唱得鸟儿忘了飞。

唱山歌的刘三妹，笑问秀才何处来。

姓李不见梨花放，姓陶不见桃花开，姓竹担去江边种，姓石抬去云杉街……

歌中的云杉街，即今永安街。

亭对江流 位于扬美村西部的望江小亭（钟馗亭），是阅江景、沐江风的好去处。这里原是钟馗庙，明末清初时傍水而建。庙毁后，村中的老人们于1987年募捐重修此亭。亭内肃立着钟馗神像，其怒目圆睁、威风凛凛。

站在亭中极目远眺，真是“江面风光一派秋，流水归舟极目收”。左江宛如一条碧绿的玉带，缓缓飘曳，向东流去。两岸青山隐隐，云遮雾绕；江上渔帆点点，白鹭翱翔，呈长弧形的江滩，牵引着人们的目光。若皓月当空到亭中玩赏，则可穿透夜色，感受到江中渔火点点的趣味。

亭对江流（2015年） 尹庆南 摄

雷峰积翠（2008 年）

江南区志办　提供

“金滩月夜”的江滩边（2006 年）　　陈忠　摄

金滩月夜　位于金马码头对岸。广西旅游界有一句俗话：“北海银滩，扬美金滩。”金滩就是指金滩月夜景区。望去是一大片平缓开阔的沙滩，一半是石头一半是沙子，因沙子特别洁净，光反射程度较强，所以每当皓月当空，江滩一片金黄，故称为金滩。在月夜漫步金滩，真是“明月映沙洲，洲沙映月明”。

金滩是垂钓拾贝、烧烤野炊、中流击水、划船荡舟的好去处。附近翠竹成林，随风摇曳，似绿裙仙女轻舞霓裳。这里的江面平静无波，渔翁在这里泛舟，白鹭在这里戏水，青山碧水，金滩翠竹，构成了一幅动人的山水画，流淌着“金滩落鹜左江流，缓鼓风帆泛轻舟”的优雅情韵。

龙潭夕影　位于三界庙前的龙潭夕影景区。该景观由古树、奇石和深潭组合而成：江湾一棵大榕树分出的两个杈，被石柱自下而上顶住，好似两条飞舞的青龙，大叫“龙王”，小的叫“龙妃”；大榕树下有个深达 20 多米的深潭，被称为“龙潭”，夕阳照映下，尤为奇幽绝美；加上江岸旁边怪石嶙峋，衬托得景色更加秀丽。人们凭栏而眺，树、石、潭等美景可尽收于眼底。

原三界庙始建于明代，但在“文化大革命”中已被拆除。今三界庙是在原遗址上，

龙潭夕影（2013 年）　　陈忠　摄

参照原庙宇形制重建的。庙前奇石成林，乔木参天，最令人惊叹的是，许多参天大树竟都长在裸露的岩石上。其中一棵巨大的古榕更是与巨石缠绕在一起，难舍难分，形成“石头上面长榕树，榕树下面生石头”的奇观。

阁望云霞　位于扬美小学中的魁星楼，是扬美村的制高点之一。古时没有钢筋水泥堆砌的高楼大厦，所以魁星楼尽管只有三层，已是登高望远的极佳去处。四周环境清幽、绿树掩映，登高眺望古村落屋宇绵亘、鳞次栉比的青瓦顶，一幅幅意境幽远的南疆风情画卷，尽收眼底。魁星楼前侧置有一口祈求红运开泰、风调雨顺、国富民强的古钟，声音清亮悠远。清晨时敲响，尤为振聋发聩，为魁星楼增添了几分肃穆、神秘。

景区的命名，与清代广西解元、扬美人梁德显有关。梁德显不但为魁星楼神像顶上的横梁题书“文明”两个榜书大字，还在凭窗远眺时联想到“紫气东来”的吉祥征兆，即兴吟诵出“文阁登临望紫霞”的诗句。扬美人遂将“阁望云霞”列为扬美八景之一。

滩松相呼　位于今南昆铁路东侧的左江岸边，是与金滩月夜相呼应的一个亲水环境自然空间，沙滩宽阔绵长，沙质洁净，色呈淡黄。江滩虽不如海滩那么气势磅礴、一望无垠，但也小巧精致、自成一景。沙滩面对大江，背靠连绵的小山坡，坡上长满松树，郁郁葱葱、青翠欲滴。有松林形成较大面积的树荫供游玩者乘凉休憩，使得其水景更显可人之处。

◉ 旅游节庆活动

独具特色的乡村民俗民族文化，就是乡村旅游之魂。由于地理位置特殊，水运条件优越，左江沿岸的汉文化明珠——扬美形成了别具一格的民俗风情，其中的节庆活动也隐现了1000多年来的文化传承。20世纪90年代后期开始，扬美在旅游开发的过程中，将传统节庆文化、扬美地域特色和游客的需求结合在一起，陆续创办了“扬美古镇山歌花炮艺术节”“扬美古镇铜鼓滩文化节”“扬美古镇冬令旅游美食节”以及“金滩月夜”仲夏篝火狂欢夜等节庆活动。

嬉闹元宵 明代南宁府城与其所辖县乡，年年元宵都举办源于中原地区的灯会、舞狮、放焰火等节庆活动。董传策在《上元词五首》的附注（收录于《采薇集》“元册·乐府近体杂篇”）中，记载南宁众多闹元宵的独特风俗：“邕俗：元宵蹴狮子、戏诸猿、簿子放地鼠。相传，往代以破象阵……邕俗：元宵作灯会，每用鼓乐，进入寺院，燃之。众因酣宴达旦，男女竞来观。”古时南宁民众的元宵之乐，代代相承。据《（乾隆）南宁府志》“卷十三·舆地志·风俗”记载：“元宵，比户悬灯、放爆竹，自初十至十六日，街坊演扮灯景，嬉游以为乐。”城中已是一派欢腾，乡村中更是百无禁忌、尽情狂欢，还有傩戏助阵。《（民国）邕宁县志》“卷四十·社会志一·风俗·岁时”记载：“元宵……自朔日至十六日，城市有提灯烧狮之戏，今犹然。乡间则于元宵前三日举行春傩，演尸公（注：即师公戏）、放花炮，其喜若狂，然皆在庙宇行之。”

古时的元宵之乐，如今还可在扬美寻回。每当农历正月十五日，扬美村都有按传统方式嬉闹元宵的习俗，现在名之为“扬美古镇嬉闹元宵之夜”，俗称“扬美春傩元宵夜”，正与《（民国）邕宁县志》记载的古南宁乡村春傩相印证。

正月十五日当天，扬美古镇传统师公戏会演就在扬美村中的彩棚中开场。得到“传男不传女”正宗真传的师公们，戴上各种神灵面具，跳起娱神舞仪，唱起酬神故事。鲁班舞、功曹舞、打草舞、天姬送子舞、师公罗伞舞等师公舞，以及《送鸡米》《八仙贺寿》《八娘过渡》等传统师公剧目一一上演，揭开师公戏的神秘面纱，尽显“马要矮，身要摆，胯要扭，膝要颤，脚步紧跟蜂鼓点，屈膝下沉踩重拍”的传统艺术特色。

醒狮闹新春（2012 年）　　江南区志办　提供

清代一条街则举办花灯一条街活动，各色各样的传统花灯竞放光彩。走马灯、宫灯、鲤鱼灯、虾公灯、莲花灯、阳桃灯、绣球灯，令人眼花缭乱；猜中有奖的灯谜会，令人脑洞大开。与此同时，在扬美江上举行“放河灯祈福会”，万盏莲花灯漂放于江流中，如同天上繁星落在江面上。对岸的金滩上搭起莲花炮塔，燃放时塔顶的大莲花吐出五光十色的礼花，光彩夺目。同时还有东、南、西、北、中五条香火龙绕塔起舞，如同穿行在云雾间。沿江各码头也奏响锣鼓八音、舞动醒狮，与之呼应。一村风情、一江灯火，辉煌绚丽。

稻作文化节　早春二月，扬美古镇稻作文化节热闹开锣。南宁一带是远古稻作文化的重要发源地之一，原始栽培水稻技术的成功，使当时的岭南先民成为开创世界粮食生产新纪元的先行者。先民们怀着对大自然的崇敬之心和感恩之情，举行祭祀稻神、雷神、土神等神灵的酬神活动。扬美古镇稻作文化节就是对自然崇拜现象的一种追寻与回想。

文化节中的重头戏，是曾被誉为“中国稻作文化活化石”的师公傩面舞《大酬雷》。这一舞蹈源于古代农历二月初二春社日的酬神傩祭仪式，展现古人以崇拜雷神的超自然力量、祈求风调雨顺的原始思维酬神求雨，具有傩戏古朴的内动因素和深厚的传统根源。其表演狂热、古朴、粗犷、刚劲，富有傩祭舞蹈韵律，完整再现闪电、打雷、下雨等场景，展现上山伐森、制造农具、耕田犁地、播种、插秧、耘田、施肥、收割、磨谷、做饭等水稻劳作生产的全部过程。这一舞蹈具有原始性、娱乐性、神秘性、知识性、稀有性、多元性等特征，使其在广西傩文化中占有重要地位。

农历二月初二春社日，古代又称“土地诞”。《（民国）邕宁县志》“卷四十 · 社会志一·风俗·岁时”记载："春社，城乡醵钱祀土神。老幼聚饮散福……按：春社二月初二日，俗谓‘土地诞’。是日遇雨，春必旱，谓之‘雨淋土地袍’。”扬美及南宁周边的平话地区，当天均例行师公傩祭，开展传统祭祀活动。傩祭的角色有日神、月神，雷公、五雷神将以及东、南、西、北、中五方水龙等。师公表演时，戴上各种神灵角色的傩面具，在具有特色音响效果的师公岳鼓、马锣、大顶钹、板铃等打击乐器富有节奏的伴奏中，祈求风调雨顺、耕作顺利、五谷丰登、六畜兴旺。

在扬美的各条街道及广场上，还举行大型传统“舞春牛”农作舞蹈及“唱春牛”表演。春牛戏也是古镇独特的民间表演艺术。过去，耕牛是当地农民唯一的生产工具，一年的耕耘农作功归于牛。为了表彰牛的功德而举行一定的仪式，通过民歌、采茶及舞蹈的表演方式，把一年十二个月的劳动，如春天放牛、耙田犁田、运输，夏秋收割、糖谷，冬天积肥等与牛有关的农事，用民歌与舞蹈形式来表演，并配合锣鼓八音，以示吉祥与丰收，热闹非常。

此外，扬美的各个古作坊同时举办关于民间工艺、土特产制造工艺方面的民俗表演等活动，还有村民自编、自导、自演的迎春节目，如春牛戏、抬花轿、背新娘等。

山歌花炮艺术节 自古以来，扬美村的人家都有以歌传情、以歌会友、热情好客的习俗。汉族有单声部平话山歌与多声部平话山歌，白话儿歌、木鱼歌；壮族有壮族民歌，水上居民有水上唱叹与水上白话木鱼歌。扬美自古流传着歌仙刘三姐曾到雷随崖传歌的故事，还将雷随崖称为“刘三姐传歌崖”。扬美人至今还保持以歌迎客的习俗，称得上广西歌海中的一颗明珠。

每年三月三，都举办“扬美古镇山歌花炮艺术节”。村中搭起赛歌台，举行山歌擂台赛、“寿星杯”中老年人旅游合唱大赛、“魁星杯”粤曲曲艺演唱比赛等。这边歌来那边和，让人领略客家山歌、壮族山歌、疍家山歌、粤曲等多种艺术形式的魅力。村里的广场还搭起五龙花炮塔，举办具有浓郁地方特色的抢花炮民间体育运动比赛，在争夺中尽显当代好男儿的阳刚之气。扬美古镇八音锣鼓队、龙狮队、傩乐队在各个活动点助兴表演，让气氛也越来越火爆。

传统“伐龙船”活动也在当天举行。村民先用竹篾编织成龙骨一般的框架，再用纸片等材料加以裱糊，做成一个造型精美的“龙船”工艺品，在钟馗庙举行祭祀仪式后，抬着“龙船”周游扬美各街。龙船游到哪条街，哪条街的居民便拿出香纸和用柚子叶、竹叶、桃树叶或艾根扎成的敲把，在“龙船”的船帮敲打三下，然后将香纸、敲把一同扔进船舱内，就算把邪气赶出门外了。“龙船”游街完毕，龙船队就将装满香纸和敲把的“龙船”抬到龙船埠码头，点起一堆篝火，在人们的欢呼声中将其烧掉，由此完成驱邪降魔、镇瘴送瘟的古老仪式，表达人们祈求全家无病无灾、全村幸福平安，以及生意兴隆、六畜兴旺的美好愿望。

欢乐民俗风情演绎旅游周 每年四月初，都是扬美古镇欢乐民俗风情演绎旅游周的欢乐时光。具有古镇旅游文化特色的扬美农家乐，向游客敞开大门。扬美各户人家用最传统、最热情的迎客方式——锣鼓八音、大红花轿、长串红鞭炮，以及土风土味的无污染农家菜肴，喜迎八方来客。

扬美农家乐，农家赏最美。如果向往陶渊明笔下“结庐在人境，而无车马喧”的世外仙境，扬美是个好去处。扬美人热情好客，以淳朴的田园风貌和古老的明清习俗，展示了千年邕州真实的乡村百姓生活：自住农舍、自烧灶头、自打水井、自耕农田……在这里，可以去江边垂钓，可以寻觅古八景遗迹，可以跟老农学做农活，也可以在古作坊里学手艺，在河滩凉棚下烧烤。农家乐随着季节变化，推出系列特色活动，包括赏花、摘菜、采果等。在这里不仅可以体验悠然自得的农村生活，更有冰镇阳桃叉烧、油炸河鱼、田螺焖鸭掌等地道味美的农家灶头饭菜。

扬美农家乐不但为游客提供舒适的自然家居和美味的环保佳肴，同时，活动周期间每天还举行各种民俗风情游行和民间传统文娱表演，如“抬圣像出游”（即菩萨出游）、水上婚嫁表演和水上民歌“走台围”唱叹表演、民间花艇游江等。

古装民俗表演（2012年） 江南区志办 提供

如果玩一天觉得不够尽兴，游客可以选择在村里的小客栈上住一晚，感受安宁而静谧的乡村夜晚生活。住在古老的住宅里，观月色，听江潮，别有一番滋味。

老人节 扬美寿星节源于明清时期每年农历五月初一的老人节。扬美村过去有座北帝庙（位于今扬美孔庙一带），庙中除立有北帝神像外，还供奉着两位神仙：财神和寿星公。每逢农历五月初一，村里花甲以上的老人都到庙中聚会，祈求福气满门、利禄常有、长寿安康。同时，老人们商议村中大事，实施各种福泽子孙的计划。最后，老人们一起向神灵许愿：老人们将从自己做起，行善积德，为后辈树立好榜样。同时，设立老人行善基金会，集资祭祀庙堂、修桥、铺路等公益事业。

老人节的优良传统，更加发扬光大，升级为扬美古镇寿星节。节日期间，除了传统的村中老人聚会议事、祭拜寿星等神灵之外，从农历五月初一至初六，还面向四方来宾举办老年人风情旅游艺术博览会，内容有“寿星杯”老年书画大赛评选、老年人卡拉OK歌咏大赛、老年人国标舞比赛等。

每年端午节期间，扬美龙舟上水节会如期举行。近年来，每届龙舟上水节均有数万游客欢聚在这里，在锣鼓声、哨声、号子声、桨声、喝彩声、掌声中感受古老的原生态端午习俗。

龙舟赛是扬美传统的民间体育项目，每年重大节日都组织比赛，现有龙舟36条。扬美龙舟队曾获南宁市龙舟赛六连冠称号。端午节前一个月，村民把龙舟搬进河里泡水，使龙舟恢复“水性”；端午节前两天，各家各户包粽子、准备祭祀用品。

扬美龙舟赛祭祀仪式（2010年）　　江南区志办　提供

龙舟上水节与其他地方的龙舟竞渡活动最大的不同，就是开场的“上水仪式”。端午节当日12时许，伴随着舞狮队的精彩表演，身穿古装的师公登上舞台，唱着“五谷丰登”“六畜兴旺”“风调雨顺”“国泰民安”等祈福词句，跳起师公舞。接着，师公敲锣打鼓召唤“五方神龙”，祈祷天龙有灵，降福于民。随后，村中长老手捧龙头来到河边，祭祀河神，并将手里的粽子抛入河中，以此祭祀河神，纪念爱国诗人屈原。在万众瞩目的画龙点睛仪式中，村中长老手持笔墨，口念颂词，为来自扬美各条街道的参赛龙舟一一点睛，让每一支参赛队伍获得活力与神气。

“上水仪式”结束后，参赛的龙舟才在裁判的号令中启动，如一条条出水蛟龙，飞腾在江面上，为自己的荣誉全力拼搏。

“金滩月夜”仲夏篝火狂欢夜 农历六月，到扬美旅游避暑的人们，必定争相参加在扬美古八景之一“金滩月夜”景区举行的“金滩月夜”仲夏篝火狂欢夜。

夜风习习，江潮阵阵，洗去白天日晒的暑热之气。“金滩月夜”景区架起一堆堆木柴垛，点起熊熊篝火，却又让人们的热情一再升温。“金滩月夜”仲夏篝火狂欢夜活动在三声如同雷声轰鸣的“地炮”（民间使用的报时炮，晚上使用的叫作定更炮）声中开始。人们可以戴上各色各样的面具登场，出席篝火化装舞会。篝火旁，还有以扬琴、秦琴、六弦琴、胡琴、笛子、唢呐等古乐器演奏的扬美古乐欣赏会，街舞表演、沙滩排球对抗赛等。同时，这里还举行美食烧烤品尝活动，给人一个逃离都市尘嚣、回归猎耕年代的狂欢理由。

糍粑节 每年农历大年初一、四月初八、五月初五及七月十四（中元节），扬美村都有吃糯米糍粑和粽子的习惯，其实这是稻作文化区的古老饮食的一种传承。糍粑最早见载于南朝梁吏部尚书宗懔在《荆楚岁时记》中所记“龙舌口（编者注：此字为左米右半，字库无此字）”，后演变为“龙舌粑”，在明代普遍称为糍粑，至清代又有记为“餈粑”的。“追饯岁时，则家家赁舂屑米，以斗石计，为度岁需”，可见其流行程度。送糍粑，也就是送祝福。

糍粑节期间，扬美村推出与之呼应的扬美古镇糍粑节，为游客提供富有古镇特色的、用上好的香糯米精制的古镇蕉叶糍粑、白头翁糍粑、竹叶糍粑、苇叶糍粑、马打滚糍粑，以及凉角粽、九层糕、绿豆炖粉糕、芋头糕、白糖伦教糕、净卷粉等小吃品种，糯香四溢、香甜可口。尤其是做法独特、花样多变的糍粑，爽软滑润而有弹性，在食客的舌头与牙齿之间百转千回，变幻出丰富的味觉。扬美村还推出古镇小吃街及古镇土特

游客品尝扬美特产（2015 年）　　江南区志办　提供

产一条街等美食品尝活动与旅游纪念品展销活动。而民间民俗“升花”表演、五色龙船比赛等活动，更为扬美古镇糍粑节增添几分平话文化传承的独特风情。

祭孔大典　扬美自古就有尊孔、尊儒的习俗。每年农历八月二十七日，为万世师表、儒家鼻祖、先贤文圣孔丘的诞期；扬美村民与附近村镇的文人墨客，均云集于扬美孔庙，祭祀孔丘，并题诗题词，以志纪念。

释奠礼（俗称“祭孔大典”）为古之吉礼，扬美孔庙掌礼者严格遵照《绍熙州县释奠仪图》《明集礼》《文庙祀典考》《五礼通考》等古籍记载的祭祀礼制，规范整个行礼程序。礼启，穿古代祭服的主祭，由鸣赞、引赞引导，身边跟随手罩、提炉、纱灯、跟班等人，先至杏坛行礼，然后由侧面走到大成殿前的平台台阶，进入大成殿拜台。在大成殿释典礼中，祭祀人员按鸣赞、引赞的呼吟，完成迎神、初献、亚献、终献、撤馔、送神 6 个步骤，礼成。

祭孔大典庄严肃穆，而同日举行的“魁星点状元”则充满趣味性和娱乐性。到魁星楼的游客，除了参拜魁星（俗称“文曲星”），还可参加“魁星点状元”互动游戏，从中体会古代科举文化的悠远情怀。互动游戏中抽中头奖者，便可成为扬美文考的“状元”。另外，抽奖活动还抽出“榜眼”“探花”以及“进士”若干名，抽中的获奖者均有奖品。中“状元”者可穿上“状元袍”，戴上大红花，骑上已备好的骏马游金马街，称之为“今科状元骑顶马游金街”。状元游金街时，后有八音锣鼓、板凳龙队、醒狮队等组成仪仗队，在马前鞍后为之助庆，以显荣耀。有诗赞曰："夫子庙会得灵感，魁星楼前又登科。"

铜鼓滩文化节 每年农历九月，扬美以蕴藏神秘之美的铜鼓滩自然景观为契机，举办"扬美古镇铜鼓滩文化节"，奏响千年铜鼓的古老韵律。

铜鼓滩位于左江扬美河段下游，沙泛金黄，宽阔洁净。这里不仅是个天然的游泳场所，还是休闲游玩的度假胜地。传说在很久很久以前，一场大洪水冲来了一面大铜鼓，被翻滚的旋涡埋在沙滩深处。说来也怪，随着大铜鼓的出现，洪水很快就退却了。"看来，这大铜鼓是神器啊！"人们从避难处跑出来，到沙滩上寻找那面大铜鼓，以作为村里的吉祥物。可是无论怎么找，始终找不到大铜鼓的踪迹。神奇的是，每当人们踩在沙滩上时，就会听到"咚咚"的打鼓声。所以，人们把这里命名为"铜鼓滩"。

节日当天，除组队到铜鼓滩听足音、辨鼓声，寻找失落的神器——大铜鼓，还可参加乘船游左江活动。各式各样且色彩斑斓的旅游船、小花艇、鲤鱼艇、荷花艇、锣鼓八音艇、刘三姐传歌船、龙狮游河船等，组成壮观的水上船舶世界，供游客乘坐，游览各个沿江风景区。扬美江两岸空旷地及河滩，还有各种民间歌舞与民间绝技表演，让游客一路上目不暇接。当游船到达"雷峰积翠"景区时，游客面向对岸的雷随崖（刘三姐传歌崖），唱起刘三姐传下的山歌时，就会听到重重叠叠的回声，仿佛有许多人在充当和声队，让歌声久久缭绕在江上，隐约重现刘三姐当年"一人唱歌众人和"的宏大场面，真是妙趣横生。

丰收会客节 每逢秋收后，扬美村在农历十月初十至十六日举办丰收会客节，庆祝一年农事的辛勤劳动和获取的丰收成果，迎接四方宾客。各家各户都大摆宴席，招待亲朋好友，分享丰收的喜悦心情，欢庆富裕发达的好年景，简直比春节还热闹。

丰收会客节期间，不但家家户户张灯结彩，村里还搭起一座座丰收彩门。街道坊间，还有板凳龙队、醒狮队、八音锣鼓车队、采莲船队、骑顶马队、扮色队、腰鼓队、花轿队、春牛队等民间彩队穿梭游行。在扬美村中心文化广场，还搭起"丰收乐"舞台，村民们披挂上阵，表演传统邕剧、南派粤剧，以及丰收歌舞节目、扬美古乐演奏等，让节庆文化增添几分风雅。入夜，这里的各条街巷更为热闹，"庆丰收之夜"灯景一条街活动火爆开场。古镇的荷塘边、柳树旁挂满各色各样的丰收彩灯，如象征五谷丰登的莲花灯、阳桃灯，象征六畜兴旺的走马灯、兔子灯、鲤鱼灯、虾公灯、龙公灯等，不可胜数。古镇中心文化广场除文艺演出外，最后还有传统的燃放“丰收花炮楼”和“香火龙”庆丰年表演，呈现一片红红火火、载歌载舞的情景。

2016 年 11 月 21 日（农历十月廿二），南宁月月旅游节暨 2015 年江南区平话文化旅游节在扬美村举办，主要活动有美食品尝、养生休闲生态旅游以及“非遗”文化定向寻宝等活动。

冬令旅游美食节 农历十一月，扬美村气候依然宜人。喜欢户外运动的“骑行一族”，喜欢组成扬美一日游车队，从江南区政府一带出发，骑行 30 多千米到扬美，参加“扬美古镇冬令旅游美食节”。除品尝古方制作、风味独特的“扬美三宝”——扬美沙糕、扬美梅菜和扬美豆豉外，还有酸甜爽口的冰镇阳桃叉烧、肉香味浓的梅菜扣肉、鲜嫩多汁的清蒸左江鲜鱼、香辣爽口的田螺鸭脚煲、肉质鲜嫩的白切走地鸡等佳肴。

扬美冬令旅游美食节还吸引四面八方的食家以及游客前来以食养生、冬令进补。其间，村里各个农家乐场所、美食铺子、酒家，均为来宾准备了各种适合冬令进补美味佳肴。清爽宜人、江风拂面的金滩上，还开展香气四溢、越烧越旺的烧烤活动。

迎新春旅游活动周 农历十二月底，新春的脚步已经走近。扬美村挖掘传统民俗文化内涵，组织系列集娱乐性、参与性、趣味性于一体的文化活动，举办“扬美古镇迎新春旅游活动周”“扬美古镇迎新春文艺晚会”等民俗活动，让游客感受春意盎然的扬美风情。

骑行游扬美（2015 年） 江南区志办 提供

扬美迎新春旅游活动周期间，扬美古八景的各个景区举行的各项活动，无不喜气洋洋，如“红包挂满许愿树”“新年新喜新许愿”“敲古钟、迎新春”“敲铜鼓、庆吉祥”等。同时，古镇码头小吃一条街天天推新货，“新年彩队”游行街巷送欢乐，彩船游河及龙舟比赛等水上活动聚水生财好意头，“激情广场”民间文艺表演展农民艺术家新风采。

2016年，举办“美丽南宁·共建家园”乡村建设主题宣传月活动暨扬美古镇迎新春文艺晚会，除推出“非遗”传承文艺表演外，还有不少富有“年味”的民俗活动：敬神灵、礼祖先、吃年饭、品汤圆、送财神、贴春联、挂灯笼、猜灯谜、赛大龙、放花炮、发红包、道吉祥等。

◉ 旅游线路

到扬美旅游的交通条件十分便利，有多种旅游线路可以选择。

坐船　从南宁邕江大桥旁的民生码头乘观光船出发，可沿着徐霞客当年游历的水路，观看邕江两岸风光，抵扬美码头下船。

坐旅游大巴　许多游客认为旅游大巴、中巴是最方便且最灵活的交通工具，而且可

扬美旅游线路地图　　　　江南区志办　提供

以在车上小眯一会，因此喜欢选择这一乘坐方式。2015 年 5 月 1 日起，“南宁（城区）—扬美”旅游专线车始发地址，由华强路 198 号搬迁至大学东路 53 号大学城旅游集散地（大学路与鲁班路交叉路口的货运西站旁）。早班车为 8 时发车，南宁城区最后一班发车时间为下午 17：30；车票每位 17 元，车程约一个半小时。

自驾游 条条大路通扬美，大家自驾私家车自由行，可以跟随 GPS 导航系统行驶即可。沿途都是乡野风光，遇到符合心境的地方，可以停下来赏玩一番，再继续开车。其中有一段是乡村道路，路况不好，有扬尘，但南宁市江南区江西至扬美公路项目计划 2018 年 9 月 1 日竣工，采用沥青混凝土路面，届时，游客可实现无障碍自驾游。

骑行 骑自行车到扬美游玩，时间大概为 3 个多小时，沿途风光秀丽，过西乡塘大道后会有绿化树遮阳生荫。在南宁城区有多个品牌的共享单车 24 小时全天候可供租用，

扬美游船（2017 年） 江南区志办 提供

扬美导游图　　　　江南区志办　提供

拿手机扫码即可使用。不过，骑行较易疲惫，玩一天时间较紧，最好预出两天时间，住上一晚，第二天再玩半天，下午再离开。

在扬美村游玩可步行、坐当地特有的“牛的”，游左江可坐游船，在金马街码头前的金马广场有一棵树，贴有游船价目表和景点图，价格较为合理。如多人合租的话更加划算。

◉ 旅游服务

经过多年的保护开发，扬美的旅游服务配套设施已十分完善。游客如想深入体验“住农家屋、吃农家饭、干农家活、享农家乐”的民俗特色，可说是轻而易举。

票务与导游　扬美村口有售票处，门票是每人 10 元，每车加收 10 元。进入村里，跟全国其他名胜风景区一样，一个木棚下绘有大型导游图，各个景点标注十分明晰。在导游图的右侧，有一个聘用导游处，想全面、深入了解古镇历史和毫不遗漏游遍全部景点，又想省时省事的朋友，可以考虑聘请一名导游。雇一位导游的费用约为 100 元至 150 元（可砍价）。

扬美的流行方言是桂南平话，但村里人一般都会说白话、普通话，与游客交流没有难度。村民保持着祖辈的淳朴、善良、好客的天性，而且很有包容性。尽管服务水平谈不上专业，但胜在似邻居的亲近感，平常淡泊中，自有一种天然去雕饰的魅力。

“牛的”　2012 年，江南区、江西镇、扬美村旅游办成立“牛的”致富联合体，淘汰

扬美旅游设施　　江南区志办　提供

扬美史迹简介　　江南区志办　提供

不合格的“牛的”，并对“牛的”导游实行挂牌制度，由“官方”与“牛的”导游共同出资，将“牛的”统一装饰一新；将景点的规范讲解资料发给“牛的”导游，要求导游熟记讲解内容，会用“双语”（白话、普通话）讲解。有的导游还学会简单的英语。

扬美旅游路标　　江南区志办　提供

配套设施 2016年，扬美村有农家旅店7家、饭店20家、中巴车专线6台、游船3艘、工艺店30处、沙糕坊2处、豆豉坊2处等。良好的旅游环境和优良的服务，使得到扬美村参观旅游的游客不断增多，旅游带动效应初步呈现。

扬美村旅游工艺品（一） 江南区志办 提供

扬美村旅游工艺品（二） 江南区志办 提供

雄奇突兀的江崖石壁（2017 年）　　江南区志办　提供

名人与名村

扬美地处左江、右江、邕江汇合的三江口附近，自古就是广西、云南与交趾往来的水路交通重要枢纽，是人才辈出之地，许多诗人、名家都曾在这里留下风尘仆仆的身影。

◉ 扬美名人

广西解元梁德显　梁德显（约 1840—？），其祖辈原籍广东肇庆府高明县亲仁乡范州都陈等村，后迁居广西，落户扬美圩。

梁德显天资聪慧，自幼勤奋好学，在扬美圩自古流传的研经读史的文风影响下，学业精进。束发之年，通过广西省学政主持的院试，成为生员。清同治元年（1862）九月，梁德显赴桂林府参加广西全省“大比”（乡试）。是科广西考官为从北京远道而来的修撰章鋆、检讨赵新，考题为：“畏天命”一句，“修道以仁”三句，“傅说举于”六句；赋得“且看寒花晚节香”，得‘秋’字。梁德显在三场考试中得心应手，最终夺魁，为乡试的广西第一名（即解元）。

广西乡试较为特殊，乃同治元年（1862）壬戌恩科兼补咸丰八年（1858）戊午科，即两科合在一起，同时、同地举行。梁德显作为个中翘楚，成为“两科解元（两试解元）”，如今在民间误传为“连续考了两届乡试，两次都夺得解元”。

梁德显考中解元的宏文，收录于清礼部编刊《广西闱墨·同治壬戌恩科及补行戊午科》一书。该书除了收录梁德显、唐毓良等该科中举者的试文三十余篇，还收录了第四房同考官吴兰芳等人的试文拟作、第七房同考官杨徵诗等人的点评。该书全国发行，梁德显亦得以名扬天下。

考取解元的同一年（清同治元年），梁德显在扬美魁星楼的魁星像顶上，留下一块题写着“文明”二字的横匾。梁德显将笔意、心意凝于“文明”二字，意在激励家乡子弟读书上进，修业明理，弘扬儒家化育之风。此外，梁德显考中解元后，还在魁星楼凭窗远眺，即兴吟诵出“文阁登临望紫霞”的诗句，宣传扬美古八景。

梁德显德泽乡邑、传道授业的事迹，在《文化悠久的杨（扬）美村》① 一文中有所提及：“杨（扬）美人世世代代都勉励自己的子弟要读好书，要有内才，要有魁星般的文章。魁星楼的建造反映了杨（扬）美人对魁星旷崇敬。后来，杨（扬）美人梁德显在乡试……获解元称号……这以后，梁解元在楼内讲学授徒，各地慕名而来的门生很多。几年后，梁解元教授的弟子考上榜的不少，因而名噪宣化……时人称道：上不高杨（扬）美，下不高亭子。即指读书方面上河的比不上杨（扬）美人，下河的比不上亭子人。”

可惜，梁德显止步于解元，其后事迹不显。据民间传说，梁德显挟广西解元之威，晋京参加全国考试（会试）后，由于未能金榜题名，觉得辜负父老乡亲的殷切期待，无颜回乡，遂流落京城，不知所终。

公车上书的爱国志士杜元春　杜元春（1858—1897），字恺廷，生于扬美的富商之家。其父杜绍龄，自小聪颖好学，可惜因战乱流离在外十余年，未能完成学业。回到家乡后，杜绍龄走上经商之路，迅速发家致富。杜元春开蒙入学，杜绍龄时刻督促爱子。杜元春在二十岁之前考取南宁府廪生，有了官方认可的秀才功名。

清光绪八年（1882）八月初九日，壬午科广西乡试在桂林府治所在地临桂县举行。九月的揭榜之日，喜讯传来：杜元春高中全广西第四十九名，终获举人功名。年仅二十四岁。中举后第二年，杜元春便与其他广西举人一同北上帝都，参加光绪九年（1883）癸未科会试，杜元春惜败。此后的各科会试亦未能如愿以偿。杜元春转而在京中求职，几经曲折，考中会典馆誊录，专门负责《（光绪朝）大清会典》的誊抄。

清光绪十六年（1890）九月至十七年（1891）初春之间，杜元春回扬美省亲、休

---

① 欧阳柳生：《文化悠久的杨（扬）美村》，《南宁文史资料（总第 20 辑）》，中国人民政治协商会议南宁市委员会文史学习委员会编印，1997 年。

养，得到来扬美游玩、时任左江道道台的孙楫召见。孙楫对杜元春的才华青睐有加，乃邀请杜元春做自己的幕僚，欲加以重用。由于杜绍龄希望杜元春留京发展，杜元春便遵从父命，婉辞了孙楫的一番好意。

清光绪二十一年（1895）三月二十日，光绪帝电旨同意与日本签订不平等条约《马关条约》。康有为等组织 18 行省在京参加会试的举人，在松筠庵举行集会，最终形成超过千人的联名上书，反对清政府签订丧权辱国的《马关条约》。杜元春抱着救亡图存的爱国主义信念，也投身于公车上书的怒潮中。清沪上哀时老人未还氏纂、上海石印书局光绪二十一年刊印《公车上书记》，收有《公车上书题名》，杜元春名列其上。同时，杜元春还参加广西举人的上书活动，其条陈（即《为和议不合人心有关大局敬陈士论请代奏事》，原件今藏中国台湾）于光绪二十一年四月初七日由都察院转呈光绪帝，杜元春的英名亦列于其上。

清光绪二十一年乙未科会试张榜，杜元春仍然遗憾地名落孙山。

由于杜元春体弱多病，清光绪二十三年（1897）由京返乡，十月二十日申时在家中辞世，享年 40 岁（虚岁）。

辛亥革命志士梁烈亚　梁烈亚（1892—1982），原名梁煊学，曾用名梁胜，笔名有默然、山英、通天、老烈等。

梁烈亚　　江南区志办　提供

清光绪十八年（1892），梁烈亚生于南宁府宣化县上南六图扬美团金马街梁氏祖屋（今扬美村解放街 35 号），其父梁世丰，号厚根，花名相貌四，又名梁植堂。梁植堂名号，源自其所参加的反清秘密会社三点会（洪门的别名）。梁植堂原为运输队的挑担工人出身，加入三点会在扬美的堂口——勇胜堂后，担任堂值事，会众总是将其呼为值堂，遂以植堂为名。梁植堂与南宁会党首领王和顺、黄明堂，原黑旗军队长梁亚珠（扬美人）皆为结义兄弟。三点会为了反清，频频组织发动农民武装起义。梁植堂曾参加王和顺、陆亚发（即宣化发）等，在南宁、柳州等地组织的大明天国军，一同发动壬寅起义、癸卯起义，均告败绩。为了联络各地堂口共同起事，梁烈亚从 10 岁起就接受梁植堂的指令，充当信使，利用年龄小、反应快、不容易被清军关注等优势，奔波于各堂口之间。

清光绪三十三年（1907）二月初，15 岁的梁烈亚随梁植堂前往越南；随后，由黄兴、王和顺担任介绍人，梁家两父子在孙中山住处，由孙中山亲自监盟，庄重宣誓，加入同盟会。光绪三十三年十月中旬，孙中山命令黄明堂、关仁甫、梁亚珠、梁植堂、梁烈亚等占领镇南关。镇南关起义前后，为了摸清敌人情况，孙中山派梁烈亚负责情报工作。梁烈亚当时尚未成年，化装成鸡贩，敌人不大注意；而且他会讲普通话、白话、平话、土话等，活动较为方便。在龙州、凭祥、宁明一带，梁烈亚借着贩鸡之机，收集情报，宣传革命道理，组织群众起来反抗清朝暴政、建立民国。

镇南关起义失败后，清政府四处搜捕革命志士，如被擒获，除将革命志士斩首外，还需诛灭三族。为了不祸延族人，梁烈亚临时改名“梁胜”。梁烈亚在镇南关起义失败后回到扬美，刻苦攻读，清宣统元年（1909）以全南宁府第五名的好成绩，考上南宁府中学堂。读书期间，梁烈亚仍不断地以同盟会会员身份从事推翻清政府的革命活动。宣统三年（1911），梁烈亚在南宁府中学堂毕业，在辛亥革命中参加同盟会南宁支部发动的革命斗争。

1912 年 3 月上旬，考入上海民国法律学校就读；其间，梁烈亚应聘为上海《中华民报》记者，以解决生活经费问题。

1913 年 4 月，孙中山看清袁世凯的反革命面目，从日本回国，发动“二次革命”。7 月，黄兴响应孙中山号召，在南京宣布江苏独立；梁烈亚来到南京，担任讨袁军总司令部参议。

1917 年，护法战争爆发，梁烈亚在广州护法军政府交通部电政司任职。1918 年 5 月，护法战争失败后，梁烈亚随孙中山前往上海。后往来于北京、上海。其间，梁烈亚先后担任《申报》《时报》《中外日报》《大公报》记者或特约撰稿人、特别通讯员。在为《申报》的文艺副刊“自由谈”“春秋”撰稿时，笔名“烈亚”。至此，其正式以“梁烈亚”为名。

1919 年，担任孙中山的机要员，负责为孙中山翻译机要电讯。是年，加入国民党，兼任国民党本部宣传职务；冬季，在孙中山大力支持下，梁烈亚、旅沪广西籍人士汪千仞、马君武、王乃昌、周公谋等在上海筹议，将广西省内外的革命同志组织起来，为驱逐以陆荣廷为首的旧桂系军阀、建设新广西而斗争；组建改造广西同志会，并推举马君武、王乃昌、梁烈亚起草会章，由梁烈亚执笔。

1920 年 3 月 29 日，改造广西同志会在上海正式成立，汪千仞任会议主席，梁烈亚、马君武等当选理事会理事；之后，理事会推举马君武为改造广西同志会会长，邓家彦为副会长，雷在汉为总务组长，周公谋为联络组长，梁烈亚为宣传组长。

1920 年 11 月，改造广西同志会在广州召开第二次会员大会，推举梁烈亚为宣传组组长、韦拔群为政治组副组长；11 月 29 日，孙中山宣布重组护法军政府，继续护法运动。改造广西同志会成员马君武、邓家彦、苏无涯、蒙民伟、王乃昌、韦一新、雷在汉、周公谋、莫鲁、邓鼎封等均在护法军政府任职，梁烈亚继续担任孙中山的机要员，兼在交通部电政司工作。

1921 年 2 月，改造广西同志会创办《新广西》月刊，公推邓家彦为总编辑、梁烈亚为副编辑。旧桂系头领陆荣廷派遣特务，在广州行刺梁烈亚。梁烈亚右眼被刺重伤，几至失明。广西农民运动领袖韦拔群等人到医院日夜看护。

1921 年 5 月 5 日，孙中山就任非常大总统。在总统府，孙中山对梁烈亚说："马秘书长（马君武）奉命做广西省长了，你还是回去做南宁（邕宁）县知事，共同改造广西罢！我将来也要到广西的。"梁烈亚随同改造广西同志会的同志回梧州，与王豫等人创办《新广西日报》，兼任社长。5 月 28 日，命粤、赣、滇、黔各军准备讨伐陆荣廷；6 月，陆荣廷命旧桂系沈鸿英部出兵，"第二次粤桂战争"爆发。8 月 2 日，援桂军攻占柳州；8 月 4 日，援桂军进驻南宁，桂军退往龙州；8 月 6 日，马君武、程潜、居正、胡汉民、汪精卫、梁烈亚等一行九人抵达南宁；8 月 11 日，马君武在南宁正式就任广西省长，梁烈亚任广西省参议兼邕宁县知事。9 月 1 日，梁烈亚、雷在汉、韦一新、杨愿公、赵子谦等创办的《新广西日报》（南宁版）于仓西门大街出版；梁烈亚兼任社长，廖竹轩为总编辑（后由何民魂接任总编辑）。10 月，孙中山等人到南宁，筹备督师北伐，梁烈亚鼎力支持，并被推选为"欢迎孙大总统北伐莅邕筹备会"主任，积极筹钱、筹集兵员支持北伐。

1921 年 8 月至 1922 年 4 月，梁烈亚任广西省参议员兼邕宁县知事（县长）期间，遵循孙中山的教诲，尽力为国为民谋福祉。他清查监狱，释放受冤之人；整顿市容，打击劣绅；没收旧桂系陆荣廷、谭浩明、李静诚等人的财产等。1922 年 2 月，梁烈亚组织民工，修筑南宁至贵县公路，但修筑到三塘、四塘时，民工被援桂军强拉去做挑夫，致使筑路大计遭到破坏。

1922 年 3 月、4 月，粤军撤出广西，陆荣廷的残部卷土重来，其中的旧桂系干将谭浩清、谭浩澄以自治军的名义，悬赏通缉梁烈亚，梁烈亚被迫出走避难。

1924 年，梁烈亚任广西国民党旅粤办事处主任，并积极参加国共合作。1926 年至 1928 年，历任北伐军总政治部政治监察、安徽省电政管理局局长、山东省电政管理局局长。1936 年之后，梁烈亚由于对民国政府极度失望，愤而辞职，隐居上海。

中华人民共和国成立后，梁烈亚历任上海市控江中学历史教师、教育工会委员、民革扬浦区委、上海市文史馆馆员等。1981 年 8 月，邕宁县人民政府派员访问梁烈亚。梁烈亚提供了大量有关家乡的文史资料，并赠送 4 件有关辛亥革命的珍贵礼物，还向县领导提出建设家乡的建议，赤子之心溢于言表。梁烈亚著有《镇南关起义回忆录》等大量的辛亥革命历史资料，为后人正确、全面地认识辛亥革命提供了珍贵的历史性文献。

1982 年 1 月 4 日，梁烈亚在上海病逝，享年 90 岁。

邕剧名伶黄少均[①] 黄少均（1901—1946），女，艺名芥兰菜，南宁扬美村人。生得小巧玲珑，聪明伶俐，天生一副好声喉，14 岁投师学艺，17 岁出师。黄少均出师后，便组成 20 多人的芥兰菜戏班，被大家推选为班主。戏班开始只在当地演唱，艺术较成熟后就到左江、右江一带演唱。演出的戏本有《白蛇传》《霸王别姬》《猛虎下山》《平贵别窑》《香阵困傻兵》《但见新人笑》《千里寻夫》《万情红莲怒》等 20 多本戏，稍有名气。再从左江、右江沿江而下到吴圩、苏圩、那陈、大塘、小董、钦州、合浦、东兴等地演出，名声大振。

戏班每到一地，都受到当地群众的热烈欢迎，大家奔走相告，几十里以外村庄的群众都提着灯笼、打着火把赶来看戏。黄少均这个名字，渐渐地被人们忘记，只知道她叫做“芥兰菜”。各地乡村常请戏班去演出。乡村财力虽有限，为欣赏“芥兰菜”的表演，一般都想办法凑足钱请她的戏班前来演唱，每次演六至十本戏，时间长达十天至半月。戏班在钦廉和南宁的村镇影响较大，不断发展壮大，艺员由原来 20 多人发展到 60 ~ 70 人。艺员之中分有专职、兼职两种。专职艺员大部分是未婚青年，比较固定，平常都是跟随黄少均学戏，生活由黄少均负担；而兼职的艺员是已婚的，在没有演戏的情况下，兼做其他小买卖或打杂工，接到戏约后才集中排演。黄少均的表演技术比较全面，表演细腻，感情真挚，演艺有独到之处，能主演花旦、丑旦、仔脚等。她在《白蛇传》中扮演白蛇；《猛虎下山》中扮演丑旦；《平贵别窑》中扮演王宝钏。她在扮演丑旦时，一举一动引得观众哈哈大笑。演有关悲伤情节特别动人，唱到悲痛时常引起观众流泪不止。

戏班曾 2 次到越南的芒街、坛下等地演出。

---

① 黄娟撰：原题《芥兰菜》，《南宁文史资料（总第 15 辑）：文化专辑续集》，中国人民政治协商会议南宁市委员会文史学习委员会编印，1992 年。收入本书时，编者略有改动。

1939 年，日军侵略钦廉和南宁地区，飞机到处轰炸，群众疏散逃难，戏班经营惨淡，戏班不得不暂时解散，艺员们各奔东西，寻找生活出路。芥兰菜一家三口经东兴进入越南。为了生计，在芒街、坛下等地开一小杂货摊，摆卖香烟、香皂、牙膏、糖果等。

1941 年，芥兰菜一家人从越南回到国内，在东兴到大寺等地联系原旧戏班人员和招收新艺员，重置戏服、行头道具。经过一段时间的准备，戏班又重新成立，继续任班主，到东兴、钦州、小董、大塘等地演戏。1941 年年底，定居那陈圩，每逢圩日和传统节日都开台唱戏；有时也到外地去演戏，使那陈一带的文化生活尤为活跃。

1946 年，芥兰菜在那陈圩病逝。

革命烈士黄悦卿 黄悦卿（1917—1947）[①]，女，原名黄叠满，曾化名为黄为群、黄希文、黄坚，南宁人[②]。1936 年春，在广西国民基础教育研究院幼师班就读时参加共青团。1937 年春，参加中国共产党；1937 年 10 月，担任中共南宁市委妇女委员，从事妇女救亡运动工作。

1938 年，中共南宁中心县委决定成立妇女支部，黄悦卿任书记。次年改任委员。黄悦卿在邕宁县政府任职员及邕宁县妇女会理事，广泛同各界妇女联系，组织宣传队、募捐队，向群众宣传、募捐，支援抗日战争；成立妇女服务社，组织街道的劳动妇女进行生产自救，同时举办妇女夜校，组织妇女学习文化，学习抗日救国的道理。

1943 年春，由于叛徒出卖，党组织受到破坏，黄悦卿转移到钟山县的英山；后在英山成立党小组，黄悦卿任组长。1944 年秋，黄悦卿任中共恭城特支书记，深人群众宣传抗日救国，组织女青年学习文化。1945 年，黄悦卿前往阳朔参加战时服务队，任政工队指导员；在战时服务队建立党支部，任支部书记；后率工作组到大源乡咸水村开展民主政权建设，发动群众筹粮筹款，支援临阳联队，动员一批青年参加临阳联队，扩大武装队伍。

1947 年 1 月，富川县第二个党支部成立，黄悦卿为支委之一，与他人共同研究制订古城秋收暴动计划。6 月，暴动开始，因敌众我寡，力量悬殊，黄悦卿为敌人所俘；被俘后，黄悦卿受到各种残酷的刑罚，但坚贞不屈，对党的秘密守口如瓶。7 月30 日，被枪杀。

---

① 南宁市地方志编纂委员会编纂：《南宁市志·综合卷》，广西人民出版社，1998 年。

② 广西壮族自治区妇女联合会编：《广西妇女运动史（新民主主义时期）》记载黄希文（黄悦卿）为“广西邕宁县杨美镇人”，广西民族出版社，1998 年。庚新顺主编：《丰碑：广西爱国主义教育基地故事（第五辑）》记载黄悦卿为“广西邕宁县扬美镇人”，接力出版社，2006 年。

扬美村历代举人名录表

表 4

序号	姓名	功名	备注
1	谭洪绩	清康熙二十一年壬戌科举人	—
2	邓宰令	清乾隆二十七年壬午科第二名举人	广西平乐县训导，河池州学正，广东感恩县教职，儋州知州
3	邓宰金	清乾隆四十四年已亥恩科第三十四名举人	—
4	梁　琛	清乾隆六十年乙卯恩科举人	广西罗城县教谕
5	梁德显	清同治元年壬戌恩科广西解元	—
6	杜元春	清光绪八年壬午科举人	会典馆誊录

扬美村历代贡生名录表

表 5

序号	姓名	功名	备注
1	邓廷铨	清乾隆十六年辛末科恩贡	广西灌阳教谕
2	梁文生	清乾隆三年戊午科岁贡	广西荔浦教谕
3	梁鸿若	清乾隆十四年己巳科岁贡	广西罗城训导
4	邓宰康	清乾隆十六年辛末科岁贡	—
5	邓宰爵	清乾隆四十六年辛丑科恩贡	—
6	邓宰和	清乾隆年次无考恩贡	广西西林、西隆、灵川等县教谕，桂林府教授
7	邓宰善	清乾隆年次无考恩贡	—
8	邓宰仁	清乾隆年次无考岁贡	—
9	梁永康	清乾隆年次无考岁贡	—
10	杜梅友	清乾隆年次无考岁贡	—
11	梁鹏翼	清嘉庆十七年壬申科岁贡	由南宁府学考取
12	梁永熙	清嘉庆十八年癸酉科岁贡	由南宁府学考取
13	梁永熙	清道光十八年戊戌科岁贡	与上一人同名
14	邓琯汉	清咸丰年次无考岁贡	—
15	邓琯林	清咸丰二年壬子科恩贡	广西来宾教谕
16	林其森	清咸丰十一年辛酉科拔贡	—
17	邓程炯	清咸丰年次无考岁贡	—
18	杜百龄	清同治五年丙寅科岁贡	—
19	梁上荣	清光绪十一年乙酉科拔贡	—
20	周丕承	清光绪十一年乙酉科副贡	—
21	王大猷	清光绪十四年戊子科岁贡	—

续表 5

序号	姓名	功名	备注
22	杜泽舒	清光绪二十二年丙申科岁贡	—
23	杜琨选	清光绪二十二年丙申科岁贡	—

扬美村历代廪生名录表

表 6

序号	姓名	功名	备注
1	杜选缙	明崇祯年间廪生	就读于南宁府学
2	梁敬祖	清代廪生	永福及永康儒学教职
3	梁上元	清代廪生	军功保授永康儒学学正
4	王泰德	清代廪生	军功保授云南白水巡检
5	杜绍桐	清代廪生	军功保奖六品蓝翎

扬美村近代名人录表

表 7

序号	姓名	功名、事迹或任职
1	许选亭	寿一百〇一岁，清嘉庆八年八月，宣化县知县黄大鹏为其申请，获赠七品、文林郎
2	杨赞图	同治光绪年间六品军功、五品候选守府
3	杨翼周	同治年间六品军功
4	随　氏	邑人杜维屏之妻，寿八十三岁，被尊为“人瑞”，《(民国）邕宁县志》收入“人物志”之“列女”
5	杜琨选	贵州温水县知事
6	杨双岭	四川井研县知事、惠州府刑官
7	梁献廷	寿八十七岁，被尊为“人瑞”，清光绪年间宣化县知县萧宪章为之题额“德望可风”
8	冼玉珑	清代附生，由扬美迁居永康经商，以富起家，年入谷二千石。在永康建有美实公祠
9	梁士谔	祖籍扬美。梁家迁居东兰州武篆哨（今东兰县武篆镇）后成为巨富之家。梁士谔在清代为拔贡，民国时期任广西凌云县知事、四川荣金县知事、川边镇守处参谋长。
10	梁广邦	扬美乡自治会议员，《(民国）邕宁县志》分纂
11	梁植堂	三点会值堂，后加入同盟会
12	梁亚珠	刘永福的黑旗军旧部队长，同盟会会员
13	杜少廷	又作杜少庭。同盟会会员

续表 7

序号	姓名	功名、事迹或任职
14	杜右臣	同盟会会员
15	梁衡舫	同盟会会员
16	杜奴程	同盟会会员
17	班香甫	又作班香圃。梁烈亚的表兄。同盟会会员，民国广西左江副招讨使
18	杜英男	同盟会会员
19	杨铁汉	同盟会会员
20	梁烈亚	梁植堂之子。同盟会会员，曾任孙中山的机要员，邕宁县知事
21	梁　武	同盟会会员。民国广西龙茗县（今崇左市天等县）知事，改造广西同志军第一纵队司令

◉ 名人与扬美

北宋朝廷镇压侬智高反宋武装后，在三江口一带设置重兵防守，扬美也逐渐成为随军家属、退伍官兵的聚居地，乃以“白花村”名之。宋至清，所有经水路出使交趾的朝廷使臣，以及所有经水路来华朝贡的交趾使臣，都是扬美的过客；包括宋代的李觉、王世则等，元代的陈孚、傅若金等，明代的张以宁、湛若水等，清代的邓廷喆、嵩寿等。可惜，使臣们未为此地写下诗词华章，甚至并无只言片语留下。

明代，地理学家徐霞客在崇祯十年（1637）所写日记里留下了关于扬美的珍贵记录（从徐霞客文中可知，扬美在明代亦作“杨美”）。

清末，扬美段左江水面上忽然热闹起来。有“铁笔御史”美誉的邓承修，在中法勘界事务中作为中方勘界大臣，曾途经扬美前往安南，代表中国政府与法国使者会勘中越边界。邓承修维护国家利益，据理力争，赢得赞誉，后升任总理各国事务衙门大臣。太平思顺道道台蔡希邠，与太平府知府、龙州铁路事务帮办康际清曾在扬美段的左江水面上会舟，就建设龙州铁路前期事务进行磋商。

旧桂系军阀陆荣廷，从青年时期（清光绪年间初期）由南宁流落龙州街头的浪荡生涯，至娶水口圩谭氏为妻、在龙州参加三点会，再到后来投靠清廷后担任荣字十营统领、右江镇总兵、左江镇总兵等官职，直至作为旧桂系头领 1921 年 7 月 19 日在南宁通电下野、与广西督军谭浩明等退往龙州，中间长达 40 多年，多次乘船来往于龙州与南宁之间，扬美是必经之地。

孙中山的亲密追随者，如同盟会的首脑黄兴、南军都督王和顺、镇南关都督黄明堂、同盟会南宁支部部长雷在汉等，多次到扬美商议革命计划或避难，得到扬美民众的无私帮助。其中，作为反清革命的南宁会党大首领王和顺，在结识孙中山之前，就已于清光绪三十年（1904）率领农民起义军突破七省清军的围剿，隐姓埋名到扬美，避难于当地三点会首领梁植堂（梁烈亚之父，梁烈亚1919年任孙中山的机要员）家中，为下一步的革命行动做准备。

徐霞客二过扬美 明崇祯十年（1637）八月二十二日，徐霞客与好友静闻禅师经邕江抵达南宁青秀山，当晚泊于亭子渡。第二天入城后的日记大多遗失。曾在陆氏府邸借宿，后又寓居崇善寺（旧址位于今南宁市第一中学）；静闻禅师留在崇善寺养病。

九月二十二日，徐霞客独自乘舟，沿邕江西往，中间又转回崇善寺看望静闻禅师，直到二十五日才到扬美。二十六日，过萧村、入新宁界。徐霞客著《徐霞客游记》“粤西游日记三・丁丑（崇祯十年）・九月”记载：“九月……二十五日：鸡再鸣，发舟。西向行，曲折转西南十五里，复见有突涯之石，已而舟转南向，遂转而东。二里，上长滩，有突崖飞石，娉立江北岸。崖前沙亘中流，江分左、右环之，舟俱可溯流上。又三里，为杨美，亦名大湾，盖江流之曲，南自杨美，北至宋村，为两大转云。自杨美西向行十五里，为鱼英滩。滩东南有山如玦，中起一圆阜，西向迎江，有沙中流对之。其地甚奇……二十六日：鸡初鸣，发舟。十里，西南过萧村，天色犹熹微也。至是已入新宁境。至是石山复出（若屏列，若角挺），两岸濒江之石，亦时时竞异。自南宁来至石埠墟，岸始有山，江始有石；过右江口，岸山始露石；至杨美，江石始露奇；过萧村入新宁境，江左始有纯石之山；过新庄抵新宁北郭，江右始有对峙之岫有岩洞之山。于是舟行石峰中，或曲而左，或曲而右，旋背一崖，复潆一嶂，既环乎此，转鹜乎彼，虽不成连云之峡，而如梭之度纬，如蝶之穿丛，应接不暇，无过乎此。”此为徐霞客由宣化县乘舟往新宁州时，途经扬美的所见所闻所感。

崇祯十年（1637）十二月，徐霞客在雨中踏上回程，乃二过扬美，又是另一番景致。《徐霞客游记》“粤西游日记三・丁丑（崇祯十年）・十二月・上”记载：“十二月……初八日：晨起，雨不止。饭而缚舆，久之雨反甚，遂持伞登舆。东南五里，雨止，换夫于麟村，缚舆就乃行。东南三里，路分二岐，转从东南者行，渐复逾土山。三里，越山而东，则右江自北折而来，至此转东南向去，行随之。又二里而至大滩，有数家之聚在江西岸，始降栏宅土，有平居矣。即旧之大滩驿也，万历初已移于宋村。江中有石横截下流，滩声轰轰，闻二三里，大滩之名以此。右江至此始闻声也。换夫缚舆，

江边奇石——鸳鸯石（2007 年）　　　　江南区志办　提供

遂从村东东南逾岭，三里，逾岭南，则左江自杨美下流东北曲而下，至此折而东南去。遂从江北岸随流东行，二里，复入山脊，雨复纷纷。上下冈陀间又二里，换夫于平凤村。又东行二里半，至宋村，即来时左、右二江夹而合处，其南面临江，即所谓大果湾也……雨不止……渡左江为杨美通太平府道，正东一里即左、右二江交汇之嘴。”文中提到的“平凤村”，即今扬美村下辖的平凤坡。

扬美村沿江的喀斯特地貌发育完全，所以多奇石怪岩。徐霞客在其千古不朽之作中称赞的“至杨美，江石始露奇”，那些奇石至今仍静卧扬美段的左江岸边。狮子石、大象吸水石、鸳鸯石、卧江神龙石、神蟾石、人马石等，奇石林立，千姿百态，令人叹服。

扬美人为纪念徐霞客曾经到访的史实，在左江岸边的留阳坡上、徐霞客曾经登临极目之地，修建留阳亭；留阳亭是四角四檐的两层阁楼，碧瓦翘檐，雕梁画栋，檐角的麒麟、神龙、仙鹤、飞凤，形态各异，栩栩如生。亭中的墙壁上，还镌刻有徐霞客当年赞美扬美的文字。

清代状元张建勋“半个”扬美人　张建勋，字季端，号愉谷，又号愉庐，清道光二十八年（1848）出生于桂林府临桂县的一个书香门第。曾祖父张其禄（祖籍江西金溪县、寄籍湖南沅江、落户广西临桂）著有《悦云诗草》、祖父张烜著有《巢睫吟稿》，均是广西诗坛名宿。张建勋之父张世麟学业无成，也未曾著书立说，幸好文字功夫厉害，为成为幕僚打下了基础。

清道光三十年（1851），洪秀全发动金田起义，朝野震动。咸丰二年（1852）二月二十八日至四月初一，洪秀全指挥太平军猛攻桂林城，清军与太平军水陆接战 24 次。

守城期间，张家由于宅院宽敞，又屯有米粮，便成了官府征用对象，作为西城守军和乡勇民壮的膳食处。太平军撤离后，张家已是米粮尽空，乡勇民壮更是将宅院折腾得鸡犬不宁，一片狼藉。张烜担心太平军杀个回马枪，又担心官府再来折腾，干脆卷起细软，和张世麟一家大小，到相对安宁的南宁府宣化县扬美圩避难；张建勋随祖父、父母到扬美时，年仅 4 岁。

清同治六年（1867），随吴德徵在广西各地兜兜转转的宦迹而努力工作的张世麟，终于力不能支，在思恩府宾州（今南宁市宾阳县宾州镇）病逝。年仅 19 岁的张建勋，只能和母亲辞别扬美，从南宁府治所宣化县城出发，经浔州府、梧州府等地，返回故乡桂林，安葬父亲，落籍临桂县。在扬美寓居长达 15 年之久的张建勋，称得上“半个”扬美人；他在 64 岁时回忆人生坎途的诗作中，特意点出“扬美圩”这一地名，可见对扬美感情之深。

清光绪五年（1879），张建勋在桂林府参加己卯科广西乡试，考中第六名举人。光绪十五年（1889），已经 41 岁的张建勋在己丑科会试中过关斩将，获取殿试资格；殿试中，张建勋以一篇《民以食为天》的策论，赢得光绪帝赞赏，终于一举夺魁，成为己丑科状元。

孙楫扬美惜才 孙楫，字驾航，生于清道光七年（1827），山东济宁直隶州人氏。其出身显宦之门，其曾祖父孙玉庭，曾任广西盐法道、广西按察使、广西巡抚，官至两江总督、体仁阁大学士、加太子少保衔；祖父孙瑞珍为户部尚书（从一品）、翰林院掌院学士，赠太子太保衔，父亲孙毓珠是封赠从二品的通奉大夫。

清光绪十六年（1890）九月至光绪十七年（1891）初春之间，时任左江道道台（《漫游扬美》《古镇扬美》等误记其为左江镇总兵）的著名诗人孙楫，曾到扬美游玩。孙楫在邕坐镇期间，除了上班点卯，便是邀集文人墨客，徜徉邕城山水之间，吟诗作对，不负风月。到扬美后，孙楫听闻举人杜元春的文名，便请他前去会见，并以本地景点出上联“晓日蓬莱紫气重”以试之。话音刚落，杜元春立即拱手作礼，接对曰：“春潮尖顶浪云开。”孙楫细细品味，但觉韵味无穷，乃大悦，邀杜元春同游扬美。一番来往后，孙楫越发赏识杜元春，乃邀请杜元春入左江道署，欲将其培养为自己的幕僚，加以重用。杜元春之父杜绍龄虽然只是一个商人，但看重功名，一心想要杜元春考上进士，在更广阔的天地施展身手，不愿儿子入幕后，变成为他人作嫁衣裳的刀笔吏，便暗暗劝阻杜元春。孝心为大，杜元春便遵循父命，婉辞孙楫的一番好意。孙楫欲当伯乐而起用扬美举人杜元春，成就一番惜才佳话。

艺文杂记

千百年来，扬美百姓口头流传着大量民间故事、传说等文艺作品，富有地域特色，呈现了扬美乡土文化与历史发展足迹。主要收录以扬美为题材的诗词、楹联、碑记、志乘、传说等作品。

◉ 诗词

扬美怀古[①]

都本伟

左江三面绕扬美，临水一街映日晖。魁星楼里藏青史，举人屋外立书碑。
五叠堂堂连豉远，黄氏园园继世追。南宁唯此一古镇，邕城郊外美名飞。

昔日夜景[②]

杨翰燃

大船尾接小船头，南腔北调语不休。入夜帆灯千万点，满江红似兆星浮。

---

① 王向峰主编：《都本伟诗词论集》，辽宁大学出版社，2010 年。

② 注：一说此诗为清代嘉庆、道光年间，广西明江分府土思州诗人，黄体元作。北京出版社2007年11月第一版《中华竹枝词全编》“第六册·广西卷”收有黄体元撰《邕记杂咏》，第二首记为：“大船尾接小船头，北调南腔话不休。照水夜来灯万点，满江红作乱星浮。”

扬美民约

杨翰燃

扬善惩欺正市容，美名古镇立仁风。民规饮誉花香远，约法飞章气势雄。

游扬美古镇——调寄一剪梅

梁建昭

扬美重游不寂寥，老树妖娆，小鸟喧嚣，观光览胜任逍遥。江上舟摇，庙里香烧。古镇山川分外娇，知已相邀，举手频招，河山戏水喜今朝。暑也全消，闷也全消。

景点诗四首[①]

〔清〕杜洁如　梁勉英

（一）

环绕青坡异草花，清泉剑影夕阳斜。滩松相呼渔歌晚，文阁登临望紫霞。

（二）

亭对清江一曲流，金滩夜月泛轻舟。雷峰积翠无边景，龙潭夕影静在秋。

（三）

江表亭高近太阳，时适秋雾桂花香。含烟树色连云霭，泄月沙精隔岸光。座外环来山滴滴，檐前流过水汤汤。儿童六七凌坡玩，永保熙和福寿康。

（四）

扬溪之美境，河绕奇弧形。固若汤池谓，名成半岛称。房屋连梯比，石路好行人。集市名三角，喧哗闹早晨。青坡千古秀，雷随四时春。剑插清泉进，阁望雾霞云。龙潭幽夕影，松滩相呼应。亭对江流水，江滩夜月明。

---

① 肖志钢主编：《漫游扬美》，广西民族出版社，2004年。《景点诗四首》至《蓬莱小景》选自《漫游扬美》，除《景点诗四首》外，原书均未注明作者名。

临江古闸

仅存古闸立江边，绿水江滩在眼前。鸟唱枝头风送爽，浓荫树下好谈天。

雷峰积翠

雷峰积以美名扬，千古长河伴艳装。借得彩霞添秀色，雄姿倒影胜漓江。

剑插清泉

景色清幽绝俗尘，四时风送野花馨。剑泉遗迹难寻觅，惟见林荫伴彩亭。

亭对江流

亭外风光一派秋，对河明月耀沙洲。江头水闪闻渔唱，流水归舟极目收。

江滩夜月

金影凉亭卧碧波，河滩以竹衬山河。夜来水面繁星闪，月涌江流扬美图。

莲花石

香莲丘水动风凉，水动风凉夏日长。长日夏凉风水动，凉风动水碧莲香。

沿河风光

扬美沿河景物妍，古榕怪石尽天然。雷峰壁下波涛涌，蛙殿门前云水连。

蓬莱小景

不死不高到白头，蓬莱小景胜仙洲。任从千尺洪峰压，直立仍然秋过秋。

◉ 楹联

义勇祠联

〔清〕邓贤

勇烈本无伦，杀贼当时安梓里；

世居去未远，怀仁长古钦英风。

训诫儿子联

〔清〕孙氏

鸦片三分，盖世英雄投末路；

摊皮四粒，当今豪富走穷途。

聚贤巷联

扬美乡中扬美德，

聚贤巷里聚贤才。

谊庆坊联

谊一谊二谊三四，

庆门庆屋庆街坊。

大王庙联

肃穆龙泉彰美境，

巍峨凤阙震青波。

三界庙联

〔清〕杜元春

三面皆山，霞飞孟志；

界空即色，月照潭龙。

孔庙楹联

（一）

教化三千多国仰，

师传七十兆民崇。

（二）

国运兴昌凭重教，

人才崛起在尊师。

魁星楼楹联

（一）

一楼端霭来天地，

千载文光射斗牛。

（二）

御印章荣风水地，

魁星笔点状元才。

（三）

狰狞面目迎风雨，

正大身形立地天。

◉ 碑记

崇祯九年宣化县掌县事毛懿告示碑[①]

掌县事本府戍厅毛懿为恳天绥民以复成规事，奉本府批：据本县上南六图杨美乡士民杨有杰、杨白资、杜选缙、□□林、胡高选、黄棠古、杨如光、梁桂仁、黄理、杜道成、杨焕等呈称：本乡蒙府赏示，周年七户轮充，向遵无异。因示淹坏，致奸挟私匿名，每季呈换。捕役叠扰，地方难堪，士民共抱不平，呈乞作主，赏示以复，以便勒

① 此碑今存，立于扬美村魁星楼前，部分字迹已模糊不清，用“□”代替。碑原无名，此处碑名为本书编者名之。崇祯九年，即1636年。又：原碑“毛懿”的“懿”字已被凿去，今据《（乾隆）南宁府志》“卷二十六·职官志·文职·明·南宁府·同知”所记，推知南宁府同知毛懿曾于崇祯九年代管宣化县事。

石，永垂遵守等情。到府奉批，仰县查明，给示。报奉此。唤得扬美士民到县查明，合行给示，仰照旧规，七户轮充，周年一替，俱遵所示交接，永为遵守。答应公务，严缉奸盗，钤束乡民，各务生理，不许窝藏。若俾奸引诱，呼卢赛赌，因赌作盗。如有故违，许指名陈告，以凭拿究，仍不许棍徒乱在捕衙投匿混闹，希图蠹害。至于乡有重事，许赴府县告理。承票差役许一正一帮，毋得三五乘机下乡骚扰。再有前弊，许乡民确实，一并拿赴本县，以凭究解，尽法处治，决不轻贷。须至告示者，南宁府痒廪生杜选缙系呈首。右谕通知，具七户名序后：杜选士、梁悦、杨□、杜兴、杨业、刘回、杜天（录忠）。崇祯九年正月二十一日。发杨美乡张挂，立碑永遵。

奉部督抚藩臬各大宪批示①

兵部为遵旨事、车驾司案呈、准吏部咨称、本部会议覆，御史张鹏展条陈《严禁幕友暨滥役采买诸弊与仓库责成童试宽额练□剿贼奏销饬慎谳狱八款》一折，于嘉庆五年六月初二日具奏，奉依钦此。严禁幕友一款，本部通饬各督抚遵□；其仓库责成等二款、相应五款，行文该管各衙门自行知照外，所有严禁滥役等二款，相应抄录原奏；咨部□照内有行知照之处，应听自行查办等，因自往来相应抄录本部议覆；严禁滥役一款，行私咨广西巡抚，钦遵查照可也，计抄□一□。

一严禁滥役，以奠边民也。广西自乾隆五十三年，兵靖安南，而思恩、南宁、太平、镇安、泗城各府，按户派拨民夫，各塘堡搬运军需，自大功告成之后，十余年相沿。事竣而派，累未裁。每日需夫或数十名或百名，在塘堡伺候。每一州，多则十余塘堡，少则五六塘堡，日日派累农民分给各处伺候，而地方官又管号书长随□送，谓之月规，遂因循颟顸奉文而不即裁革。月规虽属无几，□第拘服田力穑之民，日寝食于风雨尘途之苦。饥而不能谋食，寒而不能□衣，奔走流离，实难度日。数府民生，所关非浅。此臣所目击情深者。皇上天恩，饬下督抚严禁，每塘堡立碑宣示，并细访吏书胥

---

① 此碑磨损较为严重，约四分之一的字迹已模糊不清或完全缺失。张鹏展的《请厘吏治五事疏》见于清江苏布政使贺长龄、江苏高邮州知州魏源选编、辑印《皇朝经世文编》“卷二十·吏政·六大吏”，收齐张鹏展八款意见的《陈民风吏治疏》见于清学部参事兼京师大学堂农科监督罗振玉补选、辑印《续皇清奏议》“卷二·嘉庆五年”，本书编者以两疏（前者实为后者的删减版）为参照，补了部分缺失的内容。补字未必符合原碑文，仅供读者参考。整理后尚缺而无法补的字，用“□”代替。

役。如有仍前私敛侵肥者，重治以示严戒，则边塞愚民，胥安耕菑，如有仍前等语。

兵部查各省驿站所有额设夫役，过有差□，尽额□应付，如有不敷，照例给价。雇夫供应至广西南宁、太平、镇安、泗城各府，向来设有驿站，亦□额夫□供应□□牌，差务俱给。例价雇夫应付，按年造报兵部该销，历久办理在案。至各直省或遇紧急军务，奏明另设□□□用夫□□送军火粮钱等项，纵遇雇用民夫，亦皆按照军需定例，给与夫工口食，报部核销。今按户部□□安南□□□□□□□□设台站添雇人夫，自军务告竣之后，久经裁彻。至派拨塘堡民夫开销工食，查□□原报□□此项明□□□□□□□□。

张鹏展条奏内称：广西自乾隆五十三年，兵靖安南，而思恩、南宁、太平、镇安、泗城各府按户派拨民夫在各塘堡搬运军需。自大功告蒇之后，十余年相沿未裁。每日需夫或数十名，或百名，在塘堡伺候。每一州，多则十余塘堡，少则五六塘堡，日日派累农民，自带粮食，在塘堡路居野处，荒废农业。且塘堡本无应用之役额，往来胥吏长随幕友客商人等，出小费于各衙门，营取夫票，按站派拨。近年村民节次上控，经督抚批饬禁革。而州县尚未实力奉行。□□□□□□□□□□鹏展籍隶粤西，所奏自系实在情形。其村民控诉，经督抚批饬禁革，而州县未实力奉行。因循颟顸奉文而不即裁革，□第拘服田力穑之民，自当严行究办。应如该御史所奏，请敕交总督吉庆、巡抚谢启昆查明，该御史所□□□□□□□□□□□民各安生业，仍应饬令该管道府随时严查，如再有私役民夫之事，立即究办，以□□□□□□□□□□□奏闻，特授宣化县正堂高为行知事、按奉南宁府正堂湍、奉左江兵备道□□□□□□□□□□□清转奉抚部院谢批：本司会同臬司呈详粤西拨用民夫，通饬各州县，刊刻石碑，竖立各□□□□□□□□□□□遵照，无容滥行役使，使小民咸知遵守，仍责成该管道府不时留心查察，倘有阳奉阴违□□□□□□□□□□□□□□事，定行揭参，仍饬刷印碑摹，通缴查核，并候督部堂批示录缴。奉督部堂觉罗吉批饬□□□□□□□□□□□□□□不可有名无实，仍饬该官道府随时严查。倘敢违例，多索及滥行出票拨付情事，立即揭参胥吏官□□□□□□□□□□□□□稍徇纵，并于未便，仍候抚部院批示缴各等，因奉此，合将原详条款逐一刊刻石碑，竖立塘前□□□守□□□久□□计开。

一寻常奉调、奉委、赴省、到任、回籍、会审、会勘、相验、解送军装、请领兵饷等项，自备轿马之外，□□□□及行□□件跟随兵役，令伊至各地头自雇办长夫，无论本属、邻邑，均不许官为给票、拨用民夫。一有提拿要犯□□等候□□盘查勘灾边隘要务事，必遍行者，准其拨用民夫，如非本官准向地方官先出印票，拨用其夫，仍依所定□□照例按□给钱，不得多用短发，其各项在官人役、长随、家人，即需脚力，叫其自行自雇，不得沿途出票拨用民夫。

禁革各塘夫役条款碑记

一院司道衙门有事关紧密并守提催取回文者，必须专差千里马驰递，因程途辽远无次，酌用夫二名，沿途州县拨雇脚夫，照依所定工食给发，总不得过二名之外，无容官为给票。

一解饷抬销原领盘费足资雇佣脚力，其兵役本令押护，则应随行防范，不得安坐肩舆。所有沿途拨用民夫之处，应行革除。

一督、抚、宪巡查勘审学院考试，经临各项大差无站夫及不敷之地，向用乡夫、堡夫、团夫，临时派拨，照例按里给钱守候兼支米菜。此外泗城府属之西隆、西林二州县，向有每日派拨所食夫田之人一二名，在付（编者注：原碑如此，应为“附”）近塘堡协助铺司递送公文，递竣仍回安业。里民遵循勿替者，亦应照护存留，轮流充当，此外如有不充当者，铺司者仍不许派拨。其如塘夫饬行革除，如遇差使，仍同乡夫一律应雇当差。

一解审重囚犯，其或老弱疾病及曾受刑讯、不能远跸之犯，该起解州县官豫将夫价酌交长解差役，自行雇扛抬，不许官为给票，拨用民夫。其长解、短差、兵丁人等，禁止坐兜，无用民夫。

一督抚经临，各用夫一百二十名；一提督、藩臬，各用夫八十名；一总镇、道、学院，各用夫六十名；府用夫三十名；左二州县，用夫二十名；杂职，用夫八名。其应给之价，各按日、按名，自行捐雇。

一泗城属之凌云县，西隆、西林二州县；镇安府属之天保县、奉议州；柳府属之罗城县；民间向有夫田、堡田耕种，以应公差，仍其旧。如遇需夫多者，原食夫田之人不敷应用，当令自为添雇，每一名十里给钱八文；守候之日，每日给菜钱五文、米一觔，不得短少。

已上各款条议，令自为雇觅及需夫一二名临时雇用脚夫、无庸给票外，所有一切雇佣民夫之差役，俱令各州县官预期签用印票，传集填注何项差役、需夫若干名，不许首役里差、倍派滋扰。如无印票者，乡民不必应役。其各州县夫价，仍照乾隆二十二年议定数目给发，并于临用印票时填注钱文，或发清或找给之处，应照向例办理。守候之日，每名给米一觔、钱五文。如有克扣情事，许夫投诉控究，仍将拨夫印票按季拨臬司衙门察核并报明院宪及藩司查核，仍着令该管道、府随时实力稽查。倘有各州县官违例，多索及滥给夫票应付，或经察出，或被告发，分别参处。

宣邑派拨夫例

廪生黄秀等，于嘉庆六年内，以一件乞恩赏示勒石等事叩布政使司，清批查派拨塘夫，久经详议章程，通饬勒石永禁在案，何以该各州县匿不出示，仍付滥派？大属玩违！仰南宁府严查揭参，一面通饬勒石永禁具报，稍瞻徇抄粘并发。

生员黄道开，于嘉庆七年内，仍以一件乞恩赏示勒石等事叩布政使司，清批候严禁推详列夺事。

耆老黄卷恩，于嘉庆七年内，以一件乞恩赏示勒石等事叩抚部院。孙批：塘夫一役，由来已久，并非始于乾隆二十三年。尔等生长此地，岂不知之？特以近年来滥派累民，是以禁革，既经详定章程，通饬勒石，何以尚未出示？仰南宁府查明饬遵具报。

农民梁才光，于嘉庆八年内，以一件乞恩赏示勒石等事叩布政使司，恩批派拨塘夫号书□，经裁革各州县官因循并不遵照议章程办理，纵差锁押贫民。如果属实，大干法纪。仰南宁府查实严揭，详参毋□偏徇致干并咎抄粘并废。

农民方长辉等，于嘉庆八年十一月内，以一件滥派系累乞恩赏示勒石等事，叩两广督部堂。委批仰广西布政司速即查明示禁具报，毋任派累干咎。通乡士庶等抄刻禁革滥役碑文，竖立市上，恐遇役使，照碑例而行。如有官府夫票里差奉票下乡，请票差往圣观祖庙，庙祝鸣锣传集士庶等，勘票情真，同议办理。倘敢串差假票，扰乱乡民，查明呈官究治。

此碑系刻朝廷大典、衔职官讳，不许乱架竹木、挂晒衣裳什物；各家子弟不得琢损碑字，如违，拿获或查知，例罚银三两六钱正上庙。

大清嘉庆十三年春王正月谷旦立

通乡士庶设立禁约永远碑记

一议圩市所有一切屠宰，无论皮肉下水，不得灌水、搭骨、喂盐。如有灌水、搭骨、喂盐，实有害人，任从本乡、外乡人等获捉，众议罚银三两六钱正归庙。其秤务宜司马，如敢违抗，呈官究治。

一议圩中所有往来生面可疑人等歇宿，圩长务宜不时严查，不得徇情。一经察出，为圩长是问，呈官究治。

一议圩市中地所狭窄，自后各铺前面左右不得再加起造房屋及搭蓬厂、茅寮，占出圩行。如敢违抗，众议折毁之外，罚银三两六钱正归庙。

一议圩市各铺前不得堆积木股，致碍圩行。如违罚银三两六钱正归庙。

一议圩行原系众地，所有铺面空处，任从摆卖货物，不得私收地租钱文，致干法纪。一经察出，呈官究治。

一议自后历任乡保务宜照牌竭力办理，不得徇情。如有徇情，不得支费渡银。

以上所议条例，通乡公议勒石之后，不得私将字样毁坏，糊乱乡禁，一经察出，罚银拾两外，呈官究治。如有呈究，所用盘费，俱在乡银支用。各宜踊跃遵守，俾得乡境清平。

嘉庆十九年八月吉日立

街巷众议禁约碑

中唐大学士李青莲八月十二日降乩撰文

时虽九月，节过重阳。绅耆乐善，里巷纯良。熙熙而来，有几巷一家之势；穰穰而往，怀异姓同胞之肠。急循首望之相助，游若兄弟之谐行，文德远沛，武泽遥物，群勃湛恩之汪汪，共休威武之绵长。是用康衢有歌，田绿竹有凤翔鸾集之瑞；悬罄无闻，仓廪红粟无风食雀穿之伤。祗父恭兄，庭帏多其顺关；恤孤怜幼，闾阎更博恩焉。情意合而风景优，理义正而大节全，入则无失其教，出而知慎其言，善行种种，福自绵绵。吟怀畅尽，把酒协调，中秋时，序序已了然。众议齐心，立禁约列明于后。

一议禁街巷内，如有奸拐妇女，强抢财物，并窝藏匪类，查知捉得，呈官究治，逐出境外。

二议禁街巷内，如有偷牛盗马，财帛器物，查知捉得，笃仓管填装又罚银三两六归众。

三议禁街巷内，如有窝赌烟引，诱子弟私买贼装，勾串外匪，查知捉得者，众议重罚。

四议禁街巷内，如偷田禾塘鱼，瓜菜猪鸡，茅草灰粪，屋外杂物，查知捉得，经众议罚。

五议禁街巷内，如更深月暗，夜行入巷，供要明火，出声，如违查问，来历不明即作贼论。

一议约街巷内，如有子弟忤逆不孝为父兄，请众老重责，如媳妇辱骂翁姑，重责子弟。

二议约街巷内，如为田土归因不平之事，先经明阖理论，不得兢行争斗，以滋讼累。

三议约街巷内，如遇外匪攀连，阖众约议，如系良善者，保举匪类者攻结，不得徇情。

四议约街巷内，捉得拐带盗匪类，经明街巷约议，不得徇私卖，查知罚银加倍。

五议约街每年具酌少长咸集，申明禁约，不得妄言躁语，侮慢尊长老成，如违众议重责。

道光十四年岁次甲午九月十五日立约

重修莲花井碑记[①]

吾巷自聚族以来，盖由山东省移居于此，数百年于兹矣。历代所饮所食之水，或汲取最近之江水，或汲取此处之井水，佥谓两得其便。然此井案自历代重修屡矣，皆因用松木为之，年久难免朽坏，重修者殊费手续。是以众父老兄弟姊妹等，提倡捐资买砖购石再重修，以垂不朽。谨勒数语，俾来者知其梗概云。合将捐资芳名胪列于后。（人名略）

前清府庠士杨焕潮述事并书

民国廿三年岁次甲戌六月廿二日杨庆巷合众同立

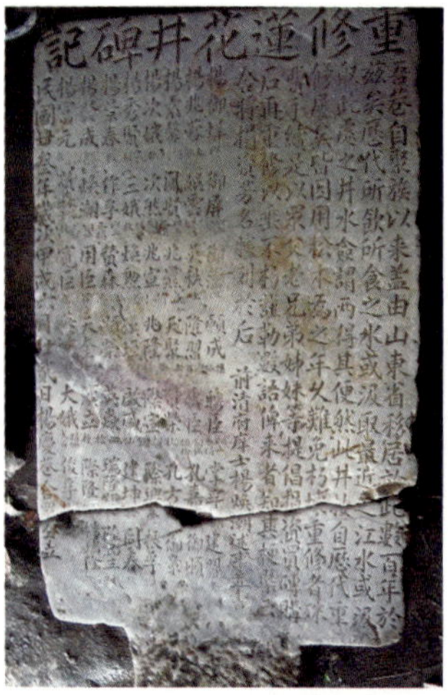

2012 年被发现的扬美莲花古井碑记　　江南区志办　提供

鼎建砌路碑记

从来平治道于□□□也，余庆坊之路后达黄庆祥□□，前临市道，虽云苍路，不啻通衢，但因左近塘基，每当□□者若之，是坊间众相议修砌，询谋□□，于是踊跃捐助□□储石修砌，完固俨若平康，从此出入无患，泥泞往来咸积□荡。如此善举，不可无传，捐助芳名，宜垂不朽，既观厥成，镌□志美，予嘉是坊人立见善，即为无愧余庆

2012 年被发现的重修北隅大路碑记　　江南区志办　提供

① 此碑今存，但已断成两截。由一杨姓村民藏于家中。

之名也。因欣喜而乐为序。

教谕梁敬祖撰 逢吉堂择吉 同治八年九月二十八日立

鼎建梯云水埠兼两旁大路记[①]

兼护南宁道尹、邕宁县知事邓沁撰，贵州省温水县知事、里人杜琨选丹书。

扬美之有水埠，由来古矣。前瞰江滨，后比村落，行者汲者，熙熙攘攘，各乡通津也，第崖石错出，鸟道蜿蜒，仄而险，隘而峻，秋冬水涸，高不啻数十丈，循岸而上，层累若升梯然，故名梯级。会阴雨淤泞，坎坷弥甚，行者喘，汲者仆，咸以为叹，乡人父老迁谋于众曰：“蜀道之难如此，迄今不修其若之何？”于是商贾往来，与乡之士民，各酬货多寡有差，召陶人为砖，砖凡若干；召石人为级，级凡若干；召埏埴者司厥役，庸值若干。画地而筑，分工而廪，凹者以补，险者以夷，仄者以正，隘者以广，工既藏复，以其余力就梯级两旁，辟大路二。经始于乙卯之冬，落成于丙辰之春，厥修可百丈，广可二轨，坚若砺矢，矫若长蛇，至是憧憧往来者，靡不咨嗟，叹慕有掉臂游行之乐也，亦越数月，诸父老群趋官廨，问名问记于余。余维郅治，始于道路，古人有言之者矣。成周之世，匠人营国中之道，经途九轨，环途七轨，野途五轨，必不使之湫隘也。野庐达国道于四畿，必不使之阂隔也，以时平易必不使之洼骑也。雨毕必除，必不使之潦于也。先王体国经野，其重之也。如此秦汉而降，路政弗修，三市之衢，五都之市，垤穴驱骑，泞涂渗濡，瓦砾没胫，淳潦妨毂，盖比比也，而况僻鄙遐壤，如扬美乡梯级者耶！今诸父老绍彼旧绩，宏厥新规，华荆棘为康庄，进草昧于文明，殆知治道也，已扩是心，而充之国，不足治也。爰美其意而颜之曰“梯云”，并缀数言，俾勒诸珉。是役也。梁运德、黄启泰、梁寿名、黄芳达、梁春回、杜月秀、孙绍儒、杜从春、梁广岩、杜恒记、梁觳廷、邓文波、杜煦春、杨焕潮、杜永隆、黄逢时、梁吉成、黄炳奎、梁均长、倡其始、孙继荣、

梯云水埠碑记（2012 年） 陈忠 摄

① 原碑已毁，今存 1938 年腊月十六日重刻的碑石，立于梯云码头。

杜全浩、杨赐泰、杜巨宁、范建造、梁祖安、黄泽云、梁燕连、黄逢盛、梁仪祖、黄孔厚、梁肇兴、杜志仁、黄逢合、杜祐光、黄利就、杜广兴、梁应祥、孙汝桓等董其事，例得并书。

道光三年重塑福德公碑记

尝闻：莫为之前，虽美而不彰；莫为之后，虽盛而不传。吾巷西□立福祠，代几更、庙几改，神像亦屡加修饬。前人之盛，彰彰矣。于兹无继，不几负我前人乎！岁在壬午季，老少咸集，佥曰："神像衣袍改色，胡勿复为重新欤？"□是，老幼踊跃捐资，爰请匠人重塑金身，鼎建神□□粉水□服色橘皇，望之，俨然神灵显赫，将见人容。安乐物□滋丰昆，福德公之所庇也，何欤休哉！后迪视兮，亦犹今之视昔；后之览者，亦将继美于前人。

文武塔碑记

塘关之麓有塔屹焉，上应星宿，下维地轴，前案后椅，龙蟠虎踞，郁郁钟灵，葱葱毓秀，阖乡人士择其地而建塔于此，集资备材，涂乃塈茨，涂乃丹荻，垣墉岌峨，楹桷环钩，固足以镇两乡之元长，占一方之秀气。塔内祀以文武二帝，崇奉奎星真侯于其上，地杰人灵，理固然欤，若夫俯览众山，轩轩霞举，仰瞻回汉，戛戛云横，其气象之雄伟也。朝挹清晖，夕映晴岚，稻蕖吐秀，含茨报季，其景物之清幽也，老幼挈提，樵牧歌唱，吁喁互答，其众庶之行乐也。青紫掇拾，题雁相联，丹桂高攀，鸣珂接踵，其人格之超群也。

◉ 志乘　著述

崇祯十年游南宁日记（节选一）①

徐霞客

九月……二十四日，鸡三鸣即放舟。西南十五里过石埠墟，有石嘴突江右，有小溪注江左，江至是渐与山遇，遂折而南行。八里，过岔九。岸下有石磺砥水际，其色并质与土无辨。盖土底石骨，为江流洗濯而出者。于是复西向行。五里，向西北。十里，更

① 选自《徐霞客游记》"粤西游日记三·丁丑（崇祯十年）·九月"。

向北。又十里转而西。又五里为右江口。右江自北，左江自西至此交会。自岔九来，两岸土山逶迤，俱不甚高。由右江口北望，其内俱高涯平陇，无崇山之间；而左江南岸，则众峰之内，突兀一圆阜，颇与众山异矣。又西一里，江亦转北。又南二里，是为大果湾。前临左江，后倚右江，乃两江中夹脊尽处也。其北有小峰三，石圆亘如骈覆钟，山至是始露石形。其东有村曰宋村，聚落颇盛，而无市肆，余夙考有合江镇，以为江夹中大市，至是觅之乌有也。徵之土人，亦无知其名者。是日行五十里，泊于湾下。

二十五日，鸡再鸣，发舟。西向行，曲折转西南十五里，复见有突涯之石，已而舟转南向，遂转而东。二里，上长滩，有突崖飞石，娉立江北岸。崖前沙亘中流，江分左、右环之，舟俱可溯流上。又三里，为杨美，亦名大湾，盖江流之曲，南自杨美，北至宋村，为两大转云。自杨美西向行十五里，为鱼英滩。滩东南有山如玦，中起一圆阜，西向迎江，有沙中流对之。其地甚奇。询之舟人云："昔有营葬于上者，俗名太子地。乡人恶而凿其两旁，其脉遂伤。"今山巅松石犹存，凿痕如新也。上滩又五里而暮，泊于金竹洲之上流野岸也。

二十六日，鸡初鸣，发舟。十里，西南过萧村，天色犹熹微也。至是已入新宁境，至是石山复出（若屏列，若角挺），两岸濒江之石，亦时时竞异。

自南宁来至石埠墟，岸始有山，江始有石；过右江口，岸山始露石；至杨美，江石始露奇；过萧村人新宁境，江左始有纯石之山；过新庄抵新宁北郭，江右始有对峙之岫有岩洞之山。于是舟行石峰中，或曲而左，或曲而右，旋背一崖，复潆一嶂，既环乎此，转鹜乎彼，虽不成连云之峡，而如梭之度纬，如蝶之穿丛，应接不暇，无过乎此。

崇祯十年游南宁日记（节选二）[①]

徐霞客

十二月……初八日，晨起，雨不止。饭而缚舆，久之雨反甚，遂持伞登舆。东南五里，雨止，换夫于麟村，缚舆就乃行。东南三里，路分二岐，转从东南者行，渐复逾土山。三里，越山而东，则右江自北折而来，至此转东南向去，行随之。又二里而至大滩，有数家之聚在江西岸，始降栏宅土，有平居矣。即旧之大滩驿也，万历初已移于宋村。江中有石横截下流，滩声轰轰，闻二三里，大滩之名以此。右江至此始闻声也。换夫缚舆，遂从村东东南逾岭，三里，逾岭南，则左江自杨美下流东北曲而下，至此折而

① 选自《徐霞客游记》"粤西游日记三·丁丑（崇祯十年）·十二月·上"。

东南去。遂从江北岸随流东行，二里，复入山脊，雨复纷纷。上下冈陀间又二里，换夫于平凤村。

又东行二里半，至宋村，即来时左、右二江夹而合处，其南面临江，即所谓大果湾也。其村在两江夹中，实即古之合江镇，而土人莫知其名矣。万历初移大滩驿于此，然无邮亭、驿铺，第民间供马而已。故余前过此，求大滩驿而不知何在，至是始知之也。候饭，候夫，久之乃行，雨不止。其地南即大果湾，渡左江为杨美通太平府道，正东一里即左、右二江交会之嘴。今路从东北行一里余，渡右江，南望二江之会在半里外，亦犹前日从舟过其口而内望其地也。

钱粮大渡告示[①]

特调宣化县正堂、加四级记录胡，为给示事：据上南六图杨美圩冬头等禀称：伊等额设渡船一只，装载钱粮、仓米、谷石，来城上纳。□□湾泊白衣庵马（码）头，以便挑运。里役刘奇等可质。缘因近来客船稠密拥挤，致令渡船湾泊半河，不但不能近岸挑以副此项完纳，抑且湾泊虚浮，难保无虞。禀恳赏示晓谕，俾得逢艰，伊等渡船就岸，以便挑运完纳等情，到县。据此，除批示外，合行出示晓谕，城外白衣庵码头船户人家等知悉，嗣后杨美乡冬头梁启彰渡船，装载粮钱、仓米、谷石来城完纳者，尔等湾泊船只，即刻移往别处，听其湾泊就岸，挑米谷赴仓运纳。事关国课、毋得阻抗。如敢故违，许即指名赴禀，以凭拿究；该冬头等，亦不得借端滋事、致干并究，不贷。

南陵被寇[②]

苏宗经

南陵[③] 城内居民苦，寇数往来不遭掳。如何辛亥八月初，四面炮飞似落雨。降人计取寇人头（贼魁颜品瑶伙数千，住离城六十里之扬美墟。时德总兵与张嘉祥自太平府回，合兵壮五六百，住州城。嘉祥使人私招品瑶投诚，伪与和好，勾其党李□，骗品瑶夜过河，出其不意，杀于舟中。携头回城时，八月初三日也），寇妻冠弟来报仇。城门

① 周培懋、莫炳奎总纂：《（民国）邕宁县志》，民国邕宁县政府，1937 年铅印本。

② 张灿奎等纂：《（光绪）新宁州志》（刻本），清光绪五年（1879）。

③ 南陵，即南宁；诗中的辛亥纪年，乃指清咸丰元年（1851）。

坚闭登陴守，寇虽屡毙攻不休。寇逼近城三里住（贼住长沙村），兵来将万无惊惧（邹太守峄杰与惠总兵庆带兵壮七八千，不与贼战）。兵入城中共息戈，虎狼徐徐摇尾去（官兵十四日入城，贼十六日退，兵不出追）。可怜兵壮多难容，貔貅骡马污黉宫。数日官兵方尾贼（廿一日始出追），居民薪米园蔬空。遭殃最惨西门市，畏寇占居[①]尽焚毁。可知劫数不能逃，祸不外来由自起。

查戡龙州铁路事宜禀（节选）[②]

康际清

敬禀者：

光绪二十一年十月二十七日，奉抚宪札开：光绪二十一年十月十九日承准总理衙门电开：法使催办龙州铁路甚急，本署与定中国自办希即饬查龙州至同登，百五十里内河山桥道及官地民地各若干，应造桥设栈各几处，即绘图贴说，限一个月寄署，以便请旨拨订办等，因到本部院承准。此自应派大员前往查勘，以期周妥。查该守堪以派委，除札行布按两司暨洋务总局知照外，合就札饬札到该守，即便遵照即行驰赴龙州，会同太平思顺蔡道，就近会商。苏军门酌派员弁，将龙州至同登计一百五十里内，官民地若干，有山几座、约高若干，有河几道、约宽几丈、夏冬涨落几丈，中途有无分通州县歧路，应否造设停栈，迅即逐细查勘，明确绘图贴说，驰覆以便转覆。此事关系重大，限期极迫，务宜从速办理，惟不得稍事草率疏漏，致误将来。要工切速切速等因。奉此，卑府时在南宁厘卡，窃以事关紧要，未敢稍延，立即商请水师左军统领，派拨扒船乘之上驶，以期迅速。即于二十八日由邕开行，十一月初一日遇太平思顺蔡道于杨美墟河面，过舟请谒。面称因公晋省，日行事件已委龙州同知吴丞征鳌代柝代行。此事嘱与吴丞会查商办。随于初十日午刻驰抵龙州，会晤吴丞。据称曾奉蔡道途中函谕，饬由龙州彬桥海村一路查看赴关……卑府等自十一日起至二十日止阅一旬，履勘丈量，测绘甫毕，于二十一日回至龙州，将每日所绘之草图细加考察，使无讹漏，然后开方计里，合绘总图，分晰贴说，列为三纸，除将图说径呈抚宪外，所有奉委查明龙州至南关拟开铁

① “占居”，原文如此，应为“占据”。编者注。

② 陈忠倚辑印：《皇朝经世文三编》（石印本），上海书局，清光绪二十八年（1902）。“查戡”，原文如此，应为“查勘”。编者注。

路勘丈完毕，绘具图说缘由理合，禀请大人俯赐察核，批示饬遵。

广西（棉业）[1]

广西产棉区域，左江一带以南宁府属新宁州及宣化、隆安等县为最，岁收净花约十二三万斤，花亦最良。其次则推太平府属龙、左两州及崇善县，岁收净花约十余万斤。他如昆连左江之百色厅亦出净花七八万斤。棉种一名洋花、一名土花。洋花种不宜伐，条干甚伟，色白絮短，可收获两次。土花种宜岁伐，树形矮小、色赤絮长，只收获一次。均不须肥料，播种甚易。

宣化县之扬美圩，以种洋花著名。新宁州之大塘圩，以种土花著名。销场供近圩村市购取。

其右江一带各属地皆零星散种，收数或数千斤、数百觔不等，不敷本地之用。近年桂省农林试验场拟订奖励种棉章程十条，经桂抚核准照办并饬广为传布，以资提倡，将来棉业可渐期发达也。

盗乱[2]

民国……十一年……五月三日（即旧历四月初七日），有危炳然（武鸣人）、李英（钦宁人）两匪首，假自治军名义，率众千余来驻城外，逼缴枪枝并索饷银一万元。曾知事知难理谕，一面佯为答应，一面督率民兵关城抵御。城内男女均持枪械、利器，到城脚守望。曾知事则时时巡查，并煮茶、粥分食。至夜，缒入出城，函集罗阳及一、二、三图民团，出队夹击。越日，将近天亮时，该匪屡用计求开城，曾知事不理。已后，河龙顶城西半里、岜茂山城南二里、岜羊山城西二里等处，满树民团旗帜。该匪知势不佳，狼狈逃往下楞。旋到邕属扬美圩，烧去民房百余间，杀死良民数十人，拉去妇女数十口，所有货物亦掳净尽。退至下楞，又函曾知事，索银十万元，否则复来烧平云云。以是人心颇为惊慌，不如前时团结。但曾知事绝不介意，度度设防，该匪始不敢来。未几，该数匪首均被当道擒杀，余党逃散。

---

① 清农工商部编印：《棉业图说》（排印本），宣统二年（1910）。

② 曾瓶山、陆煞尘、杨北岑等纂修：《（民国）同正县志》（排印本），1933年。

◉ 文选

纪广西南宁革命事 [①]

梁烈亚

广西位居湘水珠江上游，居民多系随明末桂王、永明王，中原人仕瞿式耜、张同敞等忠臣义士之后裔，故民族思想特殊发达，而尤以反清复明之洪门天地会（入会曰拜台，又曰入闱）遍设于各州县。民性耐劳强勇，不畏艰险，所以广西一省，为革命首领理想中实行革命之策源地，昔日洪、杨、石等起义金田，遂能攻克长岳，顺流东下，建都金陵，号召天下。

南宁一地，东连越粤，西连云贵，明末欲以建都，曾有“小南京”之称，总理亦拟为革命军之根据地，致泽如同志书云：“现在全力进取南宁府城，以南宁为广西之中心点，得南宁，则北取桂林以出湖南，东取梧州以出广东，革命之基础可固。”又曰：“南宁可得，则两广指日可定。有两广以为根本，治军北上，长江南北及黄河南北诸同志，必齐起响应，成恢复之大功，立文明之政体，在此一举。”再曰：“南宁破后，弟即予该地建立军政府，使各道革命军，有所统系。”等语。

清季光绪，辛丑、壬寅、癸卯之间，南宁及郁、柳、思、贵、庆诸州府县，遭遇空前旱灾，清吏不恤民众疾苦，仍严征捐税，饥民愤恨，纷起抵抗。有王和顺者，字寿山，乃洪门英杰，称王二哥，曾随黑旗军刘永福征战多年，著勇敢之名于世，乘此机会，约同闱兄弟陆亚发、唐隶、李拔、梁亚株（珠），刘凤岗等在南宁等地分头起义，当即占领南宁、柳州、思恩、浔州等州府县，以明朝明字，为日月天中之义，曰“天中军”，由陆亚发自柳州取桂林，王和顺亲取梧州，声势浩大。

清廷恐再酿成洪、杨之局，集合两湖、两淮、云贵各省清军作大规模之围击，王、陆等分兵应战，相持年余，众寡难敌，陆氏阵亡，唐、李亦先后成仁。清吏岑春煊，悬赏十万购王氏首级。王氏不甘退缩，仍持孤军奋斗，擒斩清军将官吴胜贵，以报陆氏之仇，始潜避城外七十二里之杨美村笔者之家，同先父共图再起之策。

先父称王氏为“老二”，王氏称先父为“四哥”，先父令笔者称王氏为“兰叔”。忆王氏与先父为同门之弟兄而已，不悉王氏系悬赏十万之反清复明革命领袖也。寄居不

① 辛亥革命同志会编：《辛亥革命文献展览会纪念册》，1947年印行。

久，即得钦州“贵台黄良玉”、“大寺黄明堂”事急之信，乃乘月夜至同兴，由粤边转香港往安南，始得拜识总理，加入同盟会。曾与黄克强同志同居西贡甘必大街先总理寓所。南宁革命运动，仍令王氏负责，积极进行。

王氏更易姓名，再回粤桂边境，组织民军，以袭取南宁为目的地，所有信件多寄南宁中府街法教土所设之法中文学院，转交莫计甫同志，再分交当地各会友。迨丁未四年，钦州三那民众抗拒苛捐，民军即与之联合举义。总理以机不可失，令黄克强、胡毅生同志至钦州郭人漳，廉州赵伯先、洪承点军中，先事准备。当时，清军本与王氏有约，做内应，事为陆亚东(即陆荣廷，癸卯反水投清)(注：又作陆亚宋)所悉，调重兵入城警备。王氏以南宁有备，乃先攻占防城，率内应军刘辉廷、唐浦珠、李辉堂等部，会合三那民众部队，直达钦州城外，但郭军未应。廉州赵军亦以钦州未有动作，故不敢有所举动。是时王氏奉命为中华民国军南军都督，统率桂粤边区民军，以不欲攻坚必馁士气，乃舍钦州改趋灵山，欲入桂省之南乡取贵县，途中受清军水陆两路袭击，弹药缺乏，仍回三那，留梁建蔡部退驻十万山，南宁民军亦由大寺贵台等处退潜乡间，作重整之计。

总理以进取南宁之目的未达，乃令黄明堂、杨万夫、关仁甫等至桂越边界，联络土司(多系宋代狄青所部后裔)及各乡洪会人士，密谋占领龙州，直下南宁。是以拟先取镇南关，更令王和顺袭取水口关，以为犄角，再由黄克强同志率十万山精锐参加。旋于丁未十月二十，总理亲身其地，统率各军攻占镇南炮台，惜为日未久。但对于攻取南宁作为革命根据地之计划，仍继续进行，仍令黄克强、洪承点等同志统率钦、廉党军及安南华侨、越中志士汇取南宁，以示革命军具有屡败屡起之志。

至于南宁革命机关，则设立于仓西门外码头街恒益经纪行内(店主系笔者先君植堂公、绰号相貌四，及杜恒春等)，主持其事者为雷在汉、杜少臣、杜少庭、莫计甫、梁衡舫辈，而施正甫负由穗至邕联络与传达之任务。每有重要事，频在邕江水筏或游舫中讨论。同时更设立阅报社于府城隍庙以事宣传。雷沛鸿，时雷学在粤办理一切事机。胡敬廷(江苏镇江)、何久安亦时常驻邕策动。及武汉起义，党人即欲在左，右两江起事，以促南宁清军及讲武堂之学生反正，又为陆荣廷所阻。后陆以广东清吏张鸣岐、龙济光、李准等竟信上海谣传(京陷帝崩)之电报，仓皇出走。陆自知孤立，始伪与党人合作，被推为广西副都督。

然陆是一反革命者，且于南宁宣布独立时，杜少廷，胡敬廷等往见，陆不起正门，杜等愤而打开麒麟门而进，陆因此对于党人更为衔恨。可是陆氏居心险诈，设征集所于南门外讲武堂，扬言诚心征集各方革命军人才，以参省政，并委任同志任经为所长，以示忠诚。

当时适遇汉阳失守，都督王芝祥率广西革命军入湘援鄂，陆因缘得代理都督。雷在汉、杜少廷、杜右臣、杜受臣、梁衡舫，黄石琴、周毅夫及笔者等认陆氏将来必为民国之害（事后刘古香、任经、廖祖受、周毅夫，何久安、胡毅廷、宋新洲等同志及辛亥武汉起义革布勉、蒋翊武皆被其杀害），遂约同赴粤，公请王和顺（时王为惠军统制驻粤垣）与杨万夫回桂，代王铁珊为都督，以去陆氏。惜王不愿离粤，且主张北伐，直捣黄龙，更表示反对南北和议，挽雷在汉、雷沛鸿、周毅夫、杜右臣、黄石琴同笔者赴南京，坚请先总理主持北伐。及抵南京，得悉同志中之动摇派，竟有固请总理非将总统让与袁氏不可者，且已经议定，无有复商余地。

时至今日，回记过去种种，已成为三十六年前之故事。再念前情，倘先总理不顾一切，坚持主张，决意北伐，党人又不惑于非袁氏莫属之邪说，决必无日后二次革命讨袁之举。王和顺亦如能回桂，而二次革命便可以以广西为讨袁基地，联合云、贵、粤、闽、赣、湘诸军以击袁，袁必失败也。然我党人每于既得机会，反以机会与敌人，所以革命经历，迄今而仍未尽追。忆前情能警惕，尚望我党人，同竭智慧，以完成总理革命之主张。

创建魁星楼记

世界之奉神明者有二端，有奉其体魄者，有奉其精神者。野蛮之国奉其体魄，文明之国奉其精神。何也？野蛮国所奉神明者，塑其遗像，日夜焚香以祝曰：“庇荫我，保佑我，使我家产富有，寿考日宁。”文明国之奉神明则不然，所奉乎神明者，怀其德，畏其威，虽塑其遗像，不过立其仪容为后世之目的，使后之人观此仪容则曰：“此神而明之人，吾当效之、崇之、拜之。”故文明国奉其精神，野蛮国奉其体魄，信而有征也。我武篆文明日启，民智日开，区区之地，可雄视兰州者也。忆光绪初年，文明起点之时也，有培植文风之君子五：黄公华斋、陈公让堂、杜公松亭、莫公秋江（吾舅氏也）、吾父与有责焉。吾父与四公者，出建文昌宫，以为助文风之器具，斯时也，真文明过渡时代也。迨及光绪十八九年间，文运聿新，人才蔚起，有识之士，相聚而言曰：“武篆号文明之邦，虽有人才，犹无储才之地，宜广开学舍，使颖悟之子弟，得冬夏教以诗书，春秋教以礼乐。”于是乎文明大启，朝廷称髦士之峨峨，民智宏开，草野庆文人之济济，我篆地正值文明之中心点，时陈君墨澜、杜君瑶圃、黄君冠卿、黄君翰臣、吾堂兄士毅与焉，之数君者，合力以构群材，筹画经营，造广厦十间，不日而成之矣，於戏！神哉！盛哉！自斯而后，文明之发达达于极点者也，家传户诵，妇孺尽知书，农商皆识字，有明地理之形势者告余曰：“子知地理之形势乎？”余应之曰：“余具培育文风之心识，而不明地理之形势。”于是，明地理者责余曰：“子之心可嘉，吾愿明以告子，子曷不观地理之形势，形胜者王，势胜者霸。”余曰：“君之言诚然，余之尝游五大洲，文明发达者，皆由形胜热胜之地理使然也，吾生长斯土，地势偏小，吾将何以培植其形势乎？欲积九仞之山，恐功亏一篑之，深谋远虑，日夜以思，恍惚之中，得一奇计焉！曷不建一楼之易为功也。”日者，吾将此计以告吾师墨澜、吾表黄翰臣、吾友黄书囊，三君始闻之，皆默而不言，终闻之，皆抚掌而笑曰：“子之计诚善也，惟恐之无其心耳！”余坦然应之曰：“余之心素具久矣，与生俱来，余之心诸君岂不我知？何而出此言也？”三君同声曰：“子之心真善耶。”余曰：“人生在世，岂不欲积成名？余之心成定矣，余之言，敢欺诸君乎？”于是，三君踌躇良久，闭目深思，而曰：“吾四人见识太少，须要广集地方人士，共同创举，方冀成功。然而子之心，欲建斯楼，将何以名之？”余于焉而对曰：“余早有筹划，定名为魁星楼，是夫魁星乃玄武之神也，有助于文墨之兴旺吉也。夫楼上祀魁星，中祀创字之始祖仓颉，乡贤诸人祀于下楼也。余初步规划以引为基础，而他山之石可以攻玉。”事一传出，地方贤达父老热忱囊助，献策献计，士农工商各界，慷慨解囊捐助，不数月即捐获白银七千元之巨款，乃于光绪三十一年三月兴土建筑，至三十三年四月落成。楼之上层塑魁星神像，中层设仓颉雕像，下层设广西乡贤陈文恭公弘谋牌位，及吾邑乡贤潘乙震、覃文表两公牌位，为常年奉祀之所。之楼乎建成之日，人心欢畅，莫胜于此，余满怀积善之心，培植形势之意，以偿夙愿矣，斯楼卓立武篆中心，形势巍峨壮丽，从斯文风高举，地灵人杰，世代文明昌盛，追可卜也，谨为之记，以志不朽耳。

总首事州附生广西大学堂学生梁士谔[1] 撰书

三十三年岁在疆圉协洽四月吉日立碑

---

① 梁士谔，清代广西东兰州武篆哨中和街人，祖籍宣化县扬美镇。清末为东兰州儒学附生。民国时期历任广西凌云县知事、四川荣全县知事、四川天全县知事、川边镇守处参谋长。此文虽是为武篆魁星楼所撰，然则以梁士谔祖籍而言，亦可谓之扬美人作品，故收于此。又：据说梁士谔素喜扬美魁星楼，因而在武篆亦提议仿造之，以示心怀故乡、不忘祖籍之意。另，与梁士谔等集议建造武篆魁星楼的文人中，贡生杜琨选亦为寓居武篆的扬美籍人士。

◉ 传说

石孙龙潭探宝

相传在很久很久以前，扬美有位水性超群名叫石孙的渔翁。一天，他在船上织网时，忽见龙潭中闪过一片亮光，仔细一看，原来是一尾大金鲤，石孙便放下手中的活计，跳入潭中，欲将大金鲤捉住。谁知大金鲤不等石孙游近，便已警觉地潜入潭底，钻入“龙门”。石孙紧追不舍，也入了“龙门”。

哪知一进“龙门”，忽然亮如同白昼。原来在龙殿有一平台，平台之上有一只形似金鲤的宝盒。打开一看，全是珍珠玛瑙、金银珠宝，光彩夺目。石孙大喜，便伸手去抓，谁知刚抓起宝贝，整个珠光宝气的龙殿就变成泥水浑浊的水底溶洞，什么珍珠玛瑙、金银珠宝，甚至金鲤宝盒全不见了。石孙失望地松开两手，咦，一切又回来了，还是珠光宝气的龙殿，还是金光闪闪的宝盒。

石孙试了几次都这样，无奈，只好打消捞一把油水的念头，继续往龙殿深处走去。突然，听到“叮叮当当”的声响，石孙以为龙宫在唱大戏，赶紧加快了脚步，循声而去，竟不知不觉走回到了地面。石孙举目回顾，才知刚才听到“叮叮当当”的响声，是临江街上的打铁匠打铁声。

到了晚上，石孙把洞中所见所闻告诉老婆，他的老婆听罢笑道：“命中有时终须有，命中无时不强求。幸好有临江街上的打铁匠为你敲响警钟，要不然你这么贪财，一定会困在龙潭深处，再也回不了头了。”

刘三妹扬美沉江[①]

传说在很久很久以前，新宁州（今扶绥县）新安村有个出落得非常美丽的姑娘，村里人比她大的叫她刘三妹，比她小的叫刘三姐。她家里很穷，全靠她和哥哥打柴种田为生。她聪明能干，开口成歌，附近村庄的小伙子都爱慕而追求她。她总是嫣然一笑地对人说：“我生来爱唱歌，谁能唱歌赢我，我就嫁给他。”因此，远近的男青年，跋山涉水前来找她对歌，可是谁也唱不赢她。

---

① 扶绥县志编纂委员会编：《扶绥县志》，广西人民出版社，1989 年。标题为编者所加。

三妹平时总是歌不离口。她唱的歌大都是叫穷人喜欢，财主恼怒的。如：今时世道实在难，一斗借来几斗还；财主酒肉三餐醉，穷人饥饿又受寒。

刘三妹的歌，往往刺中了财主的痛处，于是财主佬便诬蔑刘三妹是个伤风败俗的"妖女"。她哥哥是个胆小怕事的老实人，不辨是非，也责怪起三妹来，甚至难为三妹。有一回，哥哥要她一天插完一大块田的秧，以为这么一来，三妹就没有空闲时间唱歌了。但刘三妹对此并不在乎，她插一蔸秧唱一句歌，歌声婉转动人，引来了许多青年同她唱歌。她边唱歌边插秧，唱一首歌，插一行秧，大家很受感动，也纷纷下田帮她插秧。不到半天工夫，那大块田就插完了。青年们请求三妹教唱歌，三妹就和他们坐在田埂上纵情地唱起歌来：刀砍不断左江水，雨打不崩大石头；只要穷人同条心，困难再大也不愁。

歌声震撼山谷，在左江沿岸飘荡着……

一个红棉吐艳、百花争妍的三月天，左江上飘来了三只船。船上有四个秀才（姓陶、李、罗、石），他们看见刘三妹在江边洗衣服，都自以为是才学渊博的先生，吟诗作对的能手，便开口唱歌试探刘三妹：什么来到万物苏？什么来到热如炉？什么来到田如金？什么来到草木枯？

刘三妹信口唱道：春天来到万物苏，夏天来到热如炉，秋天来到田如金，冬天来到草木枯。

刘三妹才唱完，又唱起歌来盘问秀才们：什么满肚是碎金？什么满肚是碎银？什么满肚是丝路？什么满肚是灰心？

四个秀才瞠目结舌。把船上的歌书都翻完了，也找不出答词来，只好拜请刘三妹解释。她唱道：谷仓满肚是碎金，米缸满肚是碎银。盐罐满肚是丝路，火盘满肚是灰心。

接着刘三妹回敬了四个秀才一首山歌：姓陶不见桃结果，姓李不见李花开；姓罗不见锣鼓响，姓石提[①] 来半路埋。

眼见三妹才思敏捷，开口成歌，歌词犀利，四个秀才只好认输，把两船的歌书全部抛下左江去，灰溜溜地跑了。从此，刘三妹的美名，传扬四海。人人都称她是"歌仙"。

"歌仙"这一美称传到城里，有个豪绅听说刘三妹生得漂亮，就差媒人带了三七二十一两黄金来求婚。这门亲事，刘三妹的哥哥答应了。可是，刘三妹就是不愿

① 提：壮语，拿的意思。

意。还手指媒人唱起来：豪绅虽有万家产，染尽穷人血和汗；黄金求婚我不爱，羊羔那同虎同床。

刘三妹唱罢，就把黄金扔到媒人怀里，只见她边逐客边唱道：山中虎狼没只好，黑耳[①]媒婆无个良；不如劝你妹子去，嫁给豪绅共福享。

刘三妹把媒人打发回去，见财眼黑的哥哥，为失去几十两黄金而叹惜。一天，他和三妹到左江畔的一座石山上打柴，他劝三妹要嫁给豪绅，耐心地对她说："嫁到豪绅家，住的是华丽楼房，吃的是山珍海味，穿的是绫纱绸缎，你何苦在家奔波劳碌？"刘三妹听了，不以为然地唱道：绫罗绸缎穿不惯，山珍海味吃不香；三妹生来爱劳碌，幸福要靠自己创。

哥哥左劝右劝，三妹仍然不依。哥哥恼火了，他计上心头，骗妹妹上山顶去砍麦王树（九层皮），这种树木质硬、好烧，人们称为"无烟柴"。善良的三妹就同哥哥爬上山顶去，她正在动刀砍柴时，没料到，跟在背后的哥哥竟然把她推下悬崖去。哥哥以为她死了便回家了。殊不知她被悬崖上的藤萝托住，像坐摇篮。三妹想起刚才那情景，十分伤心，因唱道：今朝哥妹上山林，妹走在前哥后跟；哥想杀妹天不杀，两手攀住农宁藤[②]。

她唱了三天三夜，歌声如泣如诉，远远地传开去。她哥哥知道后，又上山吓唬她，只要她答应这门亲事，就救她上来，她又唱道：三妹生来脾气犟，不嫁豪绅凶豺狼；三妹宁愿筋骨碎，不愿低头受冤枉。

哥哥听了，怒气冲冲，于是挥刀劈断藤条，三妹遂坠落江中。但她仍坐在藤簇上，随水漂流，唱着山歌；歌声从高亢到低沉，一直唱到邕宁扬美村，声音嘶哑了，才沉江而死。如今扶绥人唱的山歌音调比较高昂，而邕宁人唱的山歌音调比较低沉，这是由于刘三妹在左江一带传歌旋律高低影响的缘故。

左江沿岸的石山，为刘三妹的不幸而垂头默哀；江水为她的含冤而拍浪悲鸣。三妹死后，她依然舍不得离开家乡，死在扬美，魂在新安。至今，还可以见到，在她被哥哥推下的峭壁划痕中间，留着黑白各一条头巾；在她跌落的崖下江边，有一个圆圆的石墓。

---

① 耳：壮语，对媒人的贬称。

② 农宁藤：壮语，是一种野生藤。

此后，人们为了纪念聪明而善良的壮族女歌仙——刘三妹，每逢农历三月传统的歌坡时节都到三妹墓前去烧香祭奠。

神龙卧江

位于扬美村的金马街码头一带的左江下游约300米处，江中心有一条天然河堤，像一条巨龙横卧在江底。任凭风吹浪打，任凭潮涨潮落，千百年来，岿然不动。江水经过此处时，仿佛从神龙的身躯上翻过，形成了一个非常明显的水上台阶。晴空万里，微风拂过江面，泛起点点涟漪时，江水在阳光的映照下，似神龙露出鳞甲。枯水季节，乘船经过这里，乘客似乎看到神龙醉卧江底那若隐若现的龙身，实在令人称奇。

相传很久以前，适逢四月初八，众神仙纷纷来到人间游玩。东海龙王的三太子怀着几分雅兴，腾云驾雾来到了扬美。但闻鼓乐声声，鞭炮阵阵，舞狮舞龙，前呼后应，一派热火朝天的景象，吸引了三太子的目光。当看到老百姓簇拥着各个神像周游全村，而祭拜的众多神仙中竟然没有龙王爷，三太子不由得怒从心头起，恶向胆边生，于是摇动那呼风唤雨的龙尾，刮起了一阵强烈的龙卷风。顿时，乌云密布，黄沙飞舞，大雨夹着冰雹从天而降，江面上波涛汹涌，天地均陷入昏暗中。不明就里的老百姓无不心惊胆战，丢下各种仪仗或活计，纷纷逃进屋中躲避。

三太子的大肆行凶，惊动了镇守左江的河神。他急忙出水迎驾，好言相劝，并用好酒好菜盛情款待这位肆意妄为的三太子。三太子喝了扬美人酿造的美酒之后，便飘飘然进入了梦乡。谁料，此一醉便是千年，直到今日也未能醒来，只是偶尔在水中露出神龙见首不见尾的醉态。

扬美人为平息三太子的怒气，更希望三太子永远沉醉在梦中，不再醒来兴风作浪，便在每年三月三，用竹、纸扎好一条龙船，众人抬着龙船周游扬美古镇所有的街道。家家户户都用香纸、桃叶、艾根扎成敲把，待龙船游到自家门前时，便用事先准备好的敲把敲打船帮三下，以示敬意，然后将龙船与艾把一起烧掉。希望三太子不再闹事。同时，也以此来祭祀河神，感谢他施展妙计，灌醉恶龙，保一方平安。

扬美村石狗

在扬美村的村头、房前，有不少形态各异、用石头雕成的狗，多为蹲式，伫立在村民家门前仰首前视，显得机警威武。对于石狗从何时起替村民“看门”，有说是从明代开始，有说是从清代开始。关于门前石狗的来历，有这么一个古老的传说：

明代末期，有个叫黄有才的人，为躲避战乱来到南宁府附近的山里垦荒造田。山林里常常有野兽出没，而且不时还会有盗匪进山偷抢。为安全起见，黄有才养了一只叫“大黄”的狗，白天黄有才带它一起上山开垦，晚上则让它守护家门。“大黄”深通人性，忠于职守，每当发现野兽或盗贼出没，便“汪汪”吠叫，唤起主人的注意，有时还会奋力协助主人捕猎或驱赶盗匪，深得主人喜爱和信赖。

一次，盗匪又上山抢劫，黄有才不幸被盗匪抓住，财物也被抢走了。就在这时，“大黄”纵身扑向盗匪，盗匪最终被“大黄”咬得头破血流，就拿刀狠狠地砍向“大黄”，趁“大黄”受伤倒下，才仓皇逃窜。黄有才得救了，可“大黄”却因负伤过重，血尽身亡。

黄有才伤心不已，特意请来石匠雕刻与“大黄”一模一样的石狗置放在家门前。据说野兽和盗匪看到石狗就会望风而逃，黄有才家于是得以常年平静安宁。于是，村民纷纷仿效，雕刻形态各异的石狗摆放于自己的房前，祈求驱邪镇煞的神狗保佑一家老小的平安。又因为石狗比石狮容易雕琢，在南宁白话中，“狗”与“久”同音，寄托房主希望家宅兴旺、长盛不衰的心愿，这种民俗就一代一代地沿袭下来。

扬美河水飘香的秘密

在振兴街一带，流传着扬美河段水下有檀香木的说法，一些人甚至把扬美古镇的富裕气象以及扬美人的聪慧、好运，与此地良好的水质联系在一起。

相传在很久很久以前，有一位木材老板从越南运回一船檀香木材，准备运到广东去盖庙堂。当运木的船经过扬美的大湾码头附近时，忽然狂风大作，飞沙走石，江面上更是风大雨大，浪涛汹涌。木材老板和水手们手忙脚乱，不及抢救，船很快就被大浪掀翻，整船的檀香木全部沉入江底。风平浪静后，木材老板雇了许多工人前来打捞，说来也怪，居然一根木材也找不着了。

从此，扬美的水便带有一股淡淡的檀香味。喝过扬美水的人变得更加头脑机灵、聪明伶俐，扬美各条大街的商铺，生意也越来越好做。有人说，是扬美的财气把檀香的灵气吸引了，这两股“气”合在一起之后，扬美就更加兴旺发达了。当地人还透露，这水里的檀香味，是若有若无的；只有用心品味的人，才能识得其中的奥妙，闻到提神醒脑的檀香。

◉ 杂记

“走遍中国 · 南宁”之扬美古镇（节选）[①]

走进扬美，展现在世人面前的是历史在这里留下的深深印迹。

古镇扬美是沿江而建的，它原先曾建有大小 5 道闸门，现在留下的，只是眼前的这个临江古闸了。建于宋代的扬美古镇，在水路尚未发达的岁月里，独占了水路的优势，在当时就有着“小南宁”的美誉。

更有意思的是，这里还是壮族及其他少数民族包围中的唯一的一个汉族古村落。

背靠左江的扬美古镇，恬静安详。登高望远，在历史与未来之间，会让人产生无穷的遐想。

掀开古镇的历史，仅从古埠古码头就可以窥见全豹。从宋代开始，扬美人就依靠门前的左江水逐步发展起来。古镇的祖先从广东和山东迁移到南宁，到了扬美这个地方，他们感到这里风景优美、土地肥沃，再加上扬美靠近东南亚，便于对外交流，因此在这里就形成了一个商贸集散地。古埠古码头不仅对扬美的经济发挥了重大的作用，更对当时的商品流通做了很大的贡献。

建于道光十四年（1834）的临江街，也被称为清代一条街，这里因完好地保持了清代古建筑的风格而得名。扬美古镇商业发展最繁荣的时期是明清时期，那时，所有的贸易货物都要经过这条街进入古镇，然后再由古镇发放到四面八方。在当时，街上居住的人大都经商，现在的黄氏庄园还可以寻觅到二百多年前的景象。庄园的主人黄厚龙迁居扬美，后经商发迹，修建了整座庄园。黄家在当年算得上是扬美比较富足的大户，黄氏庄园前面是住宅区，后面是作坊区。手工业在当时极为兴盛，但随着时代的发展，机械化生产代替手工业，古渡时代被遗弃在历史的角落里。

慕义门的门主孙氏，是随狄青南下平蛮时在此定居的，后来从商，发达富裕之后修建了这个大院。慕义门名字的由来，也是告诫后人无论做什么事都要仰慕道义。如今慕义门留给人们的是残缺的脊顶，斑驳的砖墙，残落的花梁，这些残败的景象掩饰不住它

---

① 中央电视台海外中心专题部编，编导袁方、摄像蔡军：《走遍中国（第二辑）》，中国广播电视出版社，2004 年。标题为编者所加。

曾经有过的辉煌。

五碟堂（编者注：应为五叠堂）是当年最大的手工业工厂，这里还残存着明清时代的古韵遗风。五碟堂在清朝时期被改为茶楼，成为镇上文人墨客附庸风雅的场所。商业的繁荣带来了文化的兴盛，千百年来不知有多少文人踏进过这五进的院落。

在众多的古迹中，孔庙最能让人看出古镇人对文化知识的推崇。在这所庙里，有两幅油画（编者注：该画并非油画），表现的是孔子为弘扬其志而东奔西走的艰辛和执着，从中不难想象当年络绎不绝的朝圣者对儒学是怎样地崇尚。正是因为这样，在扬美，禀生（编者注：应为廪生）、附生、增生、太学生遍及全街各户。更让人想象不到的是，在扬美最兴盛的时期，不足百户人家的这条街道，曾拥有五名举人，仅邓氏一族就有四位。

建于清朝道光八年（1828）的举人屋，是杜家第15代杜元春的住所。当时杜元春虽体弱多病，但仍卷不离手，勤奋好学。一百多个春秋过去了，杜元春早已“尘归尘，土归土”，但扬美人对文明的向往让人深思。

古镇上的人因经商而富足，但扬美古镇不仅是繁荣的古商埠，也是人才辈出、书香门第遍乡里的文化宝地。

魁星楼建于清乾隆元年（1736），距今近300年了，在南宁市郊数百里，这座魁星楼是独一无二的。坐落在古镇扬美村希望小学内的魁星楼又叫文昌阁，自古以来就一直是教学的场所。魁星是中国古代神话中主宰文章兴衰的神，大江东去，湮没古镇扬美的繁华，魁星楼却成了扬美兴衰的一个缩影。忆当年，船舶钟声，古码头下商船云集，繁华古渡涌来多少文人墨客；忆当年，魁星楼闻名遐迩，前来朝拜的香客络绎不绝。辛亥革命前夕，广西会党首领黄兴、黄和顺、黄明堂在这里策划桂南各地推翻清朝武装斗争的秘密活动，在烟火缭绕中，魁星楼也曾闪现过革命的火光。

扬美，这个千年古镇，在走过千年烟雨浮华后，留下的是斑驳的岁月痕迹。时间使扬美变成一片陈迹，唯有古风不老。

如今，在扬美还可以聆听到千年以前的古乐曲。自明末清初，扬美古乐就随着经济的发展而发展，到了清朝乾隆至光绪年间达到了兴盛期。

400年的繁华远去了，古镇历尽沧桑，走进这片古老的土地便似走进了古色古香、韵味无穷的画卷。

邓小平、张云逸率领革命队伍途经扬美[①]

张云逸、俞作豫率领警备第四大队、警备第五大队迅速撤离南宁。

由南宁往西，邕江上溯30千米，到了杨美镇这个地方，一条巢（注：应为邕）江一下子成了两条江。

左边的江通往龙州叫左江，右边的江通往百色叫右江，左右两江流经的地带就是左右江地区。

这时张云逸率领警备第四大队和教导总队向百色方向挺进。

此时，邓小平等人带领警卫部队和地方机关干部，指挥装满武器弹药的军械船，溯右江而上，经平马向百色进发。

在警备第四大队撤离南宁的前天，邓小平就安排俞作豫带领警备第五大队借护送俞作柏、李明瑞去龙州之机进驻左江地区，并让俞作柏立即任命张云逸为右江百色清乡督办，俞作豫为左江百色清乡督办。

明清广西的圩市之杨美圩（节选）[②]

明清广西的圩市发展的水平颇不平衡，有些地方圩市商业繁盛物品丰富，城乡商品交流频繁；也有一些只是农村农产品的交换和小商品的贸易的场所。前者一般分布在桂东南和桂北，而后者多分布在桂西和桂西北。这两部分地区商业发展是不平衡的，桂北、桂东南的圩市发育得比较充分，商品来源多渠道，外省商客运进的货物充足，本省的手工业品也比较多，如陶瓷、竹、木、铁器、百货等，这样的圩市，已经提升到商品经济的初级商市的层面……南宁宣化县的杨美圩，是左江重要商品集散地，也是从南宁府水路至太平府必经之地。徐霞客由南宁乘舟溯江上往太平府，转入左江的第一站就是杨美圩。杨美圩是一个货物转运集散之地，是一个重要商埠。明代时商业十分繁荣，明以后几经洪水毁坏，今尚存明代的大青石板所砌的码头八座，这是船运货物旅客上下码头。一处圩市有八座码头，可见货客运输的繁忙。八个码头中有两座尤其宽阔，约有二十米宽，大青石板至今仍光滑齐整，这么宽阔的码头自然是为了适应繁忙的运输需要而建的。

---

① 柳泉、彦华编著：《邓小平军事生涯》，中央文献出版社，2004年。标题为编者所加。

② 吴小凤：《明清广西商品经济史研究》，民族出版社，2005年。标题为编者所加。

扬美：回归平静的千年古镇（节选）[①]

扬美始建于宋．三面环江，形如半岛，与隔江的壶天岛形成奇特的太极图。古镇以老街、碧水、金滩、奇石、怪树著称，自古以来就是繁华的经商之地，有“小南宁”之称。常言道：北有阳朔，南有扬美。“北海银滩，扬美江滩”，这两个形象的类比把扬美古镇的自然景观描述得淋漓尽致。相传古代的游人来到此地，因这里白花满地，故取名“白花村”。后来又因清溪（左江）环绕．扬渡逐流，便易名“扬溪村”。至“扬美”已三易其名。

古镇至今已有千年历史。明代著名的旅行家徐霞客曾从南宁乘船到过这里，盛赞扬美镇的沿江风光。镇上的古宅鳞次栉比，占迹星罗棋布，七柱屋、举人屋、进士第（注：原文如此。经调查，此说不确）、慕义门、禁约碑、黄氏庄园……无不造型精美，古色古香。扬美也是辛亥革命志士黄兴、梁烈亚等进行革命活动的根据地。此外，更有扬美古乐，源远流长。

古乐：扬美的古乐丰富多彩，历史悠久，常在婚礼，祭祀等民间活动中演奏，曲调简浩洗练，旷远悠扬。弹奏的乐器有扬琴、秦琴、大弦琴、胡琴、笛子、唢呐、喉管等。

“相亲窗”：当古屋里漂亮的少女相中窗外的情郎时，会把紧闭的窗慢慢拨开；如果没有相中．那紧闭的窗将永远不会打开。

明清古屋：房屋的结构有的很像北京的老四合院，住着当地镇民，以捕鱼种蕉为生。每间屋子门前都挂着两个精致的大红灯笼，门楼上都少不了镶嵌一块照妖镜。听说这里曾是古代“举人”的居住地。走进其中的一座“举人屋”，室内摆设极其简陋：一张饭桌几把椅子，一个香台，一张破旧的大床。

特色玩法：用牛车拉游客逛古镇，已经成为享受扬美独特古镇文化必不可少的一部分。古镇的导游清一色都是 40 岁左右的妇女，她们会说普通话．讲起古镇历史也有板有眼，看上去很有点专业导游的样子。

---

① 中国古镇古村游编写组主编：《中国古镇古村游》，中国旅游出版社，2012 年。

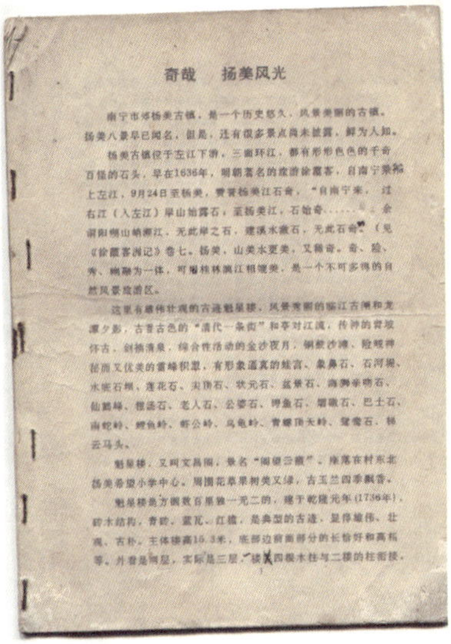

奇哉　扬美风光

南宁市郊扬美古镇，是一个历史悠久、风景秀丽的古镇。扬美八景早已闻名，但是，还有很多景点尚未披露，鲜为人知。

扬美古镇位于左江下游，三面环江，都有形形色色的千奇百怪的石头。早在1636年，明朝著名的旅游家徐霞客，自南宁乘船上左江，9月24日至扬美，赞赏扬美江石奇，“自南宁来，过右江（入左江）岸山始露石，至扬美江，石始奇……”余谓阳朔山峭濒江，无此岸之石，建溪水激石，无此石奇。（见《徐霞客游记》卷七。扬美，山美水更美，又称奇。奇、险、秀、幽融为一体，可与桂林漓江相媲美，是一个不可多得的自然风景旅游区。

这里有雄伟壮观的古迹魁星楼，风景秀丽的临江古埠和龙潭夕影，古香古色的“清代一条街”和亭对江流，传神的青坡怀古，剑插清泉，综合性活动的金沙夜月，铜鼓沙滩，险峻神秘而又优美的雷峰积翠，有形象逼真的蛙宫、象鼻石、石河[illegible]、水底石栅、莲花石、尖顶石、状元石、盔甲石、[illegible]石、仙鹤峰、[illegible]石、老人石、公婆石、鲤鱼石、[illegible]石、巴士石、南蛇岭、鲤鱼岭、虾公岭、乌龟岭、青蝶顶大岭、鸳鸯石、[illegible]云马头。

魁星楼，又叫文昌阁，雅名“阁望云霞”，座落在村东北扬美希望小学中心。周围花草果树美又绿，古玉兰四季飘香。

魁星楼是方圆数百里独一无二的，建于乾隆元年(1736年)，砖木结构，青砖、盖瓦、红檐，是典型的古迹，显得雄伟、壮观、古朴。主体楼高15.3米，底部边前面部分的长恰好和高相等，外看是两层，实际是三层，[illegible]四根木柱与二楼的柱衔接。

扬美学校老校长 1997 年所做的散文
梁上政　提供

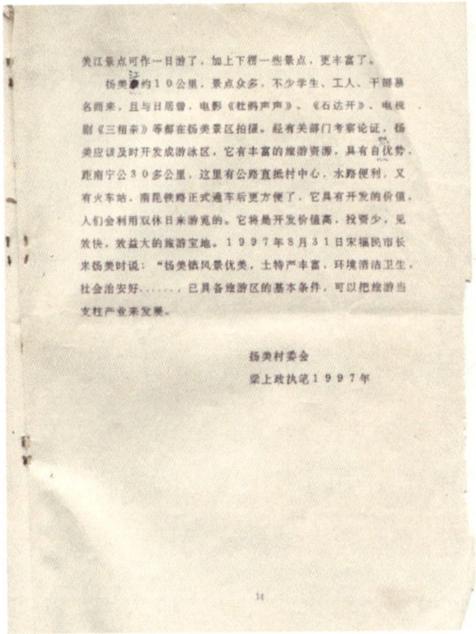

美江景点可作一日游了，加上下楞一些景点，更丰富了。

扬美[illegible]约10公里，景点众多，不少学生、工人、干部慕名而来，且与日俱增，电影《杜鹃声声》、《石达开》、电视剧《三相亲》等都在扬美景区拍摄。经有关部门考察论证，扬美应该及时开发成游泳区，它有丰富的旅游资源，具有自[illegible]优势，距南宁公30多公里，这里有公路直抵村中心，水路便利，又有火车站，南昆铁路正式通车后更方便了，它具有开发的价值，人们会利用双休日来游览的。它将是开发价值高，投资少，见效快，效益大的旅游宝地。1997年8月31日宋福民市长来扬美时说：“扬美镇风景优美，土特产丰富，环境清洁卫生，社会治安好……，已具备旅游区的基本条件，可以把旅游当支柱产业来发展。

扬美村委会
梁上政执笔1997年

14

扬美学校老校长 1997 年所做的散文
梁上政　提供

扬美古镇：饮食界的混搭风（节选）①

位于南宁市西南部的扬美古镇，自然景观极美。龙潭汐影、雷峰积翠、剑插清泉、金滩月夜、青坡怀古、阁望云霞、滩松相呼等扬美古八景．曾经吸引了无数人前来参观。明朝著名旅行家徐霞客就用“自南宁来，过右江，入左江，岸山始露石，至扬美，江石始奇……”的文字来赞誉扬美风光。

扬美古镇也是一座有千年历史的古镇。古镇沿左江而建．最开始只有刘、李、陆、罗四户人家，至宋代开始，因为水运兴起，许多山东人路过此地并定居。他们修建码头，把扬美变成一个商埠，一时间，镇子变得繁华起来。明清以来．更有豪贾巨商云集，在镇上留下大量的人文景观。

一处地方的经济昌盛，总是带动饮食文化的繁荣。从镇子上的各种饮食，可以看出扬美饮食的发展历程。物美价廉的小咸菜木瓜丁、酸萝卜、腌黄菜，都是古镇原住民在最初条件恶劣时用以佐饭之菜。后来随着人们的涌入，带来了各种美食的制作方法。梅菜、豆豉、沙糕等，大大丰富了当地的饮食文化。吃，已经不再只是聊以生存的方式，而是逐渐过渡为一种享受。

① 梦芝：《舌尖上的中国·古镇篇》，中国轻工业出版社，2014 年。

时代的发展．让古镇经历了繁荣后归于宁静，又因为空气清新、风景宜人而再次受到青睐。古镇的饮食随着经济的发展逐步从古镇走向全国。当地土特产木瓜丁、酸梅酒、阳桃酒等远销各地。特色菜梅菜扣肉、脆朦河鱼、阳桃叉烧、豉汁塘虱、红烧土鸡、蒸粉糕、扬美豆腐等，每一道菜都算得上是美味佳肴。

扬美古镇（节选）[①]

甲天下的广西桂林山水总让人感觉山水之美竟是如此让人神往。而南宁的扬美古镇便是世间的一片净土。对扬美的了解始于人们所说的"北有阳朔，南有扬美""北海银滩，扬美江滩"的赞美。

扬美古镇古迹座座，古埠繁华，并且这里也是人才辈出、书香门第遍乡里的文化宝地。

魁星楼也就是文昌阁，这种建筑在中国南方许多古村落中都很常见，它是古代风水中兴文运的标志。魁星是中国古代神话中主宰文章兴衰的神。清代乾隆六年（1741）扬美人民修建了这座魁星楼。整座楼是方形的，下大上小，外形很像帝王玉玺，规模宏大，故被人称为"帝印"。主楼三层高 15.3 米，一楼供奉着木雕的关帝圣君神像，右手执笔，左手拿书，左脚踏上鳌头，右脚抬起，显现一副"独占鳌头"的神情。这座魁星楼已历经近 300 年风雨沧桑，曾在辛亥革命前夕经历烟火的熏陶。如今扬美人民借着"文昌"之运在周围建起了一座学校，魁星楼就在其中。

通过扬美孔庙我们也能明显看到古镇人对文化知识的推崇。庙中那两幅油画是孔子弘扬德志、四处奔走的艰辛和执着的最好写照，从中也不难看到当年络绎不绝的朝圣香客对儒学的崇尚程度。

通过孔庙与魁星楼也可窥到扬美古镇文运兴衰之一斑，当年古镇码头，一批批文人墨客，朝拜香客，蜂拥而来，大有"不去魁星楼，枉至扬美"之势。扬美举人、进士、廪生、大学士辈出（注：原文如此。经查，扬美未出过进士，更未出过大学士），人们崇文尚德，在极盛时曾出现不足百户的街道就有 5 名举人，令人诧异的是，仅邓氏一族就有 4 名。近代的先贤梁植堂、梁烈亚也为后人所敬仰。

扬美周围遭环境清幽清静，步入其中人们涤去心中的浮尘，远离了繁华的喧嚣，使

① 孙维茹编著：《多少楼台烟雨中·古迹卷》，北京工业大学出版社，2013 年。

疲惫的心神得到净化。来扬美，不能不看“扬美八景”，它们是龙潭夕影、雷峰积翠、剑插清泉、亭对江流，还有江滩月夜、青坡怀古、阁望云霞、滩松相呼。它们自然、古朴、典雅、优美，处处洋溢着人文色彩。

商埠码头龙潭湾上的“龙潭夕影”亭，旁边石缝中的参天古树，100多级被磨得锃亮的石级，还有河岸上形状怪异的石头，都见证了扬美古镇千年来的烟雨浮华。古镇上空飘扬着秦琴、胡琴、扬琴所奏出的扬美古乐，清雅得似乎可以让人听出它岁月的痕迹，不禁让人们去追寻古镇文明的痕迹。即使这1000年的悠远意境，也挡不住扬美古镇这片古埠净土的辉煌。

大事纪略

◉ 宋代侬智高狄青之战与扬美村起源

宋皇祐四年（1052）四月，广源州首领侬智高在多次贡方物以求内附而被宋廷拒绝、又与交趾仇怨加深的情况下，命得力干将侬建侯、侬志忠、卢豹、黄仲卿等备兵，又以广州进士黄玮、黄师宓为谋士，定下“拔邕州，据广州，自王岭南”的作战方略。趁着邕管区域内兵防薄弱之际，侬智高在一天夜里令人暗中纵火，将营寨、存粮、财宝烧个精光，然后召集部众，宣称：平生积聚已尽毁于天火，大家都没有活路了，只能造宋朝的反，说不定还能打下一大片疆土，好过干坐着等死！见部众均已信然，侬智高便举起反宋大旗，率领五千部众，沿郁江东下，一举攻破邕管区域的西部门户横山寨（今广西百色市田东县祥周镇）。

五月初一，侬智高的反宋武装攻破邕州。侬智高志得意满，迫不及待建立南天国（又称“大南国”），自封“仁惠皇帝”，改元“启历”（又称“端懿”），大赦境内。所封文武百官，皆照搬宋朝官名、官阶。在此之前，侬智高于宋庆历八年（1048）收服左江诸峒首领，又转至右江发展势力，在右江的文村驻兵长达5年。从左江转至右江，曾经路过扬美（尽管当时扬美之地尚未建制）。北宋尚书左仆射兼门下侍郎司马光撰《涑水记闻》“卷十三·皇祐中”，前知邕州萧注追溯往事时称：“智高……乃自左江转掠诸洞，徙居右江文村，阴察官军形势，与邕州奸人相结，使为内应。在文村五年，遂袭邕州，陷之。”

宋皇祐四年（1052）五月间，侬智高部连破横州、贵州、龚州、滕州、梧州、封州、康州、端州，基本上没遇到什么像样的抵抗，侬智高踌躇满志。直到兵围广州、久攻不下，侬智高才略有挫败感。

宋仁宗急命崇仪使、知桂州陈曙，秘书监、知潭州余靖，广南西路体量安抚、提举经制盗贼（使）杨畋，提点广南东路刑狱、内殿崇班、合门祗侯李枢，广南东路都监张忠，工部侍郎、集贤院学士、知广州魏瓘，广、惠等州都大提举捉贼、西京左藏库副使武日宣，惠州巡检、左侍禁魏承宪等分别领兵讨伐侬智高。转运使王罕、番禺县令萧注、知英州苏缄也领兵来解广州之围。侬智高眼见讨不到便宜，宋朝援军越来越多，只能在七月十九日下令停止攻打广州，回师邕州。

九月二十八日，宋仁宗以枢密副使狄青为宣徽南院使、荆湖南北路宣抚使、提举广南东西路经制盗贼事。除了让狄青带领部分亲兵先行外，又应狄青的要求，于十月初四日下诏：从鄜延路（治所在今陕西延安市）、环庆路（治所在今甘肃庆阳市）、泾原路（治所在今甘肃平凉市）挑选曾经战事锻炼的蕃落军骑兵各五千人，加上隶属于禁军的广锐军骑兵五千人，由使臣带领赶赴狄青的广南行营，会合南下。

十月初八，狄青在垂拱殿向宋仁宗辞行，乃领先头部队从汴京启程。另边厢，侬智高部于十月十二日再次占领邕州城。

十一月，狄青部至湖南，荆湖南路、江南西路、广南东路、广南西路以及鄜延路、环庆路、泾原路的蕃落军骑兵，禁军的广锐军等诸道兵马，皆来会师，并遵圣旨，听从狄青一人节制。据《平蛮三将题名（序）》记载，此次征南大军人数号称“二十万”，其中当不乏原籍山东（当时属于京东路）的将官、军士。

宋皇祐五年（1053）正月，狄青率领各路大军经桂州，驻扎于宾州。初八日晨，狄青当众将陈曙、袁用等三十一位不听军令的败军之将推出军门，全部斩首。接下来的几天，狄青均按兵不动。到了中元节（正月十五日），按习俗要狂欢三天三夜。头天夜里，狄青宴请高级将佐。第二天（正月十六日）夜里，狄青则宴请中级军官，在众人赏花灯、饮春酒的狂欢气氛中，狄青悄悄率领亲兵，三鼓（一说五鼓，即五更）袭取昆仑关。十七日晨，狄青从容邀请急急忙忙赶上来的其他将领一起吃早餐。接着，狄青兵进归仁铺，布下步兵在前、骑兵隐藏在后的战阵。十八日，侬智高督兵仓促来战，队伍被忽然冲出的狄青部骑兵分为三截。侬智高部步兵不敌狄青部骑兵的空中优势，大败。侬智高急令部众退回邕州城中，闭门坚守，但已损失三千余精锐。

正月十八日晚，狄青部扎营于邕州城下。侬智高部则趁着夜色，从邕江乘舟撤离，最后还放火烧掉自家军营，趁乱可远遁。正月十九日，狄青部收复邕州城。其时，侬智高部已急急驶过三江口（即合江口），正在前往大理国特磨道（今云南省文山壮族苗族自治州）避难的途中。南宋迪功郎陈均撰《九朝编年备要》“卷十四 · 仁宗皇帝 · 癸巳皇祐五年 · 春正月”仅载：“狄青败智高于邕州……智高夜焚城，遁，由合江口入大理国。”

正月二十日，狄青将征南大军分为数路，从各要道追击侬智高主力，以及曾经追随侬智高的广南西路各地反宋武装残余势力。狄青曾沿邕江循迹追赶侬智高主力。北宋经略广西南路安抚使余靖撰《武溪集》“卷十九 · 墓志上 · 宋故狄令公墓铭并序”记载：“公讳青，字汉臣……智高焚营而遁。明日，（公）按兵入城……翊日，分兵追袭贼之余党，几歼焉。”一直追赶侬智高部的，则为狄青派遣的裨将于振部，追至田州才无功而返。《涑水记闻》“卷十三 · 皇祐五年”记载：“正月……侬智高……弃城走。明日，青入城，遣裨将于振追之，过田州不及而还。智高奔大理。”

三江口一带为大宋南疆与交趾、大理的交通要津，实为兵家必争之地，狄青乃分兵驻守。皇祐五年闰七月，宋仁宗觉得战事已平，乃大发慈悲，让戍守广南西路的军士，达到两年期限后就不用去别的地方轮戍了，可就此解甲归田。至宋皇祐六年（1054）的年末，部分喜获退役的北方军士中，有的颇爱此地风物，不愿还乡，干脆落籍广南西路，成为新移民。最先在扬美此地落户的，乃刘、罗、陆、李四姓人家。

宋熙宁八年（1075），皇城使、邕州知州苏缄为防范交趾入侵，下令在三江口一带修建多座烽火台，用于燃放烟火、通风报信，警示镇守左江一带的军队抵御外来敌匪，以及提醒附近乡村城镇居民躲避灾祸。当时设有邕州城外巡检一职，兼提举烟火排岸司等公事，兼巡捉私茶盐矾、搜捉铜钱下海出界、私铸铜器。巡检作为主管，还下辖一批巡逻江岸，驻守哨卡，搜捉制造假币、未经批准下海出界、私铸铜器、走私私茶盐矾，还兼管烽火台的士兵。其中一座烽火台的遗存，位于今扬美村金马码头上游一带的江岸高坡之上。

扬美逐渐成为随军家属、退役官兵的聚居地。由于此地当时灌木丛生，小金樱（即白花七叶树）盛开而白花飞扬，乃以“白花村”名之。时间一久，落户此地的宋代军人后代见村景秀雅，清溪环绕，扬波逐流，景色宜人，又将其改名为“扬溪村”。“扬美”之名的来历，一般说法是“取美名传扬之意”。再考之，可知当年合江镇一带驻军多有保家卫国之功，屡受朝廷褒赏（意同褒赏），美名传扬四方；后人为纪念祖宗崇德嘉功，乃将村名由“扬溪”改为“扬美”。关于“褒”字所蕴含的“扬美”之意，见于南朝陈国子博士顾野王原纂、唐上元年间处士孙强增字、北宋大中祥符年间翰林学士兼龙图阁学士陈彭年等重修《大广益会玉篇》“卷第二十八·衣部四百三十五·褒”记载：“褒，布刀切。扬美也，衣博裾也。”

最早记载扬美（杨美）这一地名的古籍，乃明嘉靖十一年（1532）刊行、广西提学副使周孟中原纂，广西提学佥事唐胄、兵部武选司郎中郑琬等续修，广西提学佥事黄佐、梧州府同知舒栢增修《（嘉靖）广西通志》。该书“卷第三十七·关梁·南宁府”载有“杨美渡”。明南宁府知府郭楠纂修《（嘉靖十七年）南宁府志》“卷三·桥梁附津渡陂塘”亦记有“杨美渡”。明南宁府知府方瑜纂辑《（嘉靖四十三年）南宁府志》，既载有“杨美渡”，又载有“杨美圩”。今存于扬美村魁星楼的《崇祯九年宣化县掌县事毛懿告示碑》（此碑原无名，为本书编撰者名之），载有“杨美乡”。另据明地理学家徐霞客著《徐霞客游记》记载，此地名为“杨美”，又名“大湾”。

值得注意的是，上述明代古籍或碑刻，均记为“杨美”。实际上，清代所修各版《广西通志》《南宁府志》（均为刻本），仍均记为“杨美”。直至清诰授奉政大夫、新宁州学学正加五级、纪录五次张灿奎纂修，清光绪四年（1878）刊行《（光绪）新宁州志》，才第一次在古籍中出现以“扬美”名之的提法。周培懋、莫炳奎总纂，1937 年刊行《（民国）邕宁县志》，同一书中，有时记为“扬美”，有时亦记为“杨美”。

◉ 清代钱粮大渡船直航南宁

清康熙十八年（1679）七月二十三日，清镇南将军莽依图在南宁府宣化县五象岭歼灭吴周政权伪将军吴世琮的主力后，于九月奉旨从南宁移师，追击吴周政权残余势力。是年，清廷委派的左江兵备道道台佟耀年、南宁府知府吴永达、宣化县知县赵继颜陆续到任，这才结束了南宁一地的军管状态，恢复文官治理。

清乾隆年间（1736—1795），扬美已成为左江流域的一大商品集散地和圩市，商船来往繁忙，码头也越建越多。扬美冬头梁启彰代理官府征收钱粮事，俨然成了左江流域的“总冬头”。何谓“冬头”？民国国会议员程大璋总纂《（民国）桂平县志》“卷二十八·纪政·食货上·田赋·(附)崇姜里征收事”记载:“每岁上芒,知县辄令里中家之殷实者,或十人,或七八人,任征粮之责,曰‘冬头’,经征与否,均惟冬头是问。”每年近冬,各户要向官府交粮纳银,负责落实该项工作的代理人同时也是责任人,就叫冬头。

梁启彰拥有一艘钱粮大渡船,每三日从扬美发往南宁府城一趟(至城当日即返回),每次载重货物约二三万斤,搭客多至百余人。除了上缴从左江流域征收的官粮、官银,他还从南宁府城载货、运客回扬美,私捞也不少。他的钱粮大渡船从扬美东航邕江,到达南宁府城时,指定停泊在官方航运、货运码头——白衣庵码头(今南宁市江北大道西北门外邕江岸边一带)。船户密集,凡客船、货船到后,皆在江中排队,无法直接靠岸。梁启彰等得好不耐烦,乃禀告宣化县胡知县,要求直接停泊,以及时完成官府的钱粮征收任务。清代南宁府宣化县有过两位姓胡的知县:胡位铸,乾隆二十八年至三十三年(1763—1768)在任;胡豫棠,乾隆四十九年至五十一年(1784—1786)在任。未知梁启彰找的是其中哪位知县,待考。

胡知县深以为然,颁布《钱粮大渡告示》,文曰:“特调宣化县正堂、加四级记录胡,为给示事:据上南六图杨美圩冬头等,禀称:伊等额设渡船一只,装载钱粮、仓米、谷石,来城上纳。□□湾泊白衣庵马(码)头,以便挑运……嗣后杨美乡(圩?)冬头梁启彰渡船,装载粮钱、仓米、谷石来城完纳者,尔等湾泊船只,即刻移往别处,听其湾泊就岸,挑米谷赴仓运纳。事关国课、毋得阻抗。”除了在白衣庵码头张贴公示,胡知县还发予梁启彰盖有官府大印的公文,让钱粮大渡船万一遇到拦江检查或被他船挡路时,梁启彰可以立即亮出“虎皮”,安然过关。

此后,梁启彰从扬美直航的钱粮大渡船一到南宁府城的白衣庵码头附近,江面群船皆纷纷让开,使钱粮大渡船无须排队、直达码头。到了光绪年间(1875—1908),扬美的钱粮大渡船由于拥有官方特许的优先停泊权,众商皆难望其项背,生意已越做越大。扬美的新一代“总冬头”又添置一艘新的大船,与旧船同时开航,这才勉强够用。

1921年之后,由于军阀混战、时局动荡,扬美的钱粮大渡船所载货物及乘客锐减,风光不再。

◉ 清末镇南关起义前的扬美会议

清光绪三十三年(1907)九月下旬,黄兴遵照孙中山的指示,冒着生命危险潜入宣化县扬美，召集广西革命志士举行军事会议，画下立足南宁、推翻清廷、创立民国的蓝图。

梁烈亚撰《镇南关起义回忆录》[①] 从亲历者角度描述了黄兴莅临扬美的因缘与经过。文中记载："王和顺（在越南）……便积极与黄兴、胡汉民等重新订定起义后之军政大计，约略如下：(一)分水陆两路进军，水路由龙州（现龙津县）下达太平府至三江口；陆路由凭祥、宁明、上思至宣化属的迁龙司、大塘，会合十万大山、钦州各地的民军袭取南宁……(二)取得南宁后，即建立中华国民军'军政府'，以孙中山、黄兴为正副大元帅，宣告中外，并行使军用券。(三)在南宁、武鸣、上林、贵县、太平、果化、平马、隆安、钦、廉等地广招民兵入伍，扩大武装力量。(四)由南宁分兵袭取桂林、梧州，入湖南、江西、广东，与各省革命军会合，推翻清廷，建立民国。……上项计划的关键，是在取得南宁。为此，黄兴偕同王和顺、黄明堂、关仁甫、梁蓝泉又于九月下旬携带款项到左江下游的扬美村（在三江口上游，扼左、右江三角水陆交通），在梁亚珠、梁植堂家召集进袭南宁路线上的各地同志，如黄简初、杜少庭、许四功、黄百良、陆醒、李十、蓝其宣等十数人商议，要在新宁（扶南）、隆安、上思、绥禄、永康等地，集合往日壬寅、癸卯大起义之役的旧部，由梁植堂、梁亚珠、王（黄）简初、刘辉廷、杜少庭指挥，大约有新旧枪六百余支，为主要民兵，任务是扰乱清兵，等候镇南关、龙州方面之革命军开到，即出来响应，占领南宁。"

梁烈亚撰《回忆镇南关起义》[②] 一文，所记与之基本相同。

◉ 1922 年"四月初九"事件

1922 年 4 月 28 日（农历壬戌年四月初二），有所谓"自治军"的匪帮致函扬美乡自治会议长杜和廷，痛斥扬美人"附粤残民，致敢排击"，而"自治军"有志于"起义复桂，驱逐粤贼"，但近来缺少军饷，特来向扬美人"借款"5 万元，限四日内筹缴，

① 梁烈亚：《镇南关起义回忆录》，《文史资料选辑（第七十六辑）》，中国人民政治协商会议文史资料委员会编，文史资料出版社，1981 年。

② 梁烈亚：《镇南关起义回忆录》，《辛亥革命七十周年——文史资料纪念专辑》"辛亥老人回忆录"，中国人民政治协商会议上海市委员会文史资料工作委员会编，上海人民出版社，1981 年。

否则将对扬美开战。4 月 28 日 19 时，扬美镇议长杜和廷邀请镇上士绅、长老到自治会内商议“自治军”前来勒索一事。4 月 29 日（农历四月初三）上午，杜和廷呼吁扬美镇上家家户户一齐出力，捐款渡劫，但因各家只是互相观望，捐款一事又是半途而废。4 月 30 日（农历四月初四），扬美人闻知打着“自治军”旗号的匪徒开始进驻下楞村，人人自危，不寒而栗。

5 月 1 日（农历四月初五）起，镇上就有不少居民开始逃往邻近的村庄以及南宁城里躲避；扬美警察分所也开始编集壮年男子为乡练，组织镇上居民日夜巡逻。5 月 2 日（农历四月初六）中午，“自治军”来函催款，下午“三点钟”缴足。5 月 5 日（农历四月初九），拂晓，在青坡岭执勤瞭望的乡练，于朦胧晨光中发现“自治军”正在老牛岭附近集结，不禁大惊失色，赶紧向镇中报讯。上午 8 时许，扬美周边各山岭都已竖满“自治军”的旗帜。另一群自称“自治军”的首领危炳然、李英等人，像几天前的匪帮一样，将信函投入扬美镇的闸门内，称要索取桂币 3 万元，限上午 11 时交足，稍迟则“玉石俱焚”。各士绅耆宿最后一次派人四出行捐，11 时，共凑得金器、硬毫、纸币等，共值 2.5 万元，立即使人送往石子岭、青坡岭两处，并表示余款随后补足；送钱到青坡岭的 7 位扬美镇代表刚到半山腰，便被“自治军”击毙，而送钱往石子岭的另一批扬美镇代表也被“自治军”捆绑枪杀。各路匪徒开始攻进扬美镇，从沙坭塘、金马街、留庆坊、新街等处蜂拥直入，枪声不绝；与此同时，又有“自治军”由马村渡江而来，沿路放枪相应，由梁府巷、石龟塘等处涌入。18 时，扬美镇任由“自治军”纵情剽掠，唯见尸横街巷，火焰冲天。

《广西通志・大事记》“中华民国・民国元年（1912 年）至民国 12 年（1926 年）・民国 11 年（1922 年）・5 月”记载：“5 日：自治军司令梁聘卿率兵至邕宁杨美村烧杀掳掠，打死打伤男子 300 余人，掳去青年妇女 90 余人，毁坏房屋 300 余间。”以此为分水岭，扬美村由盛转衰，再也没能恢复傲视左江沿岸圩市、码头、乡镇的旧日繁华与荣光。

◉ 1934 年杨（扬）美镇自治会成立

1932 年 9 月，广西军政当局颁布《广西各县甲村街乡镇区编制大纲》，要求各县按照规定编制甲村街乡镇组织。邕宁县随即于 10 月遵令设置自治筹备委员会，“举办地方自治事业”。邕宁县城区之外各区乡镇公所一般在 1933 年 7 月已宣告成立，而原属坛洛区的杨美镇，由于呈报由邕宁县直管，所以迟至1934年10月才完成相关手续，“呈准直属于县”。

民国邕宁县政府编纂、1935年印行的《邕宁一览》“政治·四、地方自治”所收《邕宁县各区乡镇长副一览表》记载，杨美镇乡（镇）长梁少卿，23岁，群贤街人，邕宁中学毕业，曾在南宁区民团干训班进修，兼任杨美镇公立小学校校长。副镇长杜满华，40岁，临江街人，初中毕业。同书所收《邕宁县地方自治人员训练所毕业学员一览表》，其中扬美人有凌枢、黄益、吴耀、胡万全。

其时，杨美镇开设有乡镇务会议，镇务会议主席由镇长担任，副镇长以及村街长为其会员，用以商讨议决乡镇辖属的相关事务。杨美镇还在八街开设各街的街务会议，会议主席由各街长担任，副街长和甲长为会员，共同商讨议决村街辖属的相关事务。另外，配置负责民政事务、警卫事务、经济事务和文化事务的干事二到四名。

◉ 日军暴行与扬美抗争

1931年至1945年，日本对中国发动了长达14年之久的侵华战争。南宁作为连接西南、中南、华南和海外的交通枢纽，成为侵华日军必争的战略要地之一，包括扬美在内的南宁各地人员、财产也因此都蒙受了巨大的损失。

1939年11月17日，日本侵略军侵占钦州后，即分三路向南宁进犯。第三路是日军的主力部队，从钦州沿邕钦公路经邕宁县大塘、那陈、唐报、吴圩，以至亭子。11月24日，在飞机的火力掩护下，日军推进到江西岸的美孚洋行火油公司仓库附近强渡邕江，入侵南宁城，南宁不幸沦陷。第三路日军与强渡邕江过豹子头的第二路日军会合后，又分兵向南宁西北郊的心圩、安吉、西乡塘、石埠、老口、宋村、扬美一带窜扰，百姓纷纷逃难，未及逃离者受尽日军凌虐与劫掠。南宁沦陷当天，在郊区一带“扫荡”的日军侵袭同兴乡木村，见有民工（扬美籍）50多人在当地暂宿，即用机枪扫射，当场打死8人，受伤10多人。1940年的农历五月初十日，日军到扬美劫掠，梁瑞堂的妻子等10人害怕受到日军侵害，就躲在雷风岩岭的岩洞内。日军追随而至，不容分说，便举枪将他们全部打死。1944年冬，日军第二次入侵南宁期间，在宋村、扬美一带有30多人被日军抓去拉船西上或随队作劳工。其中有个名叫奴盘的扬美籍青年，也被日军劫持，随营挑水役用。因劳累病倒也给吃药、不让休息，他不由口出怨言，被日军听见，立即被拉出野外砍头。

日军在 1939 年第一次侵占南宁后，沿邕江两岸向西推进 20 多千米，占领石埠和老口为据点，以宋村为前哨阵地，同驻守在三江口、金陵、东南、下楞等地的国民革命军隔着左江、右江对峙。《广西新民团研究 1930—1940》[1] 记载，南宁第一次沦陷后，南宁区民团指挥部撤退到隆安县南圩，邕宁县政府从城中迁至坛洛区副四乡，坚持进行抗日斗争。那龙、副四、武康、下楞、金陵、杨美、东南、双定各乡先后成立游击中队，各中队集中到副四乡集中训练，学习战斗技能，再回乡接受战斗任务。城郊各区、乡先后……组织抗日游击队或自卫队，主动配合国军及政府其他武装力量打击日本侵略军。

《南宁市郊区志》“第三十一章、军事·第六节、重要兵事·军民抗日”记载，1944 年 4 月下旬一天，下楞自卫队与联防队员摸清驻扎在马村的日军要到扬美搜刮军粮，便到路上伏击。当两名日军正要进街时，即被自卫队、联防队员击毙 1 人，活捉日军小队长 1 人。

◉ 1951 年清华大学师生参加扬美土改

1950 年 6 月 30 日，《新中国土地改革法》正式公布。1951 年秋，邕宁县开始进行土地改革；10 月开始试点，12 月全面铺开。作为中南土改工作团，参加广西土改二团到邕宁县扬美参加土地改革工作的，是清华大学的师生们。他们是清华大学教授、副团长吴景超（随工作团在麻子畲办公、住宿，经常到扬美实地指导），清华大学学生林水源、谭杰华、罗宗贤、周锡祥、陈成章、陈泽涵。1952 年 6 月上旬，土改基本结束；建立乡村人民政权，健全农会、妇女、民兵等群众组织，进一步巩固农村基层政权。

◉ 1996 年扬美村党支部与村民委员会成立

1996 年 7 月，扬美村党支部成立，党支部书记为黄文英，副支书为杜家诚，委员为杜靖初、杜靖金、梁世凡。8 月，扬美村村民委员会成立，主任为杜家诚，副主任为杜靖初，委员为杜靖初、梁世凡、杜伯琳。

---

① 刘文俊：《广西新民团研究（1930—1940）》，合肥工业大学出版社，2007 年。

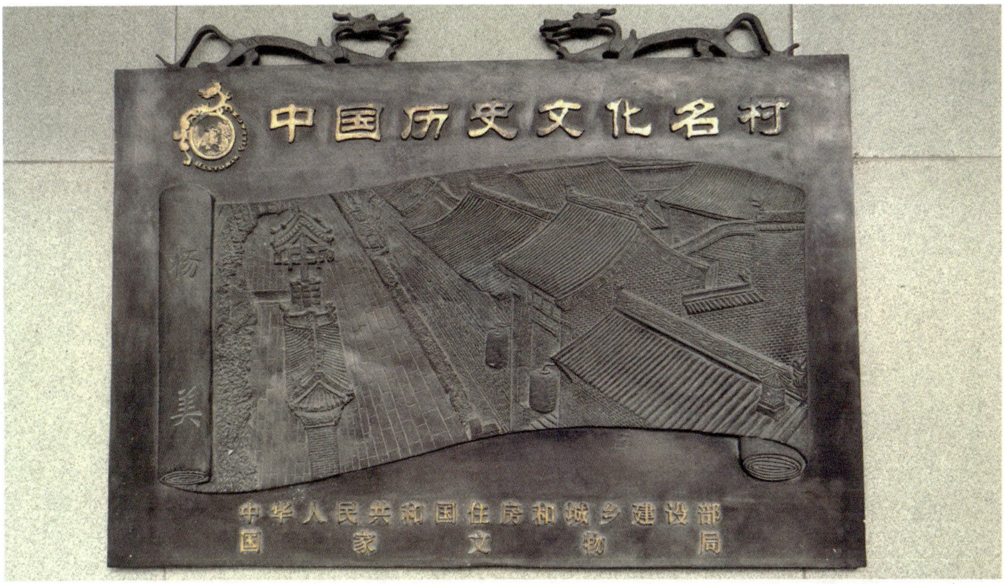

中国历史文化名村牌匾　　江南区志办　提供

2010 年扬美村入选第五批中国历史文化名村

2010年7月22日，住房城乡建设部、国家文物局公布第五批中国历史文化名镇（村），全国有38个镇、61个村被批准成为第5批国家级历史文化名镇名村。扬美古镇跻身于“中国历史文化名村”行列，为广西首次唯一入选的村。

2012 年扬美村入选首批中国传统村落

2012年5月至7月，广西组织县级住建、文化、财政等部门对500多个村落开展入村调查，经自治区专家评审组评审，确定报送传统村落195个。12月17日，住房城乡建设部、文化部、财政部公布第一批中国传统村落名录，全国有646个村落列入名录，扬美村入选。

黄氏庄园一角（2013 年）　　郭小平　摄

附录

“口述扬美”收录采访扬美村民的对话实录，对扬美村情进行补充。“专题调查”收录部分对扬美村的旅游发展、建筑保护、民居装饰、村民家庭生活、地理环境、村务管理等方面进行调查和研究的专题报告或论文。

◉ 口述扬美

扬美村是一座千年古村落，中原文化与岭南文化在这里交集，积淀着厚重的历史人文，扬美人民在长期的生产、生活实践中，创造了灿烂厚重的物质文明和独具地方特色的精神文明。古往今来、事变时迁，尚有许多史料无法触及的生活经历和感悟，编者在扬美实地采访，访老问贤，全面了解扬美在村民心里最真实的历史和面貌。

为了全面了解扬美的过去和现在在村民心中留下的足迹，2017 年 6 月，编者在扬美村采访了 12 位村民。这些村民，有的是村里年纪大、阅历多的老

扬美老人讲述扬美历史　　覃庆梅　摄

扬美老人讲述扬美历史　　周红　摄

扬美老人讲述扬美历史　　周红　摄

扬美村民讲述扬美历史　李志楠　摄

人，有的是祖辈在扬美生活的农民，有的是传统食品制作传承人，有的是传统地方文化代表，有的是行业经营代表，从他们的视野里可以看到一个最真实、最接地气的扬美村。

吴仁光，1920 年出生，住址：扬美村振兴街。

问：家庭情况及个人经历?

答：祖辈从广东迁来扬美。有五兄弟，家里有田。我读过两三年书，抗日战争爆发后就不读了，年轻的时候“走火船”（贩运蔬菜等商品）。

问：听说过这里为什么叫扬美村吗?

答：听说是当年狄青打侬智高后，留下的部队居住在这里，时间记不清，你们可以查历史。“扬美”有威扬、威风的意思，印象中一直是用“扬”字，没有用“杨”字。

问：村里哪个姓氏人最多?

答：吴姓，有 80 多人。

问：新中国成立前后村里生活有什么变化?

答：1949 年之前，扬美村只有私人办的中医，最有名的是“黄子恭诊所”（音），1949 年后，（20 世纪）60 年代开始有西医。以前是到江边担水喝，后来大概是（20 世纪）90 年代就喝上了自来水；以前没有电，点火油，到（20 世纪）70 年代有电用了；以前在私塾读书，后来有学校，叫邕宁县扬美镇中心国民基础学校，在现在扬美小学的位置，当时校舍不够，曾转移到大王庙一段时间。

问：扬美村有什么特别的习俗?

答：伐龙舟，最厉害了。我也抬过龙舟游行。

问：村里打过仗吗?

答：国民党同日本鬼子在这里的和平街、钟馗庙打过仗，当时日本汽艇沉在码头。1940年被日本鬼子用刺刀刺死11个人，被刺死的有临江街谢七三（音）的老母（母亲）、邓子书（音）的老豆（父亲），共和街姓梁的。解放街黄成中（音）是本地营长，梁平英（音）当过团长，后来听说去台湾岛了。

问：扬美村被烧的情况是怎样的?

答：扬美村被烧过2次。一次是民国11年农历四月初九，自称“自治军”的土匪打进来烧街，还有一次是1940年日本鬼子烧街。

问：扬美发生过什么特别的事?

答：听说（一九）九几年，有几个日本人到扬美，说是故地重游。

黄绍新，1938年出生，住址：扬美村解放街。

问：家庭情况及个人经历?

答：父辈从事小摊小贩，我务农到66岁，曾经任过生产队队干，之后到南宁沛宁公司务工十年。育有六个儿女（三男三女），其中两个儿子高中毕业后到南宁打工，最小的儿子在读大学，三个女儿都在南宁，一般节假日都回来。

问：听说过扬美村村名是怎么来的吗?

答：清朝这里叫白花村，因为有白花树多，白花很美，故名白花村，又名扬美。当时的白花树是野生的，现在早已没有了，都种上经济树。

问：扬美比较大的姓氏有哪些？怎么来的?

答：最早是朱、罗、李三大姓，听说是跟狄青部队过来的，大王庙纪念这三大姓的总头目。现在有二十几个姓，主要是杜、杨、黄、梁四大姓。

问：村里讲什么话多?

答：近似平话，1949年以前清一色是汉族，1949年后，慢慢有了壮汉通婚。

问：新中国成立前后村里的生活变化情况?

答：扬美村民做小生意多，安本分，一直平平稳稳。民国十几年被所谓“自治军”包围，烧杀抢掠。1949年后很平静，是文明村，生活条件比周边村落好，主要是做谷米豆食生意。土改后，人均土地 6 亩（水、旱地），以稻田为主。改革开放后，扬美村约 1000 人到南宁务工。以前穿唐装，有部分是土布，用洋纱（细纱）织布，母亲卖织布换油盐，一般到老口圩交易。以前多吃粥，现在一日三餐为两粥一饭（早中餐吃粥、晚餐吃饭），还保留吃粥习惯；日常伙食标准每人每天 15 元。以前住砖瓦平房，20 年前村里普遍建楼房，仍是用砖瓦建。我这幢楼 2008 年建，三层半，花了 50 多万元。以前多是坐船出行，搭船到南宁，（20 世纪）80 年代一般每人每次 2 元多，后来路通了，就不坐船，现在坐车从南宁回来要 17 元。我以前踩单车拉 300 多斤蔬菜水果到南宁卖，要踩 3 个多钟头，踩坏 4 部单车。

问：扬美村有什么奇特有趣的事？

答：“七水”。这里每年农历七月初七，村民（主要是妇女）会带香到河边，敬香跪神，担水回家，存放水缸，据说放多久都不长虫，能治喉咙痛。传说当天七仙女下凡，所以水能治病。现在仍保留这个习惯。

问：扬美村一般过什么节日？

答：年三十、正月头、三月三、清明、中元节、八月十五、五月初一老人节（寿星节）。老人节很早就有了，每年五月初一，村里 60 岁以上的老人聚在一起吃饭聊天，一般要摆 20 桌，多的有 40 桌，年年如此，从未间断。老人都会自己出些钱，我负责记账。

梁上政，1939 年生，住址：扬美村和平街。

问：任校长的经历？

答：1990 年至 1994 年任扬美学校校长，1995 年至 1997 年任学校党支部书记。

问：任校长期间，学校情况？

答：当时学校有 600 多人，其中老师 34 人。有 18 个班，每班 40 ~ 50 人。当时学校教室不够用，借用五叠堂作教室，办了 4 个班。开设的课程有语文、数字。我教语文。有晚自修。学校风气淳朴，没有发生什么大事，孩子们之间打打闹闹还是有的。老师有公办、民办（1988 年后没有了）两种；1969 年至 1976 年，民办老师回生产队记工分，领粮食，1977 年开始有补助。

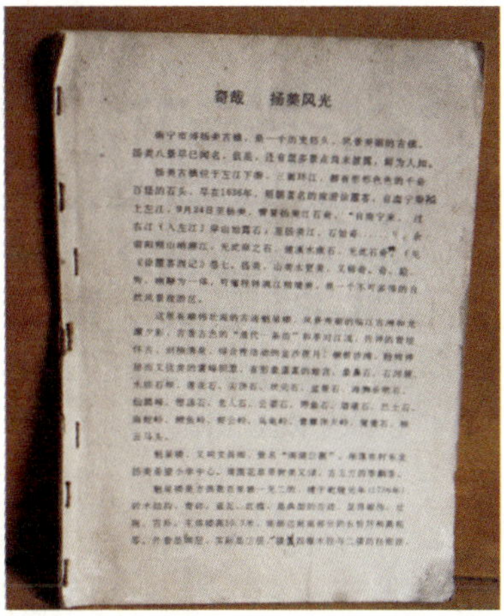

梁上政写的扬美奇异风光

梁上政　提供

问：扬美办过中学吗？

答：1964 年春至 1967 年春，扬美镇办有农中，当时叫“扬美农中”，有 2 个班，90 多名学生，校址在茅行祠堂（杜家祠堂）。

问：扬美村取名“扬美”的含意是什么？

答：环境优美、崇尚美德，邻里间和睦相处。

黄国柱，1950 年出生，住址：扬美村临江街。

问：家庭情况及个人经历？

答：父亲在私塾读过书，当过师爷，打算盘很快，后来到西津炼钢。母亲务农，没有文化。我和我哥两兄弟，小时候家里穷，交不起 5 角钱学费，两人共用一床棉被，衣服破破烂烂，没有鞋穿，冬天和我哥互挤取暖。一直在家务农。

问：有族规族训吗？家庭教育是怎样的？

答：没有。父亲教导我们，不要贪心，要老实忠诚，不要干坏事，和朋友要和气。

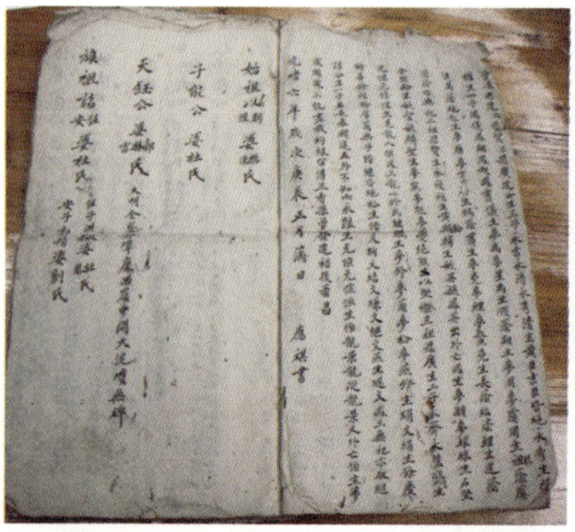
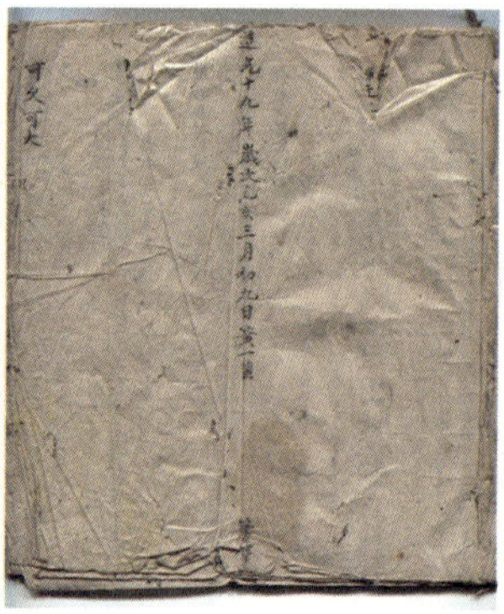
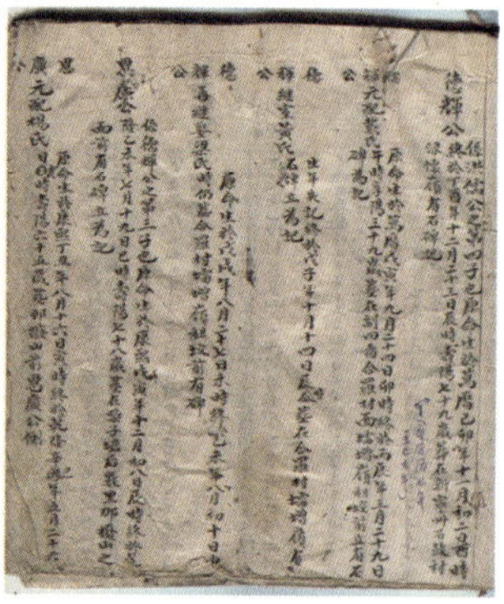

清代族谱

黄国柱　提供

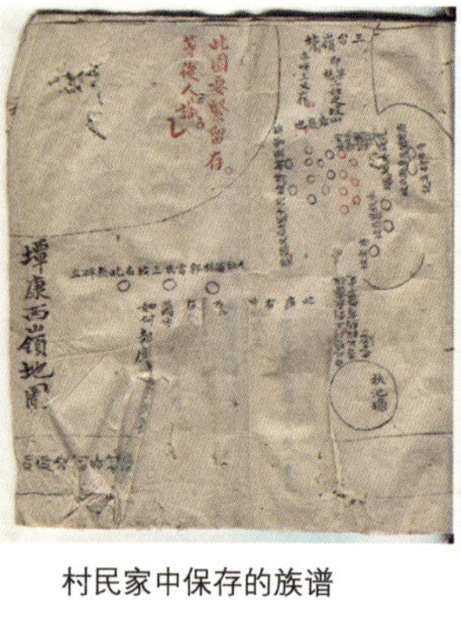
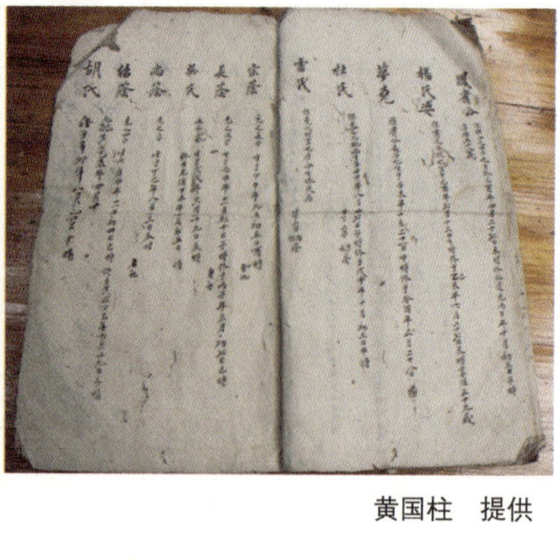

村民家中保存的族谱

黄国柱　提供

问：你对子女的教育是怎样的？

答：也是像父亲教育我们一样做老实人，与人和善。我有一儿一女，都是大专毕业。

问：什么时候知道有家族谱？

答：父亲过世的时候，交代要保存好族谱。

问：家族谱里有什么让你印象深刻？

答：我没读过书，不太看得懂，好像有记民国 11 年扬美村被烧情况。

黄献祥，1934 年出生，住址：扬美村永安街。

问：扬美镇在历史上比较有名，这些年在搞开发，发展旅游，在外面的名气也越来越大，到扬美来旅游的人也越来越多，但资料也有限，目前全国在做一个名村志文化工程，准备把扬美村的历史放入名村志工程来记载下来，发扬出去给更多的人知道，所以想向您了解一下扬美过去的一些历史。您老人家是哪年出生的？

答：1934 出生，就在村里的老房子出生的，现在的房子是改革开放后 1984 年建的。

问：在您印象中，以前扬美村的名字是用“杨”还是“扬”？

答：以前用过“杨”，1949 年前还在用“杨”，现在两个字都有在用。

问：您知道后来是为什么改用“扬”吗？

答：是什么原因不知道，印象中就是到小的时候就开始用“扬”字了。

问：您小的时候村里人口多少？那时候的生活如何？

答：1949 年前，3000 多不到 4000 人。生活好难，农民的生活难。

问：那时候村民是种什么东西为主？那时候粮食够吃吗？

答：主要种玉米、稻谷、花生、高粱这些。自种粮食都不够吃，一般是半年种半年买，买外面运来卖的。

问：那时候村里的船运发达吗？

答：民国 11 年前振兴街就成圩了，成圩的时候有禁碑，规定卖猪肉不得掺水、不得短斤缺两这些。那时已经成圩多少年不知道了，只听说民国 11 年四月初九，军阀（指自称“自治军”的匪帮）到扬美来烧杀，因为圩场很发达，他们来抢金银财宝。

问：以前村里有富裕的人吗？

答：做生意的比较富裕，富人少，穷人多。富裕的人主要是开铺，贩卖船运的东西给村民。

问：当时船运来主要有什么卖？

答：我的伯爷就是做这些生意的，他说当时水运来的主要是谷米豆食，黄豆啊绿豆啊这些，其他还有一些杂粮运来，大概有 150 艘船，交换贸易的农家的产品。从坛洛等周边运过来，在扬美转运去南宁。

问：当时做生意的人多吗？

答：成圩了人比较多，很繁盛，百多号船，还有周边的人都来到扬美交易，人多的时候相当于现在整个江西镇，卖牛肉、猪肉、青菜的都有，相当于“小南宁”，晚上到 10 点都不散，很热闹。

问：振兴街现在还有吗？

答：振兴街有，禁碑也还在。但现在不成圩了。民国 11 年四月初九的时候被烧抢后，就慢慢不成圩了。

问：村里以前主要是什么民族的人比较多？

答：汉族多，我们就是汉族。

问：您老家以前是哪里的？

答：我们祖宗是山东白马县迁过来的。我是在扬美出生、长大的。当时村里的大姓是黄、杨、杜，占 90% 左右。

问：您长大一点后，村里被烧了之后怎么样？

答：烧了之后就衰落了，被抢东西，人们都躲起来了。日本入侵时期，民国 28 年，日本人第一次到村里，烧、抢东西，强奸妇女，死了不少人。五百多人躲起来，躲不了的就挨杀。日本人投降前又第二次来，村里一些维持治安的人还做糖糕给他们吃。听说有日本人早上到三角市买菜，国民党官兵还杀了一个日本军官。

问：日本人入侵时，村里的船运是否受影响？

答：没烧到船，但是圩也散了，不成圩了。虽然没亲眼见，但都是伯爷讲起过。20 世纪 50 年代还有人收购农民的谷米豆食到南宁卖。船只就没有原来那么多了，剩下十只、八只船。

问：村民的文化生活怎么样？

答：1949 年后有电影，看电影时人多。唱戏的时候人也多。村里有一个戏台。最早有好几个戏台。唱的是老戏，粤剧。现在的三界庙没重建前就是做戏台。

问：村里出过什么名人吗？

答：梁烈亚，村里很多人都知道。听说以前还有举人。

问：村里有信教的村民吗？

答：主要是一些迷信，以前村里多的时候有百多个神公。没有信外教的，没有外国人来过。农村就习惯过年拜祭一下。

问：1949 年前治安怎么样？

答：1949 年前主要是邻近周边有人来偷牛。那时虽然有国民党领导，但是制度不好，所以管理也不好。

问：1949 年后，村里的什么经济发展得比较好？什么行业发展比较好？

答：就是农产品交易，种地，没有什么大生意。

问：村里的文化行业，有书店吗？

答：没有书店，以前有个图书馆，1953 年左右建的，在学校里面。现在没有了。

问：您家里有以前的老照片吗？

答：没有，村里也没有照相馆，都是外村人来帮照相的。1949 年后有成立一些老人会。

杨维，扬美沙糕制作技艺传承人，1952 年出生，住址：扬美村解放街。

问：杨老师，杨姓据说是村里四大姓之一，你们在这居住有几代了？

答：前段清明还去给从我算起前第五代的祖先扫墓，在这里应该超过十代了。

问：你们家是从什么时候开始做沙糕的？

答：我知道的爷爷、奶奶一代会做。

问：那您父亲会做沙糕吗？

答：应该会，但是我才 5 岁他也过世了。母亲 24 岁就守寡了，靠她卖菜把我和我妹妹养大的，想起来，她很辛苦，一直奔奔波波，特别不容易！

问：不容易，那您是和母亲学的手艺？

答：不是的，本地人不吃沙糕的，我妈那时她拉扯我们两个长大，主要是拿酸菜、梅菜到南宁卖。我小孩的舅舅在崇左驮卢做沙糕的，我是去那边跟他学的。

问：学了多久？您自己是什么时候开始做沙糕的呢？

答：看他做了 3 天就回来了。我是 1999 年，政府开发旅游开始做的，了解到我们做过沙糕，鼓励我们开发旅游产品。

问：在扬美就你们一家做沙糕吗？

答：不是，还有另一家，比我做的时间要早。

问：那您这定为非物质文化遗产传承基地，说明你做的沙糕有独特之处，方便和我们说说吗？

答：没有什么秘密的，江南区、非遗的都来拍过。

问：一般有哪些工序？用料有什么讲究？

答：我做沙糕一直都抓工序和质量。选用的糯米要筛过，小颗的不要，用水淘洗（不能泡，泡就软了，炒不起来），晾干后再炒，炒好后打粉。打好的粉还不能直接做沙糕，以前条件不好，不注重卫生的时候，用布袋装好就放在地上（不是现在的水泥地），一个月以上，才能拿来做沙糕。

问：为什么要放一段时间呢？

答：让米粉吸收空气的水分，变得更黏。现在科技发达了，我用加湿器，把开水加到加湿器里，时不时翻动一下，加湿两天就可以，但是不能用自来水，不卫生。

问：除了糯米，还放些什么，糖吗？比例是多少？

答：糖也是主要的，没有糖不能黏在一块。糖和粉的比例是 1 ∶ 1，所以，有人说我做的沙糕偏甜。糖是糖浆，煮糖也是有讲究的，从我这些年做沙糕来看，我主要选用明阳糖厂的糖，糖浆是用 50 斤糖放 10 斤水煮溶，当煮到用锅铲撩起来滴下去像一串串珠子一样时，就可以舀出来放在盛器里面搅动，搅动差不多 2 个小时，这个过程就是使葡萄糖浆化，直到用手沾点不感觉粘就可以了。

问：我们吃的时候沙糕中间有一层馅。

答：豆沙、豆蓉、芝麻什么的都可以再加进去的。

问：粉和糖是怎么融合的？

答：摊开粉，加入糖浆，把它们合在一起，就像我们用擀面杖擀面一样，但是比擀面杖要大，和好后放入模型，2 个小时后就可以包装了。

问：糖浆冷却后不会凝结吗？

答：不会结，我楼上还有上次做的糖浆，糖浆可以留的，之前有国家级的专家来考察说，多加点糖保质期就可以久一点，糖很贵的，你要我放添加剂我也不干。

问：您一般什么时候做沙糕？一次做多少？

答：一般礼拜五到礼拜天做，周末人多一点，一次 150 封这样，一周大概 500 封。

做多了也不得，保质期大概 15 天，冬天久一点。我告诉他们卖的，超过一周就不要卖了。

问：所以做事和人品有很大关系，你能坚持越做越好，成为非遗传承基地，和您的为人有很大关系。

答：我不会做太多，多了，他们有的拿去卖，过期了也卖，那样不行。

问：一封卖多少钱？是家庭主要收入吗？

答：一封 6 块钱，一年也是差不多 2 万左右的收入。

问：您有几个小孩？有孩子和您学做沙糕吗？

答：3 个孩子，大儿子在外做生意，女儿出嫁了，现在是二儿子做沙糕，我给他打下手，忙的时候女儿也来帮忙包装。

问：家里还有别的收入吗？

答：没有了，近十年都没有做别的，做沙糕发不了财，过生活也够了，我们还有就是养老保险。

问：建有自己的房子，又生活在扬美这么美好的地方，还能传承一门手艺，满足了！

答：没有其他想法了！呵呵。

杜学芬，扬美豆豉制作技艺传承人，1968 年出生，住址：扬美村解放街。

问：您好！从一些已经出版的书籍里记载你们家是从清代光绪年间开始做豆豉？你们有族谱记载吗？

答：应该是有的，我整理过一份，到我父亲已经是第四代，我是第五代了。

问：祖辈们当时怎么想到做豆豉呢？和扬美种有黑豆有关系吗？

答：扬美周边也有种黑豆，但是可能没有直接关系。扬美这边人多地少，以前这里水路发达，大家都往来做些小生意，或者到外面收东西回到这里装船运往外地，人来人往，商业比较发达。至于做豆豉，我知道的是我父亲的爷爷性格外向，大家都叫他“三步跳”，走路都是跳着走的，好学，什么都喜欢学一点，也懂点医术，黑豆有一定的药效，所以他开始研究做豆豉。

问：那应该是清末的时候了，那时就开有商铺吗？

答：我父亲的爷爷叫杜广成，开了一个广成号，那时候因为人流量大，还是比较成功的，后来我爷爷开了一个建华号（他叫杜建华），他们两代做得比较好。

问：好到什么程度呢？扬美就只有你们一家做豆豉吗？

答：还有一家，在五叠堂，也是姓杜的，做的也很大。我们两家差不多同时做豆豉。比较有名就我们两家，但是他们的后人都出去了，现在已经没有人做了。我父亲的爷爷曾经还在隆安丁当开过 1 家分号，开了 20 年，1949 年后才不开的。后来搞合作社，我们和五叠堂合了起来，我爷爷和他们那边的传人成了师傅教大家做豆豉，收入归集体所有。

问：合了多久呢？

答：大概 8 年，直到 1958 年“大跃进”，那时豆豉主要销往福建那边，香港也有。三年困难得时期就不做了。一直到改革开放。

问：那是 1978 年以后又开始做了吗？重新开店是什么时候？

答：20 个世纪 70 年代的时候也私下偷偷地做，自己吃。80 年代以后是自己做来吃，也卖，但是没有开店。

问：1949 年至 1958 年，生意好的时候，每天生产多少？销售多少？

答：每天做几百斤，销量很好。卖多少钱一斤就不太了解了。我父亲那时也才十几岁，也不太清楚。

问：一般选用哪里的黑豆？有记载说是以扶绥那边的居多，是吗？

答：扬美周边也有，但是不多，扶绥的品质比较好，颗粒饱满、大小中等，但是产量也少了，现在商品流通的快，全国各地的批发市场上都有卖。

问：改革开放后到现在，哪个时期的生意最好？

答：1999 年搞旅游开发以后。

问：现在每年的产量是多少？

答：大概八九万斤。

问：收入就是十几二十万元。

答：差不多吧。因为现在物品比较丰富了，豆豉毕竟只是调味料。

问：1 斤豆一般能做成几两豆豉？

答：要求越高，做的越好就越轻，大概 7 两。

问：难做吗？

答：周期比较长，要经过收豆、洗豆、煮豆、放在簸箕上发酵、再清洗、再发酵、晒干这些步骤。然后再根据需要是要淡味的还是盐味决定加不加盐，加多少盐。淡豆豉一般用作药。做调味品都会加盐。

问：发酵时间长吗？都是人工操作的？一个月能做几批？

答：第一次发酵一般需要一个星期，二次发酵一般需要四五天。一批一批做，目前都是人工，请了几个人，一个月最多做七八批。

问：豆豉制作受天气影响吗？

答：只要严格按工序来做不受什么影响，冬天天气冷，发酵的时间会长一点。

问：保质期多久？

答：放盐的 1 年。

问：销往哪里？

答：主要是区内，批发到市场上卖；区外也有一部分，安徽的一家调味酱公司每年要 8000 斤左右。

问：不开网店吗？

答：也开有，但是没有时间打理。

问：就是目前不愁销路，已经名声在外了。那您是看着爷爷、父亲做也感兴趣，然后接手过来的吗？

答：我原来在南宁啤酒厂上班的，后来扬美搞旅游开发，政府也鼓励我们开发一些有历史的名优特产，我觉得是不错的机会，加上父亲年纪也大了，我就回来做。

问：听说您现在有一个生产工厂。

答：离这里六七分钟的路程，我可以带你们去看看。

问：做了五代的豆豉，家族有没有流传什么故事？

答：没有吧，就是听说，我父亲的爷爷和我的爷爷都是心肠很好的人，以前扬美有水上人家，他们上岸买卖东西，经常暂时放个东西在商号什么的，我的祖辈们从不拒绝，都是热情招呼。

梁彩丽，扬美梅菜制作技艺传承人，女，1963 年出生，住址：扬美村解放街。

问：扬美据说是从有史以来就做梅菜了，而且是家家户户都会做？

答：是的。

问：稍有规模的有多少家？

答：就我们家了，我每年都做几万斤，卖的也比较多，其他都是零星的，自己吃不完就卖一点，大约也有十几二十几户。

问：你是和谁学的做梅菜？

答：我姑婆。我 8 岁左右她就开始教我做了。她教我不要在干旱天气晒梅菜，要在冬至前后，吹北风的时候晒，梅菜才比较香，也放得比较久，我也一直坚持按照她教的做，都是在这个时候晒，确实不容易发霉，能保持香味。

问：梅菜是用什么菜做的呢？

答：肉芥菜。晒肉芥菜还要看气温，如果是 25 度到 27 度的气温，在 3 天到 5 天内要晒，如果是 20 度的话，一个星期内，看到生菜变黄了要晒，如果晒晚了，会变酸，味道没有那么好。

问：所以，我们吃你这个梅菜不酸，不像酸菜。

答：酸菜是刚晒就拿来吃了，当然酸，做梅菜，经过三晒三踩才行。收菜回来先放盐泡，100 斤菜放 6 到 7 斤盐，泡过后放缸里踩，一周后再拿出来晒，晒两到三天，再收回缸里加少点盐再踩，留在缸里半个月左右，拿出来再晒，这时要看好北风天才晒，天气不好就不晒，晒干就成了。

问：一年就做 1 次？

答：农历冬至前后 15 天，就做 1 次，分四批做，一批做 5000 斤。

问：每年能卖多少？什么时候比较好卖？

答：每年最多卖 5000 斤，每年农历九月到次年 3 月好买一点。

问：收购生菜是多少钱？卖出梅菜多少钱一斤？一斤生菜能做成多少两梅菜？

答：我一般是 4 毛 5 分钱到 5 毛钱才收购芥菜，贵了不划算。每斤菜得三两半到四两的梅菜。卖出梅菜是 5 块钱一斤。

问：肉芥菜都是市场上买的吗？

答：都是和我老表订的，同时用他们的酸菜池踩菜，我自已没有那么多的缸。

问：这么一算，梅菜的收入很少，不是你们家主要收入吧？

答：我还腌五彩椒，做酸梅酒，我的酸梅也是从隆安买的，今年价格也贵了。我家还经营一辆从南宁大学路到扬美的专线车，我老公以前有一条船，专门帮拉沙的，已经卖了。

问：你能干，能吃苦，又勤快，所以生活越过越好。

答：以前什么都没有的时候，什么都卖过，收榄菜、苦瓜、香蕉、花生到南宁卖；还收过垃圾，收矿泉水瓶，用车拉到河边，扛上船，拉到了水街，又扛到边阳街的酒厂那里卖，一个得四分钱，都做过。

问：穷则思变，而且现在政策也越来越好，你这房子是新建的吧？

答：去年刚起的。

班文强，班屋茶庄主，1952年出生，住址：扬美村临江街。

问：您是什么时候开这家茶庄的？

答：十几年了。

问：上一辈也开茶庄吗？

答：没有。我祖上是一六二几年、万历年间来到扬美的。

问：那是明末清初了，那祖上是做什么的呢？

答：中介。那时扬美是一个大的圩场，很繁盛，水运发达，成了一个中转的地方，河边码头的商船交易需要公证，需要有人监督，所以当时扬美很多从事公证行业。我们这里当时做公证也是受约束的，自己定有规矩的，刻在碑上就是禁约碑。树这个碑就是告诉大家扬美人做生意很公正。

问：就是买卖和中介人三方当场验货吗？

答：当时在杨梅交易的货品价格是由当地的师爷根据市场行情一起商量议定的，定好后，挂个排出去，上面就写了黄豆、棉纱、布匹的交易价格，买卖双方就按这个价格交易。交易需要一个中间人，来验明货物是否够数，白银是否真实，或者以物易物的，双方交换的数量和质量是否对等，等等。大家都信赖中间人。

问：到您父亲那一辈，扬美开始没落了，不做这一行了吧？

答：我父亲是外出读书了，南宁一中毕业，后来又去从军。我父亲是国民党31军高射炮团的团长，参加过抗日，当时国民党的飞虎队经常要降落柳州机场，他们就负责守柳州机场。日军1939年进入南宁，当时以为日军会从湛江登陆过来，就派他们31军驻守湛江，后来日军是从钦州北海这边登陆，又把他们调回来，赶不及了，昆仑关大战起来。

后来内战，我父亲在柳州拉堡带一团人向莫文骅、张云逸投降了。“文化大革命”的时候就被打成历史反革命，被赶回扬美，直到改革开放，莫文骅将军来了个函，他才得以平反。

问：说明莫文骅将军对您父亲印象深刻，您父亲在1949年后，“文化大革命”前在哪里工作的？

答：在南宁市汽车修配厂，他还曾经在军官总队教英文，枪炮的使用什么的。

问：您父亲什么时候过世的？

答：1976 年。

问：您父亲的学识、见识对您是有影响的，您看您这茶庄，琴棋书画什么都有，具体是哪年开的茶庄？

答：1995 年，当时我还在职，就请村里面的一个人帮看，后来 5 年前我退休了才回来自己管。

问：你是原来在哪个部门上班？

答：我搞工程监理，在华蓝（设计院）。

问：扬美人喜欢喝茶吗？

答：因为当时开放搞旅游了，开始有人来，人家都开饭店餐馆什么的，我就想开个茶庄，有个词叫作“补短板”。

问：您这是扬美第一家茶庄吧？生意好吗？

答：第一家也是唯一一家。不在乎这个经营效益，我这主要是搞点书画文化。

问：这些挂着字画都是您的墨宝？

答：有一些是我写的，里面有一些是我们扬美的书法家杜祖芬写的。每年过年扬美人的对联都找他写。

问：有多少有游客来茶庄？计算过收入吗？

答：哪里记得，我都没算过，有十块就十块，八块就八块。

问：盈亏总是有数的吧？

答：是亏的。主要是呢，我们扬美搞旅游开发，也要搞个文化阵地，搞点书法、搞点音乐、搞点茶文化，大家聊聊天。社会上有黄赌毒，我就想搞点文化引导，有个地方给村里人聚聚，聊聊天，大家才会自觉的约束自己。

问：您这也是在做公益。

答：也算是为社会做一点事。去年自治区彭书记、南宁市周市长也来这里喝茶，也很赞赏。就是为了让大家乐和乐和，有空就来拉拉二胡，看看书；有客人来就烧水泡茶，收钱。晚上 8 点到 10 点就是拉二胡唱越剧，还买了电子琴，有几个来学电子琴的。扬美的扬声剧团总部在外面，但是在外面吵，不好练，所以经常来这里排练，曾经桂林的彩调团上百号人也来这里排练。

问：这是您自家的房子？你的主屋在哪？住在哪里？

答：是啊。我也住这里。我家在南宁，爱人在南宁带孙子，就我一个人，儿子也在外面打工。

问：游客什么时间来得多？

答：节假日、周末中午 12 点这样。

问：经常都有活动吗？

答：扬声剧团经常来这里搞活动，但是剧团的设备也旧了。

问：扬声剧团演员都是我们村民吗？有多少人？

答：都是扬美村民，大概 30 人这样。我给你们讲个故事，标题叫“钟馗庙沉日军艇”。我们扬美河边有个钟馗庙，日军第二次进入南宁的时候，有个小分队驻扎在扬美对面的马村方，他们经常来扬美买东西，说是买其实就是抢，因为他们用的是他们皇军发行的钱币，根本流通不了。有一次，他们又开了 3 辆汽艇上来，就在钟馗庙下面，有悬崖峭壁那个地方，水流很急，他们就上不来了，其中有一艘还沉没了，汽艇上的日军游泳逃了出来，上岸后看见钟馗庙，赶紧回去拿供品来供，供完后，其他两艘汽艇就能开上来了。大概是 2008 年，河对岸的捞砂船打捞上了一个汽艇的引擎，上面还写着日本大和什么制造的字样，后来交给政府，现在放在昆仑关博物馆展陈，以后我们扬美要是有博物馆，可以拿回来放，呵呵。

问：您了解扬美之前有用“杨”和用“扬”有什么说法吗？

答：没听说过。但是，有一个情况你们可以研究，就是在 1920 年之前，扬美圩市比较兴旺，扬美的街道全部铺大块的石板，现在我的围墙外面还有一点保留。一直铺到附近的村，这么多的石头，但是扬美附近又没有山，石头是从哪里运来的？这是个大工程，如果能解开这个谜，应该很有趣。据说，以前邻村姑娘的花鞋在自己的村里都不能穿的，都是泥，都是把鞋夹在腋窝，到扬美村边有石板路了才穿上赶扬美圩。我推测是，在明末清初，更朝换代的时候由于战乱，经济不景气，扬美沿江很多船，由于经济萧条没东西拉，估计船队要求扬美有钱人家帮找活干，救活经济，有钱的人家就商议，他们出资，让船队去拉石头回来铺路，有钱出钱，没钱出工。

问：这是您的一家之言，有什么根据吗？

答：我的猜想而已，也是根据经济发展的情况来推断。

问：现在那么多的石板又去哪？

答：有的拿去做磨刀石，搭猪圈，而且后来通公路，有车了，也嫌石板路不平整，撬掉了，加上这么多年的时间，也磨损掉很多。

问：茶叶都是你自己买来的？有固定营业时间吗？

答：都是买的，扬美不种茶。我这一般周六周日都在，有时候周一周二去南宁采购点茶叶回来。大多数时间都在。

问：扬美年轻人有喜欢喝茶的吗？

答：有啊，十年前有个十来岁的小孩，来我这里连续喝两天的茶，后来我另外进货，也是同样的铁观音，他一喝就喝出不同，知道换茶了，所以扬美的年轻人也很厉害！

曹文芬，餐饮业主，女，1952 年出生，住址：扬美村新民街。

问：听说您是村里的老干部，现在主要经营餐饮业？

答：对，我生在扬美，老在扬美，老扬美人了。

问：在您小的时候，扬美饮食上有些什么传统，口味上有些什么特点？

答：我们扬美饮食最有名的就是梅菜扣肉、阳桃叉烧，来到这里的游客基本都要吃，村里什么喜庆的日子也少不了这两个菜。

问：历史上就是这样的吃法吗？

答：是啊，在我很小的时候就是这样吃，很早就有了，就是扬美当地的特色，别的地方很少这样吃。

问：尤其是阳桃叉烧，好像在别的地方都没见这样吃的。

答：这是我们扬美这里独有的传统。

问：平时村民家里待客一般都是这些菜吧？

答：现在呢，就发展到有豆豉焖鱼，扬美的豆豉、扬美的江鱼都很出名，这两样结合在一起更是一道好菜。

问：这是后来自己创新的菜品吗？

答：都是我们的老祖宗流传下来的。

问：大概什么时候流传？

答：具体时间不清楚，反正我们小时候就都这样吃了，到现在还是这样吃。

问：扬美除了这些菜，还喜欢吃什么？主食喜欢吃面或者是吃粥吗？老百姓家里一般吃什么？

答：老百姓喜欢吃玉米粥、白粥，吃粥比较多，喜欢吃头菜、梅菜，待客或逢年过节就吃梅菜扣肉、阳桃叉烧这些。

问：听说扬美这里的大部分村民以前都是从北方过来的，也就是山东白马那边过来的比较多，北方的老祖宗他们应该都是喜欢吃面食多，那么他们到扬美这边有形成他们的饮食习惯吗？

答：面条、饺子等面食也还吃，因为现在的生活跟以前不同了，选择多，什么都可以吃了。但现在还是比较偏向南方这边的口味了。

问：扬美以前是一个大圩镇，商业比较发达，这里的餐饮业什么时候比较兴盛？

答：感觉以前餐饮业就发达，印象中小时候还帮爷爷卖糖饼。

问：现在村里的餐饮业如何？大概有多少家餐馆？

答：旅游业发展起来后，村里餐饮业发展不错，有 27 家餐馆。

问：大概都是什么时候建起？

答：以前最早的餐饮都是集中在美食街的，在江边，后来水位提高了，很多店就各自找地方搬迁。1999 年开始村里搞旅游开发，有一些店就买船在江边做餐馆，我就是 1999 年买下的这条船来开餐馆。

问：家里对餐饮的传承情况如何？

答：小孩们都长大了，各自有各自的生活。4 个儿子，1 个在广东珠海，1 个在南宁，2 个留在这里跟我一起做餐饮。

问：你的餐馆经营情况还可以吧？

答：生意很不错，在这一片是最好的，主要做河鱼河虾和扬美当地特色菜，少不了那几个主菜，很多游客都喜欢到我这里吃。

问：其他店也是差不多的菜式？

答：对，都差不多。我们的船自己经营，自己的船、自己的人手，物美价廉。

问：一般什么时候游客比较多，店里的生意比较好？

答：一般周末游客比较多。但是夏天客人少一点。

问：村里的餐饮业是 90 年代发展起来的吗？小时候印象中村里有规模较大的餐馆吗？

答：没有，都是旅游业发展起来时候才带动餐饮业发展的，慢慢形成现在这样子。还出现了一些星级农家乐。

杨宝凤，扬声粤剧团团长，女，1961 年出生，住址：扬美村和平街。

问：扬美的戏班追溯起来最早是什么时候有的？

答：我们小的时候就听过老奶奶唱了，最早的时候应该明清时代就有了。

问：现在村里的戏班是什么人组织的？

答：很久以前村里就有戏班，以前有中断过。1998 年，村里的一个老艺人发动全村的人重新组建戏班。

问：老艺人叫什么名字？

答：叫杜乃朋，男的。1949 年后村里粤剧很久没有重新搞起来，后来这个老艺人在 1998 年就发动全村重新组建戏班。

问：戏班的名字叫什么？

答：扬声粤剧团。

问：粤剧团重新成立时是有多少人？

答：37 个人，因为我们的古装戏，什么样的角色都要有，包括敲锣打鼓的人都要齐全。

问：明清时候村里也是这样唱一些戏吗？

答：以前也是这样唱的。一般几天几夜唱完一本。

问：现在还有戏本吗？几天几夜怎么唱？都是本村人唱吗，唱的都是粤剧吗？

答：是啊，本村人唱，以前的老戏本都还有。

问：平时都是在本村唱吗？有没有走出村去外地唱戏？

答：也有去外村唱，坛洛等周边的村镇，他们都经常来邀请我们去唱的。现在戏班还是 37 个人，一直也都有外出表演。

问：以前唱戏很流行，后面大概是什么时候开始衰落，1949 年后吗？

答：以前是白天也唱晚上也唱，后来新中国成立，田地分到个人了，大家就没那么多时间唱戏了，戏班的人也各奔东西了。后来重建的时候才又组织起来，恢复唱戏。戏班恢复后是村里每家每户捐钱帮扶戏班的开支。

问：以前演戏给观众看是收费的吗？

答：不收，以前到现在一直都不收费，在村里都是免费义演。但是如果是受邀请到外面表演，邀请方会给适当的费用补贴。费用就用来添置戏班的服装、装备等。

问：戏班的演员有酬劳吗？

答：没有酬劳的，都是义务唱戏，就是大家的个人爱好，喜欢唱戏，听到锣鼓响就忍不住想唱，所以一直坚持这么久。

问：主要是唱些什么剧目？共有多少本戏本？现代戏还是老戏？比较受观众欢迎的是哪个戏本？

答：《隔河看亲》《拉郎配》，还有《长生殿》《女驸马》这些。十来本，一本有七八场。一场要唱 1 个多小时。唱完一本经常要几个晚上。都是老戏，粤剧。《三看亲》最受欢迎，因为是喜剧，主要讲述一个驼背男人和一个残疾女人的故事，表演得很生动。一般都是喜剧比较受欢迎。

问：都是古装打扮？

答：对，都是古装打扮，还有敲锣打鼓、吹拉弹唱，都自己弹奏。

问：戏班成员年纪最轻的是多少岁？男女比例如何？

答：年纪最轻的 32 岁，也是因为爱好，接她父亲的班。年纪最长的是 78 岁。男女比较平均。

问：每场戏一般需要多少人上场？

答：不一定，看戏本情况，有的戏本需要人多，最多的是《红鬃烈马》，要 28 人，最少的也要七八人左右。

问：如果有人没空或退出，演员够吗，会有人顶上吗？

答：有，一般主演都要有 2 个人配合，因为团里大家都是业余爱好，喜欢唱，所以学了就一定想要去表演，基本都不缺人表演。

问：戏班有固定办公场所吗？

答：有，在村中心位置的三角市那里有 1 间房子，专门的活动场所，戏本、服装都存放在那里。

问：现在表演多吗？一年大概唱多少场？

答：不算多，每年几十场吧，一般是春节、“五一”“七一”这些节日就唱戏，都是节日唱得多。春节期间最多，一般是连续 7 天都唱，初一到初七，每天一场。村民的要求就是热闹。

问：戏班成员都是兼职唱戏的吧？平时用什么时间排练？

答：一般是每年 2、3、8、9 月的时候，每晚练习 2 个小时。

问：以前村里有多少个戏台？现在呢？

答：以前都没有戏台，都是戏班自己搭的，去到哪里表演就搭到哪里，演完再撤走，临时性的，比较辛苦。现在有固定的戏台，就 1 个，条件比较简陋。

问：现在固定的戏台是哪年建的？

答：2012 年建的，就是面积太小了，希望以后政府还能扶持经费帮建设新的戏台。

问：观众是老人小孩多吗?

答：是啊，老人比较多，年轻人很少看了。

问：平时观众多吗?

答：多，因为都是节日期间表演，过年的时候观众很多。如今政府也专门鼓励我们发扬粤剧，城区政府还对我们戏班扶持过 2 次，每次扶持 5000 元。

吴卓奇，1947 年出生，住址：扬美村振兴街。

问：听说吴先生对风水比较有研究，在这一带也小有名气，扬美的风水如何，有什么说法吗?

答：扬美的风水很好，三面环河，以前有古八景，其实都和风水有点关系，比如说龙潭夕影、金滩月夜等，也是比较有名的。

问：这古八景在风水方面有什么说法?

答：龙潭夕影，就是对面的山看过来是三面环抱，整个左江环绕，像个龙潭，倒映出夕阳，景色很好。金滩是一个沙滩，有时水涨上来，沙滩就是月牙形的，也形成一个景点。

问：在扬美，风水学大概什么时候比较兴盛?

答：到我们这一代就比较衰落了，大概是 1958 年后衰落的。乾隆年间比较兴盛。我们的父辈是从广东顺德过来这里落户的。

问：乾隆年间也就是清朝时候风水说在这里比较兴盛?

答：以前扬美的圩集很兴盛，当时扬美有从龙州过来的人，有沿左江过来的人，听老一辈的人说，赶圩的时候经常有上万人。在闸口那里就是圩顶，振兴街这里。闸口，专门保卫用的，上面还有抢眼。所以当时扬美有“小南宁”之称，小时候就听说了，贸易集市很繁荣。

问：当时老百姓信风水学吗?

答：每月初八，神公到三界庙那里抬神台出来游村，村民比较信，场面很恢宏。

问：村民们在日常生活的一些重要时候会请风水先生看一下吗?

答：会，都有这些习俗，比如建房、葬山、结婚、入新房等重要日子，都习惯找风水先生看看日子。这种风俗一直流传，大部分村民都相信一些。

问：您在村里有听到什么有趣的事情吗？对村名的来源有什么了解？

答：村名以前都是“杨”字，后来写来写去不知道什么时候变的，应该是人民公社时期，大概是 1958 年至 1960 年期间吧，好像那时开始就用“扬”字。

问：对改用“扬”字有什么说法吗？

答：没听说，小时候老师教的都不是这个字。因什么原因要改成“扬”字，我们也不清楚了。

（采访整理：陆玉金、孙贵寿、李志楠、周红、覃庆梅、陆靖）

◉ 专题调查

北部湾经济区国家级历史文化名村旅游发展探析（节选）[①]

——以南宁市扬美村为例

扬美村旅游发展存在的问题

（一）古建筑群的开发和保护不当。随着旅游业的发展，扬美村古建筑群出现了开发性破坏，现代建筑与古建筑群无法做到统一规划，甚至出现了乱建和牺牲古建筑建新居等情况，村内古朴的青石板路很多被水泥路代替，这些都在一定程度上破坏了名村古朴的环境氛围和古建筑群的完整性，不利于树立古镇、古村旅游地的打造。

（二）基础设施建设不够完善。由于开发进度和开发资金的限制，扬美村旅游配套设施建设仍存在不尽如人意的情况，扬美村的交通问题已经成为其发展的瓶颈，公路方面由于修路、渡船承载力差、路面坡度大等问题限制了大型客车进入扬美村，水路方面至今仍无法通行；同时村中缺少必要的景点指示牌和路标，缺少足够的垃圾存储设备，使得景区在旅游旺季经常是垃圾遍地，这些都在一定程度上限制了当地旅游业的发展。

（三）导游资源数量缺乏、质量不高。非节假日期间仅仅会有一两名较熟悉当地景点的村民作为导游，为游客提供有偿服务，而节假日导游却不够用，更重要的是这些导游没有接受过系统的培训，仅仅是知道当地的景点在哪，却并不太清楚景点的历史渊源和来龙去脉；走过场式的旅游使游客对扬美村的印象不太深刻，不利于景区旅游形象的树立，影

① 张银玲、曾令嵘：《北部湾经济区国家级历史文化名村旅游发展探析》，《现代经济信息》，2016 年第 3 期。

响到客流量和旅游经济的发展。

（四）古镇生活水平不高。当地居住人口老龄化、空巢化严重，缺乏必要的基础设施，居民生活水平较差；镇区古建筑保护缺乏必要的手段和措施，没有明确的保护机构和稳定的经费来源，导致村落日渐衰落，导致旅游吸引力日渐不足。

（五）旅游业经济状况不佳。扬美古镇旅游人数相对较少。就本人实地调查，去扬美村旅游主体基本是南宁本地的大学生和高中生以及以家庭为单位的自驾游客，性质都属于自发旅游，没有形成团体，没有统一的消费意向。由此可得出，扬美村旅游吸引力不足，旅游承载力不足，旅游产业链不完善，可以说并没有形成系统的旅游业。

传统民居保护与乡村旅游开发（节选）[①]

——以扬美古镇为例

扬美旅游开发现状与传统民居保护

（一）旅游开发现状

扬美古镇位于广西首府南宁市的西南部，距离南宁市区仅 36 公里，公路、水路、铁路俱通过这里，扬美古镇始建于宋代，繁荣于明末清初，至今已有上千年的历史，自建镇到民国年间，一直是近百公里范围的商品集散地，繁荣一时，素有“小南宁”之称，扬美是南宁市明清古建筑保留得最为完整的地方，保留下来的文化遗产遍布全镇，现有 200 多处，大多分布在古镇内的各街巷里，特色鲜明的明清民居有的还完好无损，因此今天又得名“扬美古镇”。

扬美古镇凭借旅游资源丰富、景观独特的优势，2003 年评为南宁“十大景观”之首，主要人文景观和古代建筑物有明代民居（七柱屋）、举人屋、黄氏大院（黄氏庄园）、五叠堂、清代青石板街、清代古镇碑、清代圩市禁碑等；2004 年荣获南宁市“十佳旅游风景区”称号；2006—2008 年，扬美古镇旅游景区被南宁市人民政府授予“南宁市优秀旅游景区”称号。

经过多年的发展，扬美古镇旅游取得了骄人的成绩，2014 年春节黄金周迎来游客潮。正月初一至初七，景区共接待游客达 9380 多人次。2014 年 6 月举行扬美古镇旅游品牌活动——扬美古镇龙舟上水节，接待游客 1600 多人次，旅游综合收入 56460 元；2014 年“十一”黄金周游客量为 1.3 万人，同比增 26%，创扬美古镇黄金周游客量历史新高。

① 吴娟、甘永萍：《传统民居保护与乡村旅游开发》，《经济研究导刊》，2015 年第 25 期。

经过十多年的发展，扬美古镇的旅游业成为当地经济发展的最主要支撑因素，旅游发展也已初具规模，在南宁甚至广西有了一定的知名度，每年吸引着大批游客前来观光游览。但是，扬美旅游发展还存在着传统文化资源挖掘不足、旅游项目缺乏体验性以及传统民居建筑资源保护不到位等问题，扬美旅游发展状况有待进一步改善。

（二）扬美古镇传统民居建筑保护状况

扬美古镇保留着南宁市最为完整的古民居建筑群，是南宁著名的以传统民居和文化为主要依托的文化性旅游景区，它的大部分作为旅游资源的古民居建筑保留原有的文化特色和艺术气息。如明代民居七柱屋、举人屋、黄氏庄园、五叠堂等古代民居都保存较为完好，虽部分构件由于破损而重新修葺，但也保留了其原有的样貌，可以清晰地看到元明清时期的建筑形式，感受当时的人文气息。

以上古民居建筑作为旅游资源很好地保存下来了，但是，当地大部分居民的住房形式正在发生变化，随着旅游业的发展，越来越多的都市游客来到这里，给当地居民的文化意识带来了一定的影响，本来传统文化作为一种弱势文化很容易受到大都市文化的冲击。现在去到扬美古镇，可以看到很多带有浓重现代建筑风格的民居，当地的传统民居建筑形式正在被渐渐地冲击掉，随其而来的是当地传统文化的丢失。所以，在发展乡村旅游的同时更要注意对传统民居的保护。

（三）扬美旅游开发与传统民居保护存在的问题

1. 当地居民保护意识薄弱。对扬美古镇来说，当地居民不仅是传统民居的居住者和使用者，更是重要的保护与传承的主体。但是，通过对当地传统民居的观察和与当地居民的交流，发现他们对传统民居的保护意识比较薄弱，主要表现在：首先，很多传统民居的外观已经被改变，大街小巷出现很多现代化感较强的建筑，破坏了其应有的民居氛围；其次，扬美古镇的居民大部分是老人、孩童，偶尔碰见的年轻人也是前来旅游的游客，虽然扬美的旅游在发展，但是当地居民并没有参与其中，他们更愿意出去打工，挣钱回来改造他们的居所，他们向往城市里的生活，所以对于自己所拥有的独特的传统民居不以为然。

2. 旅游发展与传统民居保护关系失衡。对扬美古镇这一类的具有浓厚历史气息的古镇进行旅游开发的初衷是在对我国重要文化遗产资源进行保护和传承的同时，能够促进当地的经济发展、提高居民的生活水平，进而缩小城乡差距。但在现实发展中，旅游各主体往往对文化遗产资源的保护重视不够，一味地注重经济收益，在扬美古镇的旅游发展过程中同样存在这样的问题，其旅游开发与传统民居保护之间的关系已经失衡，这样不仅会传统民居造成破坏，同时影响当地经济的发展，不利于扬美古镇的持续发展。

3. 割裂了乡村生态景观与传统文化间的关系。扬美古镇的旅游开发侧重点是对传统史化遗产资源的深度挖掘，将对传统文化的传承与保护融合于旅游发展中，但扬美古镇的传统文化存在于乡村大环境下。在发展传统文化旅游的同时，也要关注乡村生态资源的开发，并有机结合两个景观，形成资源互补以丰富其旅游产品。扬美古镇作为乡村，有着良好的生态环境和乡村旅游资源，但从其所呈现的旅游景观来看主要是人文景观，忽视了对乡村自然景观的开发利用，割裂了乡村生态景观与传统文化间的联系。

广西扬美古镇民居装饰文化艺术研究（节选）①

扬美古镇民居的建筑形象特点

扬美古镇普遍以人们喜闻乐见的传说、历史典故以及花草鸟兽为题材，在各个建筑物上运用雕刻、叠砌、壁画等民间工艺手法进行装饰。斗拱梁架等处重点雕饰，在梁与柱交接处安置镂雕雀替等十分普遍，也有将整条横梁向下一面雕上组图的。正堂的神楼，描绘人物山水画，厅堂最少不了的是悬挂着画轴、楹联、诗文、格言之类，以兆荣华富贵和劝告诫谕家人等，散发着浓郁的传统文化气息。

1. 屋顶文化

滴水以花草图案和龙风纹为主。扬美古镇的房屋为硬山搁檩式建筑，材料是采用青砖直接在地上砌筑成墙，墙体结构紧密，檩条直接架设在山墙上，具有浑厚、稳定和规范化的风格特征。扬美民居为双面人字顶的屋面，屋顶、脊身、脊尾、瓦当等以深色为主。脊饰在镇宅避邪这方面的用意是无须说的，正脊饰花鸟、卷草，脊端头饰瑞兽、几何曲线回纹，檐口饰精美雕饰，常见的瓦当类似曲凹的三角形，以花草图案和龙风纹为主要内容。民居的屋顶脊身、脊尾以生铁铸雏形，外包砂土塑成形，可以防雨淋不怕晒。檐口和挑手是房屋的显眼之处，理所当然成为人们刻意装饰的部位，并且往往显示出房屋主人文化修养以及社会地位的高低。前檐设木挑手承檩，使下面形成可避雨的檐廊，外檐常饰以木雕、彩绘。扬美的明代古屋屋檐悬挂着木雕花带，檐口设置细长形挡板，板面上有序地雕刻精细浮雕，多为花草、云气或水波纹，并施以彩绘。清代民居屋檐形状各异，有弯弓形、双层隔热形，还有用青砖角叠成各种花纹形的。工匠们在挑手两面雕刻各种精美的花叶、祥

① 钟云燕：《广西扬美古镇民居装饰文化艺术研究》，《山花》，2015 年第 16 期。

云或曲折回环形图案；主挑之下有托挑，其托手多刻成重莲形，也有瓜柱形，挑臂则呈弯曲状，使挑手组合粗中有细，富于变化。黄氏庄园是古镇上很有代表性的一座清代建筑，砖瓦结构，在檐口下叠涩出檐，前、后立木质檐柱，檐口下及屋顶下的墙楣上绘民间风俗彩画，作为墙面和屋面的过渡部分，墙楣绘画呈条带状，高度约 30 ~ 60 厘米，形成“裙板”：或岁寒三友，或兰花、牡丹。雀替用于檐廊柱与联系木的接头处，端头大，肚部曲线小，在起到稳定柱梁保持垂直的作用外，还增强了木梁的荷载力，是极富特色的建筑构件，庄园以优质木材把雀替透雕成各种回曲、枝叶、云朵等图案，并施以色彩，古朴典雅。

2. 墙壁与柱础的符号与文饰

象征金钱图案的漏窗。扬美民居大量使用青砖砌墙体，屋顶与墙面的交接处多用砖雕、灰塑进行装饰，或阴雕，或浮雕花卉，在山墙上两边用石灰堆塑出卷草纹“草尾”。扬美古镇清民居山墙造型以人字墙为主，亦建有马头墙，亦称之“封火墙”。这本是皖南民居的外部形象的主要特征，古镇这里亦有，证实了历史上发达地区与边塞文化的交流、借鉴与影响。在墙体上使用透空的效果，称为漏明墙。扬美的五叠堂酒店，在建筑外墙和合院内部运用漏明墙形成空透效果，既可减轻自重，也能突破大面积墙面的单调感觉，还起到通风采光的作用。室内山墙上部的墙楣上用粉彩描绘工笔壁画，有的只用黑、白二色。柱础石起防腐、防虫以及承受负荷的作用，扬美多雨，木柱下都要垫以石础。从立面看柱础造型，有鼓形、瓶形、莲花形和须弥座形等。这些造型变化丰富并组合运用，有的从大自然的花卉瓜果汲取灵感，有的为正方形、圆形、多边形等各种几何造型，柱础又有多层。青石质柱础，呈多边形的柱础每面刻浮雕图案，有的柱础雕饰暗藏八仙。柱础上的雕饰以阳镌篆字福禄寿喜四字为最多见，其次为龙凤、麒麟等。

3. 门窗的文化

（1）门的装饰艺术

格扇门的精美木雕。中国文化深受儒家思想影响，是很讲究“面子”的，他们笃信风水，力尽纳福避邪之用心。扬美普通民居的大门，门楣上镶设两个圆形的门簪，门簪是连接门框的木构件，具有结构作用，门簪上刻吉祥文字、乾坤或太极卦符：石门坎两边的方形枕石正面凿刻吉祥图案，既寓意招财进宝、避邪禳灾的功利意识，又起着装饰门庭的作用。中等之家还设有门匾，匾额由门簪承托着，呈长方形和花瓣形，面上遍刻花纹图案和吉祥文字。门户以石料修筑台基，宅院多为二或三进，门前青石踏步，门的附设构件门槛和门枕石，有的是细料石凿成，有多种不同式样的石刻浮雕。能在门簪、门额柱上挂上

“进士”、“举入”的匾额是荣耀之致。扬美的举人屋建于清朝，大正门上面悬挂着醒目的“举人”匾，匾上面镶有 80×50 厘米的木制大喜字，第一进的中堂上书有 1.2 米正方的大“寿”字，第二进门上镶有个木制的“吉”字，正厅设神楼，摆放祖宗牌位。举人屋檐下绘有花草鸟兽图案，屋脊两头各塑一条龙，外墙金字顶雕刻有一串花朵，薄薄的花瓣，完好无损。慕义门的主人孙氏是扬美的富商，是随狄青南下平蛮时在此定居的。慕义门属砖木结构，外观极似一座城墙或城堡，洞并非长方形，而是略带拱形，门板用长木条拼成波浪状。“慕义门”三个隶书字体大字镶在门头。整个门呈岭南风格。整座慕义门的门窗，刻有各种花纹图案，以花鸟居多，其他次之。门的数量根据室内的大小设置，格扇由格心与裙板组成。格心花纹样式很多，用棂子构成方格、条框等。镂空雕花格扇门完全成为一组画屏，花鸟树石跃于门上。门的格心是整块板精心雕刻的通雕装饰，雕刻了图案造型中最为常见的镂空的“麒麟送子”“喜上眉梢”图像和“富有日新”等文字，裙板上有植物雕刻。

（2）窗饰艺术

窗户既要考虑通风、采光和安全防护三方面要素，又要考虑造型的美感和结构的合理。扬美普通民居的窗户造型格式常见的有直棂式和横竖棂子；富贵之家则用菱花、漏花等形式，庭院围墙上多用漏窗来装饰墙面，即窗洞内有流花图案的窗，花纹图案多用瓦片、青砖、木竹等制作。除木质窗外，漏花窗常用陶瓷、石雕，也有用砖雕的。直棂窗采用粗壮挺直的方形或圆形木料构成，具有稳固、安全的功能。五叠堂是清朝时期古镇上的茶楼，工匠们巧妙地将柱形棂子加工镂刻成连续的形状，使粗拙呆板的棂子有了线条弯曲变化。横竖棂子是在直棂式的基础上，在棂间有规律地嵌入粗短的棂子，构成同心方菱形图案，既增强了窗棂整体的稳固性，又增添了窗式的艺术美感。黄氏庄园中大量运用漏花窗以丰富空间层次，分隔和组织建筑庭院空间，有利于调节空气、气温和光线。在墙上开漏窗，用石、砖、灰浆等材料雕砌纹样，以利于视线穿越，把室外景色分割成美丽的画面，同时又把室外景色引入室内。

江西镇扬美村用电市场抽样调查分析报告（节选）[①]

为了掌握江西镇扬美村农民用电消费情况，2009 年 4 月 19 日，南宁供电局在扬美村开展“南网情深系农家”优质服务系列活动。在启动仪式现场，收集到有效问卷 235 份

① 韩旭：《江西镇扬美村用电市场抽样调查分析报告》，《广西电业》，2009 年第 10 期。

（约占当地居民总户数的 4.27%）农村家庭用电情况调查问卷，并采用专业 SPSS13.0 版统计分析软件统一对问卷进行数据分析的基础上，归纳总结出一些量化的结论。

（一）调查问卷的频数描述分析

1. 扬美村抽样调查收入情况首先对居民年平均收入进行分组。按照问卷设计一共分为六组，六组的区间分别为 1000 元以下、1000 ~ 2000 元、2001 ~ 3000 元、3001 ~ 4000 元、4001 ~ 5000 元以及 5000 元以上。采用频数分析方法对调查结果进行分析，从分析结果可以看出，家庭年收入在 1000 元以下占总调查人数的 8.7%，1000 ~ 2000 元占总调查人数的 13.2%，2001 ~ 3000 元占总调查人数的 22.6%，3001 ~ 4000 元占总调查人数的 12.8%、4001 ~ 5000 元占总调查人数的 9.4%以及 5000 元以上的占总调查人数的 31.5%。具体统计结果详见表 8 和图 1。

居民年平均收入频数分布情况表

表 8

		Frequency	Percent	Valid Percent	Cumulative Percent
Valid	100 元以下	20	8.5	8.7	8.7
	1000 ~ 2000 元	31	13.2	13.5	22.2
	2001 ~ 3000 元	53	22.6	23.0	45.2
	3001 ~ 4000 元	30	12.8	13.0	58.3
	4001 ~ 5000 元	22	9.4	9.6	67.8
	5000 元以上	74	31.5	32.2	100.0
	Total	230	97.9	100.0	
Missing	System	5	2.1		
Total		235	100.0		

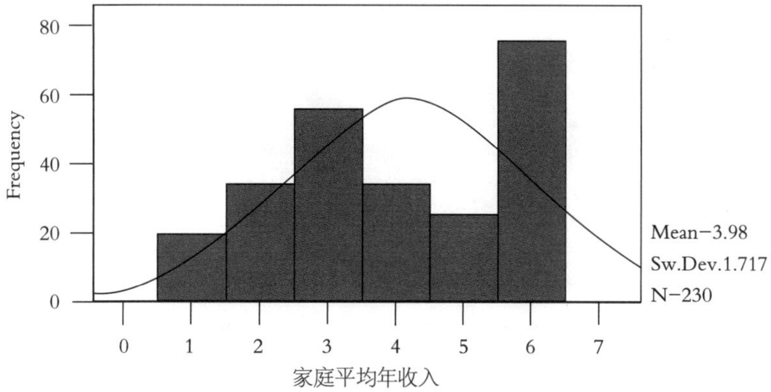

图 1　家庭平均年收入直方图

近几年，扬美村以旅游业的发展为依托，大力发展当地农业经济和特色商品，当地农民的年平均收入有了较好的保障，有 53.7%的被调查者年平均收入在 3000 元以上。同时，有 31.5%的被调查对象年平均收入在 5000 元以上，说明当地居民家庭经济状况比较好，人民生活比较富裕。

2. 购置家电设备的平均年支出

对于购置家电设备的年平均支出是我们比较关注的情况。从统计分析结果情况来看，有 42.6%的被调查者家庭在购买设备的年平均支出在 1000 元以下，5000 元以上的只占到 9.8%，具体统计结果详见表 9 和图 2。

购置家电设备的平均支出频数分布情况表

表 9

		Frequency	Percent	Valid Percent	Cumulative Percent
Valid	100 元以下	100	42.6	44.1	44.1
	1000 ~ 2000 元	63	26.8	27.8	71.8
	2001 ~ 5000 元	41	17.4	18.1	89.9
	5001 ~ 8000 元	12	5.1	5.3	95.2
	8001 ~ 10000 元	3	1.3	1.3	96.5
	10000 元以上	8	3.4	3.5	100.0
	Total	227	96.6	100.0	
Missing	System	8	3.4		
Total		235	100.0		

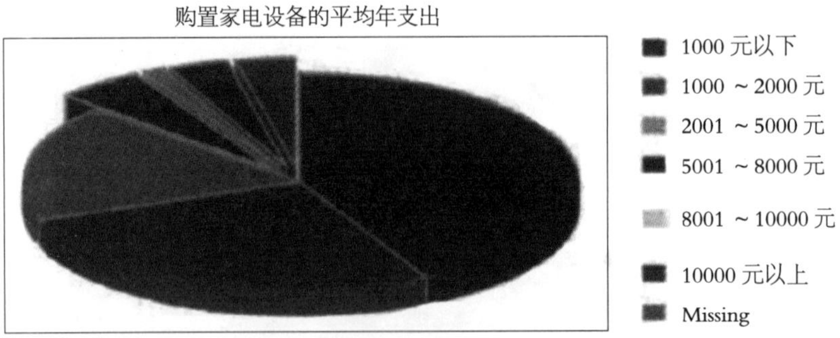

图 2　购置家电设备的平均年支出分布情况饼图

从上述统计情况来看，尽管扬美村当地居民年平均收入较高，但对于家电的支出所占收入比例仍相对较少，较高的收入并不意味着购买支出的增多。此外，大多数居民对于家电购置的支出在 1000 元以下，也可以看出当地居民对于家电购买仅仅限于一些价廉物美的小家电，购买潜力有待进一步挖掘。

3. 家庭拥有家电数量

根据被调查者家庭拥有家电数量统计情况来看，拥有家电数量为 1 台的只占到 9.4%，2 台和 3 的占到 22.1% 和 21.7%，5 台以上的占到 20.9%，具体情况详见表 10 和图 3。

拥有家电数量的频数分布情况表

表 10

		Frequency	Percent	Valid Percent	Cumulative Percent
Valid	1 台	22	9.4	10.4	10.4
	2 台	52	22.1	24.6	35.1
	3 台	51	21.7	24.2	59.2
	4 台	37	15.7	17.5	76.8
	5 台以上	49	20.9	23.2	100.0
	Total	211	89.8	100.0	
Missing	System	24	10.2		
Total		235	100.0		

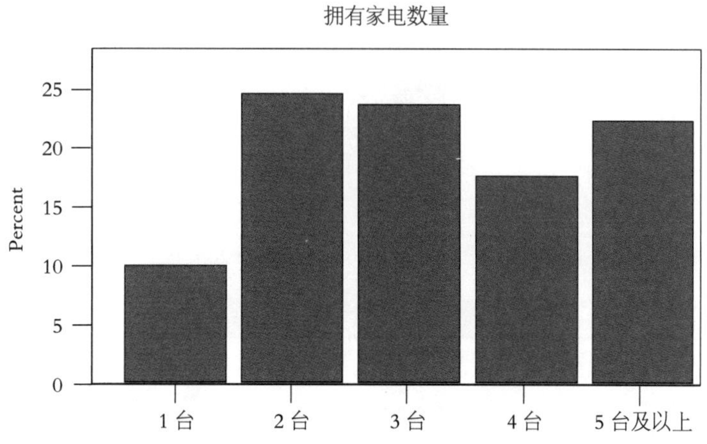

图 3　拥有家电数量的分布情况图

从上述统计情况来看，家电在当地基本普及，拥有 2 台以上的家电占到 90.6%，特别是拥有 5 台以上家电的家庭也占到不小的比例，说明该地区的农村居民消费能力强，用电需求很大。

4. 每月电费支出

了解和掌握扬美村当地居民每月电费支出对分析用电消费有大的帮助。根据统计情况来看，每月电费支出在 10 元以下的占被调查者总数的 5.5%，10 ~ 30 元的占到 48.1%，30 ~ 60 元的占到 24.7%，60 元以上的占到 21.3%，具体情况详见表 11 和图 4。

拥有家电数量的频数分布情况表

表 11

		Frequency	Percent	Valid Percent	Cumulative Percent
Valid	10 元以下	13	5.5	5.6	5.6
	10 ~ 30 元	113	48.1	48.3	53.8
	30 ~ 60 元	58	24.7	24.8	78.6
	60 元以上	50	21.3	21.4	100.0
	Total	234	99.6	100.0	
Missing	System	1	4		
Total		235	100.0		

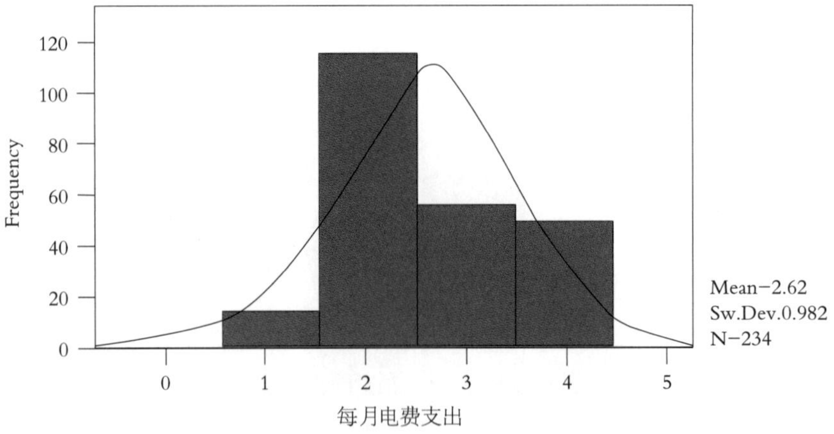

图 4　每月电费支出直方图

从上述统计结果可以看出，当地大多数居民家庭电费支出在 10 ~ 30 元这个档次，按现行的基准电价 0.5283 元换算成电量，则是每月用电消费约在 20 ~ 60 千瓦时。同时，我们不能忽略的是消费在 30 元以上的也占到 46%，说明当地随着家电的不断普及，居民用电需求增加，每月电费的支出逐渐增多。

岭南商贸型古村落地理环境解析（节选）[①]

——以广西扬美古镇为例

注重风水的古镇选址

风水是中国传统建筑选址理论，虽然其中附会有一些封建迷信的糟粕，其核心却是中国古代“天人合一”思想的体现，贯穿了人与自然和谐相处的发展理念，不论是从地理学还是美学的角度，都有着十分重要的科学意义。风水理论中的基本要点是藏风聚气，基本原则是枕山、面水。尤其是重视建筑的水环境，一方面要求流水环顾有情，不宜直去无收；另一方面是强调来水不见源头，出水不知去向；其三是要求水口紧锁，有小山和奇石守护。

从扬美古镇的自然地理环境可以看出，当时来到这里建村的罗、刘、陆、李四姓谙熟风水理论。当年，他们因为战乱或灾荒离开故土，来到这遥远的南方寻找心目中理想的家园。当他们来到如今的扬美古镇所在地时，发现这里土地广阔，土壤肥沃，又符合风水对住宅地址的要求，这样，这四姓人民终于结束了多年漂泊的旅途，在这里定居了下来，建设了最初的白花村。

扬美古镇周边自然地理环境完全符合风水理论关于住宅选址的原则，整个古镇坐北朝南，正对左江来水方向。尽管地处左江河谷，地势平坦，没有延绵的山脉作为龙脉，但依然四象（左青龙，右白虎，前朱雀，后玄武）具备，背靠南蛇岭和雷埝岭，左侧是九球岭，右临左江，江边有状元石、姜公石、莲花石等奇石耸立，南边有木壳岭作为案山。在中国传统文化中，水是财富的象征，中国人有财不外露的传统，风水理论继承了这一传统，特别重视水流的形状和水口，要求进水口和出水口有小山或奇石守护。这些都在扬美古镇的自然地理环境中得到了很好的体现。古镇朝向左江来水方向，进水口方向有木壳岭和烽火台在左江两岸护卫，江水在村前蜿蜒前行，流过古镇后突然拐了一个近 180° 的大湾，然后向东流去，从古镇方向看去，根本就不知道

---

① 潘顺安：《岭南商贸型古村落地理环境解析》，《广西教育学院学报》，2013 年第 6 期。

江水流向何方，出水不知去向。不仅如此，在出水口一带，沿江有卫士石马、思妻石、海狮回眸等奇石在沿江两岸护卫。

社会主义新农村民主管理建设调查研究（节选）①

———以广西南宁市江西镇扬美村为例

1998 年，中共中央办公厅、国务院办公厅下发了《关于在农村普遍实行村务公开和民主管理制度的通知》，2004 年，中办、国办又下发了《关于健全和完善村务公开和民主管理制度的意见》。扬美村党总支部按照上级有关文件精神，在城区党委及镇党委的领导下，积极开展以“五村、两规范”为主要内容的村级组织建设，取得了一定成效。其主要表现在：

1. 加强领导班子建设、落实工作责任制。扬美村领导班子共计 11 人。村党总支书记、村委会主任的梁渊，分管党务村务；1 名副主任分管综治计生；1 名副书记分管农委统计，1 名文书分管民政建房；1 名民兵营长分管民兵出纳；4 名计生专干分管计生工作，1 名妇女主任分管妇女工作，1 名团支书分管团委工作。这样一来，分工具体，责任明确，就保证在开展工作的过程中大家各司其职，大大提高了工作效率。同时扬美村根据当地的实际情况，为无职党员设岗定责，变“疲于应付”为“敬岗履责”。一方面，大力发展党内民主，充分落实了党员对党内事务的知情权、参与权、选择权、监督权，保障了党员的民主权利；另一方面，组织党员积极参与村务管理，引导和带动村民落实好党组织的主张和意图，充分调动了农村党员政治参与的积极性，对于村党支部有效领导村民自治、实现民主管理具有重要意义。扬美村结合农村实际，设立了产业结构调整岗、农产品销售岗、科技兴农岗、遵纪守法岗等 10 多个岗位，为全村无职党员发挥作用搭建了舞台。比如文明新风岗宣传倡导健康向上的生活方式，扶贫帮困。他们曾经为残疾人梁明海争取得到政府补助 8000 元，帮助其新建房子一间，使其居住环境得以改善，并通过与供电局支部联建，为其申请补助 1000 元安装三相电表，解决其赖以谋生的用电问题，解除其生活的后顾之忧，并多次对他进行慰问。

2. 坚持村务公开，保证村务的透明度。村务公开促进了基层民主政治的建设同时转变了基层干部的作风，遏制了农村的腐败现象促进了农村经济的发展。杨美村把村务公开作

① 周春丽、蓝文慧：《社会主义新农村民主管理建设调查研究》，《党史文苑》，2012 年 2 月下半月。

为民心工程去抓，及时公布民政、计生、房建、财务等情况，让群众真正了解村务。村务公开内容统一调整合并为以下 16 项：1. 财务公开（①财务收支计划②集体各项财产③年度收益分配④收入明细⑤支出明细⑥债权债务）；2. 土地及各业承包方案；3. 企业、公益事业项目立项、经费筹集和建设承包方案；4. 一事一议情况筹资筹劳情况；5. 救灾救济款物发放情况；6. 计划生育政策落实情况；7. 宅基地分配、使用方案；8. 水费电费单价情况；9. 种粮直接补贴政策落实情况；10. 退耕还林款物兑现情况；11. 土地征用补偿及分配情况；12. 国家其他补贴农民、资助集体的政策落实情况；13. 村民代表大会讨论决定的涉及村民利益的和村民关注的其他事项实施情况；14. 村干部工资补贴情况；15. 村级领导班子年度工作目标及完成情况；16. 扬美古镇旅游建设方案。以前，一些农民群众意见较大，干群关系紧张，而问题的缘由就是因为村务不公开和管理不民主。由于透明度低，对许多问题群众有疑问，担心或怀疑干部立身不正，处事不公，优亲厚友，气不顺；有些村干部则认为自己为群众操心受累反而不被理解，埋怨群众无事生非。而自从推广村务公开后，清了集体的“家底”，亮了村干部的“箱底”，明了群众的“心底”，“给群众一个明白，还干部一个清白”。村务公开大大促进了村干部和农民群众的双向约束和双向教育。多年的实践证明，村务公开和民主管理是从源头上和根基上解决农村社会矛盾、保障农村社会稳定、促进农村经济社会发展的治本之策。财务收支公开后，村干部精打细算，严格按照规定办事，村民对干部的不信任也随之消除。村务公开的制度使群众能够对干部实行有效监督，从制度上保证了干部的清正廉洁，不但提高了基层组织的威信，也改善了党和政府的形象。

3. 实施“民主管理关爱工程”，最大限度为群众分忧解难。为了加快新农村建设步伐，杨美村党总支始终把人民的利益放在首位。想群众之所想，急群众之所急，解群众之所忧。在民主管理过程中开展一系列“关爱工程”：一是扬美村经常开展各项活文体动，举办篮球、拔河、象棋、汽排球、接力赛、卡拉 OK 赛、桌球大赛等赛事；每年支持扬美粤剧团举办各种演出活动，支持村文化室小舞台建设。在丰富村民的业余文体生活的同时，为构建和谐社会打下良好的基础。二是与政府部门对接，联手打造卫生村镇，为 200 多户村民提供技术及资金支持，改厨改厕，到目前已建成沼气池 96 座，改厕 176 座，仅此两项，共为群众争取到国家扶持资金 21.7700 万元。争取振兴街、共和街、解放街群众集资，其他单位及个人捐资共计 3.4345 万元，及国家财政奖补 26 万多元，对坛康西道路进行拓宽、硬化，共拓宽道路 1200 多米，硬化 570 多米，解决整个扬美村通往那廊村的交通瓶颈，以及振兴街、共和街、解放街群众的生产出行困难，化解了扬美村民 30 多年来的一个大难题。三是村党支部带领全村妇女落实科学发展观，围绕党委、政府工作大局，创造性地开展了“美德在农家”活动，推动了新农村建设，促进了农村社会的和谐发展，村民家家安居乐业，尊老爱幼，互敬互助，村各项事业全面发展，村党总支部连年被评为先进党支部，村妇代会多次被评为城区先进妇女组织，扬美村荣获市级“美德在农家示范村”“巾帼示范村”“文明村”等称号。

4. 加强党对新农村民主管理建设的领导。多年来，扬美村党支部不限于在本村做好党建工作，把目光看得更远，先后与自治区水文水资源局、江南供电分局、广西民族大学民社学院、广西中医学院人文社科学院、江南区旅游办、江南区科协等单位的党支部进行支部联建，不断学习他们的新理念、新观点，互相交流先进的党建经验，互相鼓励，互相促进，共同把党建工作做得更好。扬美村党总支部与江南供电分局党支部被南宁市委组织部评为“南宁市十佳结对子共建单位”，对扬美村在党建方面所做出的成绩给予了充分的肯定。

◉ 2003 年《扬美村村规民约》

2003 年，扬美村村民委员会制定并讨论通过《扬美村村规民约》，在村口、村委会办公地等予以张贴，全文如下：

为加强村民社会主义道德和法制观念，维护社会治安，保障经济发展，促进全村三个文明建设和加快旅游开发步伐，根据村民自治法的有关规定，特制定本村规民约。

一、遵守国家法律法规，遵守社会治安，公共安全管理制度，做好安全防范措施。

二、禁止乱搭乱盖建筑物，禁止无证违法建房。

三、爱护花草树木，遵守护林防火安全制度。

四、遵守用电、用水的有关规定，不准擅自乱拉乱接。

五、美化村容村貌，保护生态环境，严禁乱摆乱卖，服从规范管理，搞好公共卫生。

六、提倡晚婚晚育，遵守人口与计划生育有关政策法令法规。

七、讲文明、树新风、讲科学、破除迷信，拒绝“黄、赌、毒”。尊老爱幼，邻里和睦，互相帮助。

八、爱护公共绿地，爱护公共财物，遵守社会公德。

九、坚持村委公务公开，定期张榜公布。

十、讲文明、讲道德、讲礼貌、热情待客、文明经商。

2015年《扬美村村规民约》

2015年8月，扬美村村民委员会制定并讨论通过新版《扬美村村规民约》，全文如下：

为建设环境优美、生活富裕、乡风文明的扬美村，经扬美村村民代表及群众大会讨论通过，特制定《扬美村村规民约》：

一、每位村民要遵纪守法，文明共处，自觉维护本村的整体形象和集体荣誉，积极参与各项文体活动，不酗酒滋事，不赌博，不搞封建迷信活动，不做有违道德的事情，积极开展各项志愿者活动，邻里互助，团结友爱。

二、尊老爱幼，对不赡养老人，对适龄儿童不履行抚养、教育义务的，“一组两会”负责了解情况并批评教育，经过教育仍不改正的，在村民代表大会点名批评，督促改正。

三、禁止损坏水利、道路、观赏亭、供电、通讯、生产等公共设施，恶意破坏者，必须负责修理，恢复正常。

四、村民自觉做到生活垃圾集中入箱、清运，不乱丢弃；做到每日房前屋后一小扫，每周一大扫，每月全村集中整顿，对不积极参与劳动的村民，村民代表大会点名批评并张贴于村务公开栏。

五、村民生产、生活车辆及生产器具要摆放整齐，不能在村内巷道、公路、公共场所随意摆放，不能随意晾晒衣物。

六、管好各家的猪、牛、鸡、鸭等牲畜，不能随意散养，服从村集体人畜分离要求，病死禽畜深埋村外。

七、大中型或载重车辆不得驶入村道及中心广场，对不听劝阻或驶入损毁路面的车辆，除负责修复路面外，追加罚款50～200元，其他车辆必须停放在指定的停车位内，不得乱停乱放。

八、所有村民宅基地建设需严格遵守扬美村村庄规划安排并报坡委、村委审核，同时按有关规定报批。

九、不准在公路、巷道边搭建违章建筑、堆放杂物或侵占公共路面。

十、严禁损毁花草树木，损坏一处，视损毁轻重，罚款20～200元，对举报者奖励10～100元。

十一、每位村民都可行使民主监督与管理的权利义务，相互监督并以主人翁的意识积极参与到乡村建设活动中。村级环卫保洁巡查整治队员每天将对村民自觉维护环境卫生

（自家门前三包）情况及保洁员的履职情况进行检查，做好情况记录，同时，村委值班人员对上述情况进行考评，每月形成巡查和考评工作总结，每季度对检查考评结果进行通报。

十二、经广泛听取意见，所有的罚款将用于扬美村基础设施维护和扬美村公益事业。

十三、关系村集体经济，村民有依法监督集体资产的权力，杜绝骗取、侵吞集体资产，支持村公益事业，积极参与“一组两会”机构议事协商，服从和执行村民会议和村民代表大会的决议和决定。

十四、广大村民要自觉学习《广西壮族自治区乡村清洁条例》，做到学法、懂法、守法和用法，促进本村乡村建设活动持续深入开展。

十五、修改村规民约需征得本村三分之二以上村民代表同意，公示五天后生效。

十六、本约定请所有扬美村村民自觉遵守，凡违反村规者，不得参与村内分红、集体活动、红白喜事等。

在传统社会，国家政治范围的地方治理通常只与少数精英有关。而在现代化国家，政治参与扩大的一个主要转折点是农村广大民众开始介入国家政治。村规民约，真正体现出扬美村民现代意义上的、规范化的自我管理，体现出人们“爱村护村，人人有责”的政治参与热情，也体现出村委会的服务职能、人文关怀。从古代遗存的禁约碑到如今面目一新的《扬美村村规民约》，可见扬美人继承传统、扬弃糟粕的实践精神；而对真善美的追求，则是贯穿古今的。

2015 年的村规民约　　　　江南区志办　提供

◉ 主要参考文献

1. 明南宁府知府郭楠纂修：《（嘉靖十七年）南宁府志》（刻本），天一阁藏（影印本）。

2. 明南宁府知府方瑜纂辑：《（嘉靖四十三年）南宁府志》（刻本），日本内阁文库藏（影印本）。

3. 明地理学家徐宏祖著、季梦良编：《徐霞客游记》（刻本），清光绪七年（1881）瘦影山房藏（影印本）。

4. 清南宁府知府苏士俊等纂修：《（乾隆）南宁府志》（刻本），美国哈佛大学燕京图书馆藏（影印本）。

5. 清左江道纪堪谨等续纂：《（宣统）南宁府志》（刻本），国家图书馆藏（影印本）。

6. 民国广西省政府民政厅编辑：《（民国二十二年度）广西各县概况》，影印本，1934 年。

7. 民国邕宁县政府编纂：《邕宁一览》，影印本，1935 年印行。

8. 周培懋、莫炳奎总纂：《（民国）邕宁县志》，民国邕宁县政府，1937 年铅印本。

9. 中国人民政治协商会议广西委员会文史资料研究委员会编：《辛亥革命在广西》，广西壮族自治区人民出版社，1961 年。

10. 中国第二历史档案馆编：《中华民国史档案资料汇编》第一辑《辛亥革命》，江苏人民出版社，1979 年。

11. 广西民族研究所编：《广西少数民族地区石刻碑文集》，广西人民出版社，1982 年。

12. 南宁市地方志编纂委员会编纂：《南宁市志·军事志》，广西人民出版社，1993 年。

13. 邓敏杰：《广西历史地理通考》，广西民族出版社，1994 年。

14. 广西地方志编纂委员会编：《广西通志・军事志》，广西人民出版社，1994 年。

15. 邕宁县地方志编纂委员会编纂：《邕宁县志》，中国城市出版社，1995 年。

16. 李荣主编、覃远雄等编纂：《南宁平话词典（现代汉语方言大词典・分卷）》，江苏教育出版社，1997 年。

17. 南宁市地方志编纂委员会编纂：《南宁市志》，广西人民出版社，1998 年。

18. 广西地方志编纂委员会编：《广西通志・政府志》，广西人民出版社，1998 年。

19. 广西地方志编纂委员会编：《广西通志・大事记》，广西人民出版社，1998 年。

20. 广西地方志编纂委员会编纂：《广西通志・行政区划志》，广西人民出版社，2001 年。

21. 罗世敏：《扬美古镇》，广西人民出版社，2003 年。

22. 肖志钢主编：《漫游扬美》，广西民族出版社，2004 年。

23. 南宁市郊区地方志编纂委员会编纂：《南宁市郊区志》，方志出版社，2004 年。

24. 谢建猷：《广西汉语方言研究》，广西人民出版社，2007 年。

25. 南宁市江南区地方志编纂委员会编：《南宁市江南区志》，广西人民出版社，2008 年。

26. 潘伟胜：《南宁圩市》（忆南宁丛书之一），广西科学技术出版社，2012 年。

27. 杜海军点校：《广西石刻总集辑校》，社会科学文献出版社，2014 年。

28. 南宁市江南区历史文化丛书编委会编著：《古镇扬美》，广西科学技术出版社，2015 年。

29. 中共南宁市委党史研究室课题组撰：《南宁市抗日战争时期人口伤亡和财产损失调研报告》，《创新》，2015 年 03 期。

30. 吕俊彪：《财富与他者：一个古镇的商品交换与族群关系》，社会科学文献出版社，2009 年。

◉ 编纂始末

2016年11月，《扬美村志》申报全国首批“中国名村志文化工程”；2017年3月，获批列入。中共南宁市党委、市政府高度重视，加大财政经费支持力度；南宁市人民政府地方志编纂办公室、江南区政府联合成立《扬美村志》编纂领导小组，拟定编纂提纲和篇目，搜集史料，选拔编纂人才，落实责任，潜心编纂。

在编纂过程中，编者始终以突出扬美村的“名”与“特”为编纂原则，翻阅大量历史资料，实地采访，田野调查，访老问贤，广泛搜集各方面材料，本着如实客观的原则，逐一查证，反复核实，去伪存真，力求展现扬美村最真实的历史和现状。

本志由南宁市地方志编纂办公室主任王德宾主持编纂、总纂，许杨群、陆玉金、孙贵寿、李志楠、周红、覃庆梅、陆靖等，全程参与编纂、修改，并充分调动社会力量参与编纂。2017年7月初，南宁日报社记者丘祖卫初稿创作完成，编纂成员集思广益，分工合作，综合成文，几经斟酌，反复修改；经扬美村委、江西镇党委政府审阅，逐级呈报江南区初审、南宁市复审、自治区地方志工作机构审查验收，严格按评专家意见修订、完善。经过近5个月的努力，最终定稿。

其间，得到中国地方志指导小组办公室的大力支持，组织专家评审、论证、修改《扬美村志》篇目；同时，也得到广西壮族自治区地方志办公室领导、专家的热情关怀和指导，副主任邓敏杰、市县志工作指导处副处长陈小军，到扬美村对编纂工作给予指导、帮助，李秋洪主任、邓敏杰副主任、梁燕鸣调研员、陈小军副处长，以及广西民族大学韦光化教授均对稿件进行评审；扬美村数十名群众，以及江南区地方志办公室、文体局、宣传部等有关部门全力支持，提供了大量的图片、文稿资料。在此一并表示衷心、诚挚的谢意！

因本志中所选照片及诗词文章众多，部分作品未能在出版前及时联系到著作权人，请著作权人看到后与我们联系，我们将奉上稿酬。

因编纂过程相对仓促，亦因扬美村可载入史册之事、之人、之物纷繁浩瀚，加之编者水平局限，故难免有疏误遗漏之处，恳请读者批评指正。

编　者

2017 年 7 月